奥林匹克文化

主　编　于再清
副主编　叶　华

微信扫码
● 扩展资料
● 互动交流
● 能力提升

云资源

南京大学出版社

图书在版编目(CIP)数据

奥林匹克文化 / 于再清主编. -- 南京：南京大学出版社，2019.12

ISBN 978 - 7 - 305 - 22240 - 5

Ⅰ.①奥… Ⅱ.①于… Ⅲ.①奥运会－文化－高等学校－教材 Ⅳ.①G811.21

中国版本图书馆 CIP 数据核字(2019)第 100235 号

出版发行　南京大学出版社
社　　址　南京市汉口路 22 号　　　邮　　编　210093
出版人　金鑫荣

书　　名　**奥林匹克文化**
主　　编　于再清
副主编　叶 华
责任编辑　甄海龙　钱梦菊　　　　编辑热线　025 - 83592146

照　　排　南京理工大学资产经营有限公司
印　　刷　南京京新印刷有限公司
开　　本　787×1092　1/16　印张 16.25　字数 400 千
版　　次　2019 年 12 月第 1 版　2019 年 12 月第 1 次印刷
ISBN 978 - 7 - 305 - 22240 - 5
定　　价　40.00 元

网　　址:http://www.njupco.com
官方微博:http://weibo.com/njupco
官方微信号:njupress
销售咨询热线:(025)83594756

CONTENTS | 目 录

绪 论

奥林匹克运动会具有悠久历史和丰富文化内涵,至今方兴未艾,是对人类社会发展有着重大影响的体育盛会。奥林匹克运动本身就是人类文明的一颗璀璨明珠,其对人类文化发展的影响,更是波及社会各个领域,余脉悠远。研究奥林匹克文化是继承和发扬奥林匹克精神,推动人类文明进步的一项重要事业。

一、奥林匹克运动是人类文明史上的明珠

由奥林匹克运动会开启的奥林匹克运动发源于人类文明的摇篮——古希腊。奥林匹克这个称谓就来自雅典附近称作奥林匹亚的山脉。古希腊是一个充满神话与传说的地方,奥林匹亚山是众神之山,伟大的荷马史诗就诞生在这片闪烁着人类古老文明光芒的土地上。

体育运动过程本是人身体机能的活动过程,但是,体育运动从其诞生之日起,就完全不同于动物为生存而趋利避害的本能活动,而是一种人类所特有的文化现象。

对文化的界定是复杂又众说纷纭的,许多界定又是在对文化做出不同分类的基础上进行的。例如:把文化分为物质文化和精神文化两类;又如:分为物质文化、精神文化和制度文化等,并针对不同类型的文化加以界定。从广义的文化概念出发,概观各种定义,可以发现有两点是一切文化现象所共有的,足以区别于其他概念的本质特征:

一是它是与自然相对立的。即可以作为文化现象或事物的一定不是纯粹自然生成的或自然过程,而一定是有人类的"劳动"蕴含其中。这里所说的"劳动"是广义的,除了可见的劳动过程和实物性的劳动成果外,还包括了人类的认识、思想、情感、观念等看似无形的"劳动"。

二是文化的传承一定是通过后天习得的,而不是通过先天遗传获得的。例如,发声是人类通过遗传而获得的生物功能,而语言却是需要儿童通过后天学习才能掌握,这是人类特有的文化现象。一件石器时代的石斧,在普通人眼中就是一个普通的石头,一个自然生成物,而考古专家却看到了古人类文化凝聚其中。打喷嚏本是一个生理现象,但是,当我们观察一个苏州小姑娘和一个北方大汉在完成这一动作时,发现这里已经孕育出小小的不同文化差异。前者在追求着控制与文雅,后者在寻求着生理需求的酣畅释放。体育运动正是如此,比赛的虽是人体的机能,却是在人为的规范与制度下进行,追求的是人类所赋予的意义、理想与价值。奥林匹亚山虽是大自然的产物,在古希腊人眼中,它是宙斯所居之所,众神所在之地,人类已经赋予它太多的文化意义。

这里需要对三个常用词语作界定:

1

首先是"**奥林匹克运动会**",简称"**奥运会**"。其广义的概念包括了古代奥林匹克运动会(简称"古奥运会")和现代奥林匹克运动会。在一般情况下仅指现代奥林匹克运动会。

其次是"**奥林匹克运动**"。其概念是以奥林匹克运动会中的体育运动为核心内容,并由在这一体育活动的基础上逐渐形成的一系列运动比赛规则、典礼、仪式、格言、精神、道德规范及其思想价值体系等构成。一般认为现代奥林匹克运动由三大体系构成:以奥林匹克主义为核心的思想体系;由国际奥委会、国际单项体育联合会和各国奥委会为骨干构成的组织体系;以四年为周期的奥运会形成的活动体系。

最后是"**奥林匹克文化**"。这是一个更为广泛的概念,即一切与奥林匹克运动有关的,或由它引起,抑或受它影响的文化现象。

无论是古奥运会,还是现代奥运会,都是人类文明发展到一定历史阶段的产物,是人类历史长河中的重要文化现象。1894 年 6 月 23 日,在顾拜旦的倡议下,12 个国家的 79 名代表终于决定成立国际奥委会,它标志着现代奥林匹克运动的诞生。无疑,近代工业革命的成功为奥林匹克运动的产生、发展提供了物质和经济的基础。但是,工业革命的成功也打破了原有社会的平衡格局,引发了社会政治、经济、文化等多领域中矛盾的激化。社会的冲突与动荡,国家间的战争一触即发,是 19 世纪与 20 世纪之交最突出的社会特征。人类社会还远远不是理想的天堂,这更激发了人们对和平的追求,对公平与正义的追求,这也正是奥林匹克运动产生的思想渊源。

现代奥林匹克运动作为人类文明的硕果,在短短一百多年中,不仅把奥运会办成了全世界人民的体育盛会,其影响作用也已经大大超出了体育的范畴,对当今世界的政治、经济、文化、教育、艺术、新闻和现代传媒,以及哲学与思想界都产生着广泛而深远的影响。这种影响远非一般体育活动所能产生的文化影响。奥林匹克文化是产生于体育活动的一种文化现象,其影响又波及并改变着世界文化的各个方面,并随着奥林匹克运动的繁荣和发展,成为现代人类文明的重要文化构成部分。

二、奥林匹克运动的社会文化影响

奥林匹克运动对社会政治、经济、文化、教育、艺术等所发挥的重要影响,在古奥运会时代就已经存在,至今仍有许多被人们称道。例如《神圣休战条约》和火炬传递。

古希腊是一个各个城邦各自为政的国家,尚武精神是当时这个民族的共性,城邦间相互争夺、吞并、战乱不止。但是,根据《神圣休战条约》,任何战争在任何时候都不得进入奥林匹亚圣区,在奥运会举行期间,交战各方必须宣布停战,凡带武器进入奥林匹亚的人都是对神的背叛行为,应受惩罚。古奥运会圣火的传递,是从奥林匹亚宙斯庙前开始,火炬手高举火炬,一边奔跑,一边高呼:停止一切战争,参加运动会!火炬到哪里,战火就在哪里熄灭。古奥运会的召开,借助信仰和神的名义,用和平和公平的竞赛取代了战争,同时促进了城邦间的经济与文化交流。

古希腊的雕塑是人类艺术史上辉煌的一章,甚至被认为是文艺复兴运动中,通过发现人体之美促使人道主义思想诞生的重要因素。在古希腊奥林匹亚数以千计的雕塑中,有大量作品是为古奥运会竞技优胜者塑造的。公元前 450 年米隆创作的《掷铁饼者》今天已经成为奥林匹克运动的代表性标志之一。这些雕塑以强健的体魄和奋而竞争的肢体形象,诠释着人类健康向上的精神追求。

现代奥林匹克运动对社会政治、经济、文化、教育、艺术等方面的影响更是不胜枚举。例如,在纳粹德国举办的奥运会、对苏联奥运会的抵制等等,奥运会早已被作为政治工具加以利用;奥运场馆和配套设施的建设、奥运新闻的报道、广告的投放、奥运标识和吉祥物等等,已经不再仅仅是一种重要的社会体育文化艺术活动,许多已经涉及巨大的经济利益,并形成系列化的产业,甚至影响一个城市的建设和一个地区的经济发展。奥运火炬的传递、奥运志愿者活动、奥运纪念场馆建设、奥运公园的设立,甚至以奥林匹克命名的学校,以奥林匹克名义进行的各种培训和竞赛等等,已经不仅仅是一种经济、文化、艺术现象,更是奥林匹克精神的宣扬、教育与传承的过程。

另外我们必须看到,奥林匹克运动作为一种人类文化现象,它在随着人类政治、经济发展而发展,随着人类文明开放程度提高而进步的同时,还受制于时代政治、经济、文明开放程度的制约,甚至为了适应和发展的需要而对自身进行着调整。例如,运动员的非职业化,本是奥林匹克运动的一条原则,但是,在现实与发展的需要下,也已经逐渐形同虚设。再如,奥运会的非营利性质,也随着奥运会自身发展的需要,在萨马兰奇的倡导下,逐渐把经济利益考虑进去,以使奥林匹克运动走上可持续发展的道路。当然,所有的改变与调整都是在坚持奥林匹克运动精神的前提下进行的。最好的例证就是国际奥林匹克委员会与违禁药物所进行的不屈不挠的斗争。

三、奥林匹克精神是对人类理想的永恒追求

现代奥林匹克运动的倡导者顾拜旦首先提出了"**奥林匹克主义**"(Olympism),并指出它是一种精神状态。1991 年 6 月 16 日生效的《奥林匹克宪章》对"奥林匹克主义"给出了明确定义:奥林匹克主义是将身、心和精神方面的各种品质均衡地结合起来,并使之得到提高的一种人生哲学。这一定义将体育运动和文化教育融为一体,被认为是提倡一种尊重社会伦理和一般普世价值,强调榜样的教育价值,在奋斗中获得娱乐体验的人生道路。显然,奥林匹克主义所追求的正是人的和谐发展这一人类的理想。

《奥林匹克宪章》还明确定义了"**奥林匹克精神**"(Olympic spirit)的概念,即相互了解、友谊、团结和公平竞争的精神。这是对古奥运会原则精神的一脉相承。它强调了全人类不同民族、不同文化、不同国家与地域间的沟通、交融,倡导人们在和平共处的氛围中,在公平竞争的状态下,去彰显人类的奋斗向上的精神。

人类进入阶级社会以来,人们的利益和人生价值的实现,总是在对其他人的奴役或战争中去获得,特别是在达尔文主义的"物竞天择"的理论诞生后,残酷的生存竞争法则已被认为是人世间普适的基本规律。这完全无视了人类文明与一般动物的区别,把无底线的趋利避害,为生存竞争的动物本能和争强好胜的天性视作人类的本能与天性,并当作社会发展的动力来源。

显然,这种生存竞争法则是与人类的理想社会相悖的。人类当然是一种高级动物,但是人类的文明发展史,就是一部从必然王国走向自由王国的奋斗史,从为生存的不自由中,一点一点挣脱出来,获得更多的自由发展的空间。从古奥运会的《神圣休战条约》到现代《奥林匹克宪章》都可以看出一种观念或一种追求的梦想:在和平、公正的竞赛中去维持和充分发扬人类的奋斗向上的精神,宣泄争强好胜的天性,从而远离相互伤害的奴役与竞争,甚至残酷的战争。用现代的话语来说,就是从零和游戏转为在和平竞赛中,相互借鉴,

相互促进,共同发展,实现不同文化间的相互宽容和百花齐放。当然,这还远不是人类的现实,这还需要一个漫长而艰巨的过程,需要人类长期的共同努力。

一切从远古的一场和平、公平的体育竞赛开始,人们逐渐地发现、领悟其中的精髓,把奥林匹克主义及其精神中的优秀文化思想发扬光大,走向人类的和谐发展,这正是学习、研究、传承奥林匹克文化的根本价值所在。

本书撰写的直接目的是作为奥林匹克学院的所有学生必修的通识课程教材。了解、学习、传承奥林匹克文化精神是所有奥林匹克学院学生的应有之义。

第一章
神话与传说中的奥林匹克

现代奥林匹克运动兴起于欧洲资本主义工业化时代,但其渊源却可以追溯到古希腊的奥林匹克运动会。具有欧洲文明发源地之称的古希腊,也是古代奥林匹克运动会的诞生地。古奥运会每四年1届,从公元前776年有文字记载的第1届奥运会到公元394年,共举办了293届,历时1168年,经过了产生、发展和衰落三个阶段。古奥运会是人类体育文化宝库的一颗明珠,古希腊盛行的体育词汇已演变为各民族的体育语言,古希腊的体育思想至今仍影响着当代体育理论的发展。然而,随着岁月的流逝,古奥运会产生的真实情况已经掩映在神话与传说之中。

第一节 古奥运会诞生的历史文化背景

一、诞生古奥运的土壤

古希腊位于巴尔干半岛南端的欧、亚、非三个大洲交接处,东临爱琴海,西濒爱奥尼亚海,有许多天然良港。距希腊首都雅典以西约370千米,克洛诺斯树木繁茂、绿草如茵的山麓,是古希腊的圣地奥林匹亚遗址所在地,就是古代奥林匹克运动会的会址。奥林匹亚遗址(Olympia Site)得名于希腊神话中诸神会聚的奥林波斯山,为古希腊宗教圣地和举行古代奥林匹克运动会之处。奥林匹亚遗址位于希腊伯罗奔尼撒半岛西部的皮尔戈斯之东,阿尔费夫斯河与克拉泽夫斯河汇流处,如今是爱好体育的人们的圣地,也是现代运动会的发祥地。

这个古代奥林匹克运动会的竞技场,就是今天我们现代奥林匹克运动会火炬熊熊燃起的地方。如今再次漫步奥林匹亚城,我们仍可以感受到它昔日的辉煌与灿烂。一块块巨大的古老石柱如同卫士一般排列成两队,像是在沉默中细数着历史。昔日的这里,有瑰丽的宙斯庙和赫拉庙,有世界七大奇珍之一的宙斯雕像,以及宏伟的体育竞技场。斗转星移,岁月变幻,往昔的一切,健儿们顽强拼搏的竞技场面,也只能在我们的幻想中驰骋。

二、古奥运会产生的时代特点

古奥运会产生的时代,希腊刚由荷马时代进入城邦时代。城邦时代是一个扩张的时代,除了各个城邦积极对外殖民,城邦之间还经常会发生战争。古希腊的各城邦从未得到统一,城邦内部经常要处理奴隶起义、平民反抗贵族等许多复杂问题。神话中的世界也是争斗的世界,无论是神和神之间,还是神和人之间总是通过不同的方式斗争。荷马的两部著名史诗《伊利亚特》和《奥德赛》是构成希腊神话的主要源泉,这两部神话描写的就是希腊人的城邦战争,还有神为支持他们的祭祀引发的城邦之间的明争暗斗。希腊被称为诸神之国,不同于其他国家,古希腊神话和古希腊的历史以及人民的世俗生活相织相融,难以区分,形成了希腊人特有的以神为尊的神话想象共同体,也就是今天我们熟知的希腊的泛神论文化。在古希腊,由于外部环境的恶劣,各个城邦都希望通过体育活动来增强公民的体质,从而在城邦战争中获胜,这在普通民众中也兴起了一股热爱体育的风潮。

🏠 看文化

这种热爱体育的风潮甚至是许多古代希腊艺术品的主题,比如著名的壁画《少年拳击手》,就描绘了两个少年拳击手搏击的状况,还有《几何康塔罗斯酒杯》,描绘了一群人在拳击赛和角力的情景。而关于奥林匹克的起源就是神与神之间角力以及人与人之间角力,或者是人为了祭祀某个神祇而举行体育竞技赛使得神开心。

希腊在古代不是一个真正意义上的国家,而是对希腊人所生活的整个地区的通称,包括今天的希腊和土耳其。古希腊是一个城邦制国家,就是只要有一个城池就是一个国家。亚里士多德说,从本性上讲,人是城邦的动物。他在《政治学》第七章中将希腊人与其他文明做对比,认为希腊人,勇猛而智慧。古希腊的所有城邦中,最有名的两个国家就是雅典和斯巴达。这两个国家一个极度崇拜武力,一个极度崇尚文化。

📅 微历史

雅典是驰名世界的文化古城。很多世界著名的哲学家,政治家和文学家都在雅典诞生或者生活过,雅典因此也被称为'西方文明的发源地'。至于斯巴达,位于希腊半岛南部,被认为是一个大军营。斯巴达的婴儿刚一出生,就要抱到长老那里接受检视,如果病弱畸形,就直接被抛下山崖,如果健康,还要由母亲用烈酒给婴儿洗澡,如果婴儿因此生病就证明他不够坚强,母亲会任由他死去。

三、斯巴达的尚武精神

希腊奴隶社会的城邦体系造就了希腊人的竞争意识,被山谷和水湾分割的土地衍生数百个独立的城邦,战争频发,因此,强悍的体魄以及迅捷的反应能力变得尤为重要。这种为生存而存在的教育尤以斯巴达为甚。

斯巴达的男孩长到 7 岁,按照国家的法令,全部由国家收养,编入连队。在连队中他们遵守统一的纪律,接受统一的训练,这是国家对儿童进行尚武教育的初级阶段,但也是一个重要阶段,直到 18 岁。目的是培养少年儿童们吃苦耐劳、服从命令与能征惯战的品质。

少年连队的生活是极其艰苦的,住所没有床铺和被褥,孩子们只能睡在野草芦苇做成的地铺上,有时甚至睡在软泥或者沙堆上。孩子们常年衣衫单薄,光头赤脚,为了培养少年儿童们的肉体忍受能力,提供给他们的饮食不仅粗劣而且量也不足,使孩子们经常处于饥饿的状态。为训练孩子们的反应能力和所谓机智,时常命令他们去行窃,如若得手,会受到赞扬乃至奖励;如若失手,会被惩罚并被斥为愚笨。

📅 微历史

少年连队里大部分时间都在从事军事体育训练,基本项目为"五项竞技"。五项竞技是在斯巴达起源并深受古希腊各城邦人喜爱的运动,公元前708年被定为古代奥运会的一个重要比赛项目,其内容包括赛跑、跳远、投标枪、掷铁饼和角力。此外,青少年还必须进行骑马、游泳、拳击、击剑和作战游戏等项目的训练。文化教育的比重很小,有音乐和舞蹈训练。但音乐是为了发扬尚武精神,舞蹈是军事动作的模仿。男子18岁时进入青年军事训练团,身体训练以五项竞技和拳击为主,同时进行武装训练。20岁时经过宣誓成为正式军人。30岁后获得公民权,可结婚,但不可久居家中,仍要过军营生活,直到60岁。60岁后,如遇战争,仍须随时响应国家征召。斯巴达的男子几乎一生都过军营生活,每天进行规律的身体训练,从不间断。经过长期的军事体育教育,斯巴达人被训练成身强力壮、骁勇善战的武士,由他们组成的军队有严明的纪律和强大的战斗力,曾经称霸全希腊。

斯巴达女子也接受尚武教育。他们认为只有训练出强壮的母亲,才能生育出强健的后代。同时,男子出征时,女子也要拿起武器,防守城池。因此,女孩也被编成团体,只有用餐才回家。在7—18岁时,参加国家规定的各种体育教育,以得到坚实的身体和健美的身材,做好当母亲的准备。在这个团体里,女孩参加角力、投铁饼、掷标枪、赛跑、跳跃、舞蹈、球类、游戏、爬山等体育活动。一系列良好的体育教育,使斯巴达女子有匀称而强壮的体魄,她们的肤色、容貌和身材受到其他城邦妇女的羡慕,是古希腊妇女健美的典范。

总之,斯巴达有对全体公民进行体育教育的体系,他们建立了国家教育机构,注意培养勇敢、坚毅的精神,着重增强军人的体力,强调终身运动,并重视女子的体育锻炼和军事训练,在当时的历史条件下,使斯巴达在3个世纪内称霸希腊并威震爱琴海地区。但斯巴达的体育教育也具有残酷性和片面性,少年儿童没有欢乐,没有文化知识,只有猛兽般凶狠的品性和强壮的体魄。

斯巴达强种优生观念的确立和对少年儿童进行尚武的军事教育是建立在使城邦始终拥有一支强大的军队,有效地镇压希洛人和对外扩张之上的。那么同样基于这种因由,斯巴达人再也不敢松一口气,征服者的胜利又把征服者变成了囚徒,整个的斯巴达社会都被"紧紧地锁在痛苦和铁链里"。

强种优生和尚武教育又成了斯巴达社会的致命伤。首先,由于实行优生学的政策,使斯巴达人遗弃了人类美善的生活,人性的自由与活泼被践踏,斯巴达的法律鼓励优秀的青年男女结合,但却完全不顾人情地禁止过家庭生活,要求结婚以后的男人们还必须在军营里食住,限制丈夫与妻子的接触,以保持他们的节制能力,保持理性,保持男性象征的优秀品质——勇敢。公开与妻子同居被视为是可耻的行为。但是,由于两性在社会生活中被人为隔离,使得夫妻之间不可能产生以感情为基础的爱情。妻子不是爱的对象,是传宗接代的工具。所以,在婚姻关系中,丈夫与妻子的感情是次要的,重要的是为国家生出体质健壮的后代。按照斯巴达的习俗,一个丈夫如果身心虚弱,便需要另觅一个俊美健壮的男子来,替他这一家生育子女。因为,孩子不是父亲的特殊财产,而是国家的公共财富。

再者,对少年儿童实行单一的尚武教育,同时也禁锢了他们的头脑,这不能不说是对人的个性发展的一种摧残。对少年儿童实施基础教育,是提高国民素质的关键,亚里士多德提出"儿童教育当然包括那些有用而确属必需的课目。"即通过开展读写、体操、音乐和绘画等方面的教育,使少年儿童在德、智、体、美等方面得到全面发展。但斯巴达的立法者们却把尚武的军事教育作为根本,专心致志地培养少年儿童的忍耐服从、机警顽强和好勇斗狠的品格,造成了全社会鄙视文化学习与创造的心态。这样的教育体制,虽然使斯巴达培养出一大批纪律严明、英勇善战的斗士,历史上也流传不少形容斯巴达战士赴汤蹈火、少年儿童军执法如山的佳话。但因为完全忽视了其他文化建设,以至于作为欧洲文明发源地的希腊古代文明,所有重大文化建树皆与斯巴达无缘。

名人谈

对于斯巴达实行的尚武教育,亚里士多德曾给予了严厉批判,指出斯巴达人"对少年进行严酷的训练,认为养成勇毅的品德莫善于这样的野蛮(兽性)措施。但是教导少年们专练这么一种品德,或特别重视这么一种品德,我们已屡次说过,这也是一个错误,而且即使就专门训练勇德而言,他们的这种方法也是乖谬的。"

纵观斯巴达的历史,片面强调强种优生和对少年儿童进行尚武的军事教育,确实曾使斯巴达成为军事强国而雄霸于希腊各城邦。但是这种制度的推行,严重地扭曲了斯巴达人的人性,影响了少年儿童人格的全面发展。斯巴达城邦,也终因保守、落后和狭隘而日渐衰落。

四、古希腊流传千古的文化

古希腊文化在公元前3000年至公元前1世纪的漫长历史发展过程中,伴随古希腊历史的发展,先后经历了爱琴文化(公元前3000年至公元前2000年),早期希腊文化(公元前12世纪至公元前6世纪),古典希腊文化(公元前5至公元前4世纪),晚期希腊文化(公元前4世纪至公元前1世纪)几个重要发展阶段。爱琴文化的中心,先是在爱琴海中的最大岛屿克里特岛,而后转移到希腊本土的迈锡尼。故又称之为克里特-迈锡尼文化。早期希腊文化的中心,先是在地处海陆交通要冲的小亚细亚的爱奥尼亚城邦,而后转移到希腊中部的雅典城。古典希腊文化的中心,一直在有"希腊学校"之称的雅典城。晚期希腊文化亦称"希腊化"时期的文化,其文化中心已由希腊转移到古埃及的亚历山大里亚、叙利亚的安条克、两河流域的巴比伦城。就古希腊文化自身发展来看,经历了由整体到分化,由西方到东方,产生、发展、繁荣和衰落的全过程。在长期的发展过程中,不仅形成了光辉灿烂、丰富多彩的文化格局,而且也赋予了它强大的生命力和永恒的文化主题。

荷马曾经这样写道："盛筵、琴音、舞蹈、更衣、沐浴、爱和酣睡,这些对于我们来说永远弥足珍贵。"在希腊到处都有各种各样的体育比赛:赛马、赛船、火炬接力赛;音乐比赛,通常是赛歌;跳舞——他们有时在涂过油的兽皮上跳舞来表现双脚的技巧和身体的平衡;人们还比赛从飞驰的马车上跳上跳下;比赛的名目是如此之多。快乐地去生活,认识到世界的美好和生而为人的无限乐趣,是古希腊人迥然不同于以前所有的社会的特点。古希腊的体育竞技、音乐、哲学、科学、会饮、泛神文化都具有经世不衰的强大生命力。

古希腊文化对世界有着持久的影响力,主要原因有以下几个方面。第一,古希腊文化具有理性精神,它以古代东方文化为借鉴,以古希腊历史发展为背景,由于知识分子的群体努力,他们可以自由地思考这个世界,摒弃所有传统的解释,不听任何祭司的教条,不受任何外界权力的影响来追求真理。古希腊人的科学天赋有自由发展的空间,他们为我们今天的科学奠定了基础。第二,古希腊文化的创作,走的是一条现实主义之路。其文化源于生活,而又高于生活。经过艺术加工的文艺作品,具有惊人的丰富思想,处理问题哲理性强,表达方式简洁、明晰、自然,树立了无数形形色色具有高度美的典型形象,充满了生活画面的特点。通过艺术形式,活灵活现地把一个酷爱自由、天性爱美、富于幻想、乐观向上的希腊民族及希腊人生动地再现出来。第三,古希腊文化代表了古代奴隶制时代所能达到的最高科学文化发展水平。苏格拉底、亚里士多德、希波克拉底、阿基米德,这些人类历史上闪耀的名字,共同构成了希腊灿如繁星的闪耀文化。古希腊文化经受了历史的检验,愈发被世人所知,显示了强大生命力。历史上虽然古希腊曾被古罗马人所征服,但在精神文化方面,强大的罗马却被它征服的希腊人所征服。古希腊文化,也曾武装过文艺复兴时期的人文主义者们的头脑,使他们上演了一幕幕新兴资产阶级反封建、反教会斗争的历史剧;重新唤醒了人的自觉,从而推动了社会、历史的进步。民族的片面性和局限性日益成为不可能。古希腊文化遂成为世界文化的人类共同财富,受到世界各民族的喜爱、欣赏、学习、借鉴和研究。

🏛 看文化

古希腊文化之所以具有强大的生命力和世界意义,就在于它所确立的以人为中心这一文化主题。正如黑格尔所说:"希腊民族性格的特别,在于他们对直接呈现的,而又受到精神渗透的人身的个性,具有高度发达的敏感……他们把人的形象看作高于其他一切形象的最自由最美的形象。"正是对人的充分尊重和对力与美的虔诚追求,使古希腊文化才得以穿越历史长河而不衰,历经人世沧桑风雨而常在。

第二节　古奥运会在神话与传说中走来

　　古希腊神话产生在大约公元前十二世纪到公元前八世纪之间的原始氏族社会,由欧洲最早的人口头创作。在当时的历史阶段,生产力的水平是低下的,人对自然的认识是有限的,往往借助想象去解释周围的自然现象和生活现象,这样就产生了神话。古希腊神话反映了"人类社会的童年"的世界观和原始氏族社会的生活状况。后来经过诗人的整理和艺术加工,得以保存和流传于世。古代奥林匹克运动会被视为人们庆祝胜利的产物,也是缘于古希腊神话故事。

趣神话

　　神话中有一个叫克库洛希的英雄打败了伊利斯王奥格亚史,为了庆祝这次胜利,他在奥林匹亚这个地方举行赛跑会,距离为600英尺,优胜者会被戴上用橄榄枝编织的桂冠,以示奖励。这则神话故事就把古代奥林匹克运动会说成是由克库洛希创办和开始的。

图 1-1　描绘手持桂冠运动员的陶瓶画

图 1-2　公元前 480—前 470 年宙斯青铜像

　　有关古代奥运会的起源的传说有很多,最主要的有以下两种:一是古代奥林匹克运动会是为祭祀宙斯而定期举行的体育竞技活动;另一种传说与宙斯的儿子赫拉克勒斯有关。赫拉克勒斯因力大无比获"大力神"的美称。他在伊利斯城邦完成了常人无法完成的任务,不到半天工夫便打扫干净了国王堆满牛粪的牛棚,但国王不想履行赠送 300 头牛的许诺,赫拉克勒一气之下赶走了国王。为了庆祝胜利,他在奥林匹亚举行了运动会。

🏠看文化

　　关于古奥运会起源流传最广的故事则是珀洛普斯娶亲的故事。古希腊伊利斯国王为了给自己的女儿挑选一个文武双全的驸马,提出应选者必须和自己比赛战车。比赛中,先后有13个青年丧生于国王的长矛之下,而第14个青年正是宙斯的孙子和公主的心上人珀洛普斯。在爱情的鼓舞下,他勇敢地接受了国王的挑战,终于以智取胜。为了庆贺这一胜利,珀洛普斯与公主在奥林匹亚的宙斯庙前举行盛大的婚礼,会上安排了战车、角斗等项比赛,这就是最初的古奥运会,珀洛普斯成了古奥运会传说中的创始人。

　　实际上,奥运会的起源与古希腊的社会情况有着密切的关系。公元前9—前8世纪,希腊氏族社会逐步瓦解,城邦制的奴隶社会逐渐形成,建立了200多个城邦。城邦各自为政,无统一君主,城邦之间战争不断。战争促进了希腊体育运动的开展,古奥运会的比赛项目也带有明显的军事烙印。连续不断的战事使人们感到厌恶,普遍渴望能有一个可以休养生息的和平环境。后来斯巴达王和伊利斯王签订了"神圣休战月"条约。于是,原为准备兵源的军事训练和体育竞技,逐渐变为和平与友谊的运动会。(中国奥委会官方网站,2004)

一、大力神赫拉克勒斯

🌏趣神话

　　传说中万神之首宙斯与美丽的神女阿尔克墨涅生有一个儿子,名叫赫拉克勒斯。宙斯预言这个孩子将有光明的前途,宙斯的妻子赫拉便怀恨在心。

　　赫拉克勒斯的母亲阿尔克墨涅为了保护孩子,将他放置在田野旁。智慧女神雅典娜和万神之母赫拉正好经过这里,雅典娜可怜这因为饥饿而啼哭不已的孩子,恳请赫拉用自己的神圣之乳哺育他。谁知这孩子刚吃了几口奶,就咬疼了赫拉,赫拉便将他抛到了地上。雅典娜抱回了孩子,以他是个可怜弃儿的名义请阿尔克墨涅抚养。

　　阿尔克墨涅一眼认出自己的儿子,泪流满面,惊喜异常。不久,这秘密为赫拉所知,她派出两条毒蛇爬向赫拉克勒斯的摇篮,母亲和女仆发现了,哭叫着扑向摇篮,却不知如何是好,当闻声而来的人们拿着武器跑来,却惊讶地发现这孩子两手各握有一条毒蛇,已把它们活活捏死。宙斯闻知此事,预言这孩子将成为不可战胜的人。

　　在赫拉的忌妒和报复中坚强地长大的小赫拉克勒斯,18岁时,已成为希腊最漂亮和健壮的青年,并赢得了"大力神"的美称。但是,母亲阿尔克墨涅对赫拉还是提心吊胆,唯恐善妒的赫拉再次对她的儿子下毒手。

图1-3　赫拉神大理石雕像

赫拉克勒斯长大成人后，母亲决定让他离开家，远走他乡。以躲避赫拉的报复，同时让赫拉克勒斯接受各种艰难困苦的磨炼。临行前，她嘱咐赫拉克勒斯必须完成12件别人无法做到的大事，用以锤炼他的意志，增长见识。这12件大事就是取狮子的毛皮、杀死九头水蛇、生擒赤牝鹿、活捉野猪、打扫牛棚、赶走怪鸟、驯服发疯的牛、制服强壮而凶猛的牝马、夺得一个女皇的腰带、捉拿牛群、从怪物那里夺回金苹果和制服地狱的恶狗。

恋恋不舍地告别了亲人，带着亲人的嘱咐，赫拉克勒斯踏上了艰难征程。离家后，他路过高加索山时，克服各种意想不到的困难，搭救了为人类盗火而被宙斯悬吊在悬崖绝壁上的普罗米修斯；在崇山峻岭中，他与凶猛的狮子搏斗，终于捕杀了残害人类的猛狮，为民除掉大害。他的威望和名声越来越大，他正直、勇敢的故事经过人们的艺术加工很快被传开了。

图1-4　公元前1世纪的克勒斯铜像

画面取材于赫拉克勒斯的第五件苦役——驱赶斯延法利斯湖怪鸟。

图1-5　绘有捕鸟场景的
双耳细颈椭圆陶罐

图1-6　双耳细颈圆彩陶罐(图中描绘了大力神
赫刺克勒斯与复仇女神的子搏斗的情景)

趣神话

在赫拉克勒斯完成了前五件大事后，一天，他路过伊利斯城，国王要他在一天之内将3 000头牛的牛棚打扫干净。这是一件英雄不屑做，按常理也无法做到的事。他应允了，用半天时间挖了一条沟引来河水，把牛棚冲刷得干干净净。这时，伊利斯城邦的国王却反悔了。

"大力神"愤怒了，他要狠狠地报复一下伊利斯的国王。于是他带着大批的军队攻入了伊利斯，在血战中打败了国王并且用致命的一箭将其杀死。获胜之后，赫拉克勒斯集合了部队和所有得到的战利品，给奥林匹亚诸神带去了祭品，然后创立了每四年举办一次的奥林匹克运动会。运动会在一个平原上进行，赫拉克勒斯在这里栽种了橄榄树并将其作为圣地献给了雅典娜女神。

赫拉克勒斯是古代希腊神话英雄中最负盛名的人物，他的 12 项伟绩象征着一年的 12 个月。这象征着远古人类同大自然搏斗的过程中英勇精神的汇聚。古希腊人无比崇尚这种英武，人们称古奥运会冠军"像赫拉克勒斯那样神奇英武"。

二、珀罗普斯的故事

趣神话

珀罗普斯是奥林匹亚的国王，也是以他的名字命名的伯罗奔尼撒半岛的英雄。奥林匹克运动会在举行时向他供奉。珀罗普斯是坦塔罗斯的儿子，宙斯的孙子。他的父亲坦塔罗斯因向人类泄露了神的秘密，并且偷取美酒分给自己人间的朋友，被打入地狱，受罚站在湖水中，头上始终悬挂着巨石。时间一天天地过去，珀罗普斯成年了，他英俊潇洒，聪明善良，喜爱骑射和狩猎。特洛亚的国王发动战争，侵占了珀罗普斯的故乡吕狄亚，他被迫远走，漂泊到希腊南部一个半岛上并在那儿住了下来。从此这个半岛开始被叫作伯罗奔尼撒半岛。在这里，珀罗普斯遇见一位名叫希波达米娅的美丽少女，两个年轻人一见钟情。

希波达米娅离开后，珀罗普斯决定去寻找她，哪怕走遍天涯海角。这时，伊利斯国王俄诺玛斯为公主挑选驸马的消息传到他耳朵里，经过询问，得知那位公主就是希波达米娅。于是珀罗普斯立刻向伊利斯出发了，他决心不顾一切都要见到这位令他朝思暮想的心上人。

伊利斯位于伯罗奔尼撒半岛的西北部阿尔菲奥斯河的山谷里。希波达米娅就是这个城邦国王的独生女，被国王视为掌上明珠。国王已进入暮年，正为女儿的婚事左右为难——国王得到了神的预言，女儿大婚之日，便是他的暴死之时。

他苦思冥想，布告全国，求婚者可与他进行乘战车比赛，胜利者，可娶公主，但是，如果输了，他将用利矛刺死应选者。明眼人当然知道，国王有的是高头大马、轻快战车，跟他比赛，无异于以卵击石，自取毁灭。许多应诏求婚者，听到国王这个苛刻条件后，便带着失望和沮丧纷纷退出了比赛。因为在全希腊，没有谁在驾驭马车的技巧方面能与俄诺玛斯国王相比，再说国王的马跑得比疾风还快。

图 1-7　比赛中的珀罗普斯

然而，还是有一些血气方刚的青年，勇敢地接受了挑战。一个又一个的年轻人来到俄诺玛斯的皇宫。只要能娶得美丽的希波达米娅为妻，他们随时准备牺牲自己的生命。但他们在战车赛中，都惨死于国王锋利的矛枪之下，一个、两个……接连有13个青年倒下了。为了使其他人不敢再前来求婚，国王把死者的头割下来挂在宫殿的门上。就这样，"13"在古希腊人的心目中被视为不吉利的数字，甚至一提到它，就毛骨悚然。

珀罗普斯耳闻目睹了这几天发生的事情，他明白这是国王设下的圈套。但是他深爱希波达弥娅，这使他决心去冒险。决战前夕，珀罗普斯烦躁不安，他来到了阿尔菲斯河畔，默默地向河神祈祷，一抬头，竟是梦中人。自从第一次见到珀罗普斯后，希波达米娅也早已心下许之。

两个青年人重逢了，他们相互诉说别后的思念。最后，希波达弥娅劝说他赶快抛弃比赛的想法，不要做这种自取毁灭的蠢事。可珀罗普斯根本听不进，他坚定地回答："今天能够见到了你，明日我死而无憾。"希波达弥娅扭过身去流下了眼泪，只得再次为他向海神祈祷。她的泪水刚落入海中，平静的海水忽然翻腾起来，浪花翻向两边，分出一条路，海面上飞出一架金光闪闪的四马战车，这是海神被感动了，为珀罗普斯送来的参赛战车。珀罗普斯高兴极了，希波达弥娅却连连摇头，她依然为珀罗普斯揪心。

比赛开始前夕，俄诺玛斯像往常一样建议珀罗普斯先一个人开始比赛。年轻人的战车迅速地从原地驰出，而俄诺玛斯却不慌不忙地先去祭奠宙斯，直到做完这一切他才开始驱车追赶珀罗普斯。

一时间，战马嘶嘶，车轮滚滚，两辆战车在广场上疾速奔驰。俄诺玛斯的战车眼看就要追上珀罗普斯的马车，心里乐极了。一眼可望的胜利使刚才瞬间出现的怜悯之情消失得无影无踪了。国王正得意洋洋地挥起长矛，准备刺杀时，突然一声巨响，车轮从俄诺玛斯的战车上脱落下来，国王一头栽到地上，不省人事……

观战的众人惊呆了，只有希波达弥娅心里明白，这是昨晚从河边回来后她煞费苦心想到的一条计策。她悄悄去找到了父亲的车夫。车夫被希波达弥娅正义而痛苦的泪水打动，把一侧车轮的穿钉换成了木制的（也有说是蜡制的）。木销折断了，车仰马翻。珀罗普斯得救了，他冲到了终点的波塞冬神坛，并且在之后救助了国王。

珀罗普斯胜利地回到了伊利斯，娶了美丽的希波达米娅做他的妻子。为了庆祝自己的胜利，珀罗普斯在奥林匹亚举办了体育竞技比赛，还决定这种比赛每隔四年举行一次。珀罗普斯，便成为古奥运会传说中的创始人。

图1-8 双颈长柄高水瓶瓶画描绘了珀罗普斯和希友达弥亚的婚礼庆典

公元前5世纪的奥林匹亚宙斯庙的东面山墙上，就铭刻着这个动人的故事。宙斯站在中央，左边是洋洋得意地看着自己战车的国王，他的身后是忧郁的车夫；右边是珀罗普斯和希波达弥娅，公主深情而忧虑地望着心爱的人。人物两侧，是对称的马匹、赛车、仆人。

所以，有人说古奥运会起源于"爱情"。"爱情"在这里是广义的，它体现了人类对生命与美好生活的追求。

第三节　古奥运会的传说与文化遗产

今天，当奥林匹克"圣火"熊熊燃起，当奥林匹克运动以不可阻挡之势席卷全球，当五洲青年在公平和团结、友谊的气氛中欢聚一堂时，人们会不自觉地想到古代奥林匹克运动会，想起那些富有神奇色彩的有关古代奥林匹克运动会的神话。而这些广泛流传的神话故事又给古代奥林匹克运动会的起源蒙上了一层神秘的面纱。

在古希腊，有关古代奥林匹克运动会的起源，还流传着许多脍炙人口的传说。

古希腊人对于获胜者的崇敬和颂赞是至高无上的，在他们看来，荣誉高于生命，可以永存。从古奥运会的第一届到第六届，获胜者的奖赏是一头羊。随着时间的推移，人们越来越感到这头羊无法体现冠军的意义，从第七届起，改用了橄榄枝编成的花环。

为什么要用橄榄枝呢？

图1-9　作于1637年的书籍插画，内为珀罗普斯和希波达米娅庆祝他们的婚礼

一、雅典娜与橄榄树的传说

🌐 **趣神话**

相传，在远古时代，有个叫雅典娜的智慧女神，她不仅是农业和园艺业的保护神，而且还是法律和秩序的维护者。有一次，雅典娜和海神波塞冬来到一座不知名的山城。这个山城人烟稀少，草木不生，人民生活非常贫困。他们都喜欢此地的幽静，都想做这个山城的保护神，以自己的名字命名小城，保护小城摆脱贫困和荒芜，变成一座人间乐园。因此，两人发生了争执。正当他们争持不下的时候，当地居民被惊动。最后，他们请居民自己选择。

海神首先施展神威，他用手中的三叉戟朝天一挥，顿时从天空飞来一匹毛色雪白的天马，这匹马嬉戏奔驰于山谷，如雪的鬃毛在风中飘拂，十分俊美。波塞冬兴奋地说："请看，这就是我的赐物，它是什么？是征服！骑上它去征服别人吧，它会给人们带来很多的财富。有谁还能给人类奉献比这骏马更高明的东西呢？"

轮到雅典娜时，雅典娜没有立即做出回答，只见她略加思索后，用手中的长矛在地上一插，刹那间地面上便冒出来两片叶芽，不一会儿就长成了一棵枝繁叶茂、果实累累的橄榄树。她对人们说："任何财富都有用尽的时候，而只有和平和智慧，才是真正无尽的财富。这棵树的全身都对人类有用，它的果实既可以食用，又可以酿酒、榨油；它的树身不但能制作药

图 1-10　公元前 500—前 480 年受人尊崇的雅典娜陶像

材，还能提炼香料，用做照明。这树必将给人类带来和平与丰收，在这样的条件下，我才能教给你们劳动、生活等各种各样的智慧。"

图 1-11　美丽的雅典城

人们议论再三，无法做出决定。最后，还是几位白发长者商议了一下，代表大家说："我们还是要橄榄树，让它长满我们的山坡田野。因为它，可以留给我们的后世子孙。"于是，橄榄树从此生长于这片土地，又蔓延整个希腊。于是，在宙斯神的赞许下，这座山城便以雅典娜的名字命名。雅典娜也就成了这座山城的保护神。这座山城便是后来非常著名的历史名城、今天希腊的首都——雅典。

希腊人对于橄榄树的那份特殊的感情,从这一传说中反映得非常清楚。在古希腊的奥林匹亚,由于粮食不足,橄榄和葡萄就成了人们经常性的食物,在当地人的生活中占据了非常重要的位置。所以,相传在奥林匹亚,每当橄榄和葡萄丰收时节,人们就要聚集在一起庆祝来之不易的丰收,他们表演各种节目,如歌舞、音乐、戏剧,等等,与会者狂欢痛饮。同时,还要举行各种体育比赛,有赛跑、摔跤、赛车、掷铁饼等。参加比赛的人们都赤身裸体,一丝不挂,只准许男子参加,不准许女子入场。为了防止日光暴晒,使肌肉美观发亮和富有弹性,他们便在身上涂上橄榄油。这就是历史上著名的具有独特风格的古代希腊赤身运动的传说。由此演变成了每四年举行一届的古代奥林匹克运动会。

橄榄花环被视为对运动员的最高奖赏,它象征着全希腊的和平与幸福,也象征各城邦运动员之间的友谊。于是,它在延续一千多年的古奥运会中代代相传。它与圣火一起,成为奥林匹克运动精神的象征,其意义深远,影响久远。制作橄榄枝花环时,要举行虔诚的仪式,规定由父母双全的少年,用纯金制成的刀子从宙斯庙旁的橄榄树上割取,再精心编成美丽的花环。直到当代,一些世界性的比赛仍在采用这种奖励方法。如1983年首届世界田径锦标赛,奖给第一个冠军的,就是一个橄榄枝花环。

二、伊菲图斯与古奥运会

📽 微历史

那时候城邦之战摧毁了希腊。伊利斯——一个不大的古希腊城邦,奥林匹亚就位于它的城邦内。为了和平,埃利斯城邦的国王伊菲图斯出发到了德尔斐,向神请教。神给伊菲图斯降示的神谕是:"你需要创立合乎神的心意的竞技赛会!"

伊菲图斯立刻动身去与强大的邻邦斯巴达国王李库尔赫商议。很显然,伊菲图斯是一个非常好的外交家,他竟然说服了强大的李库尔赫。李库尔赫立即决定,从此以后伊利斯为中立国,应该得到所有国家的承认。随后所有那些没完没了相互打斗的小的零散国家都同意了这个决定。伊菲图斯非常高兴,为庆祝和平和感谢诸神,就在公元前884年,创建了四年一次的奥林匹克运动会。伊菲图斯特别为赛会修建了一个长215米、宽30米的椭圆形体育场,体育场的跑道长为192.27米,据说刚好是"大力神"赫拉克勒斯足长的600倍。参观运动会的贵族和平民,要分别入场,以示"贵贱"。从此以后,古希腊各城邦之间如果发生战争,而到赛会开会期间还未结束,双方都要放下武器,去观看运动会的比赛,以表示对神灵的尊敬。这样,奥林匹运动会就成了古代希腊地区规模最大、范围最广的体育竞技赛会。

图 1－12　古斯巴达国王李库尔赫他是一个政治家和演说家，也是古代斯巴达的立法者

图 1－13　早期奥林匹克运动会体育场遗迹

趣神话

　　关于这一传说，还有更具史实可考的一个版本。公元前884年，伊利斯发生了瘟疫，繁华的奥林匹亚哀鸿遍野。这时，早已觊觎奥林匹亚的斯巴达国王李库尔赫，乘人之危侵入伊利斯城邦。宁死不屈的伊利斯人顽强抵抗。使斯巴达人久攻不克，不得不放弃了原先的打算。最后，在希腊其他城邦调解下，斯巴达国王李库尔赫和埃利斯国王伊菲图斯订立了《神圣条约》，条约规定奥林匹亚为定期举行庆典地，是神圣不可侵犯的和平圣地。庆典期间，任何人都不得携带武器进入奥林匹亚，否则就是对《神圣条约》的背叛，各城邦都有权对背叛者进行制裁。而《神圣条约》贯彻伊始，便被认为是古代奥林匹克运动会开端之时，伊菲图斯便成了传说中的古代奥林匹克运动会创始人。

　　这些神话故事和传说是非常动人的，以致流传了上千年。但当我们从这些神话和传说中回到现实中来时，我们就会发现，古代奥林匹克运动会的起源虽然众说纷纭，但它的渊源却是久远的。神话和传说并不是无谓的幻想，它反映了远古时期的先民对于自然界、人类社会的一种朦胧认识，它表达了人类童年时期的精神面貌和理想追求，也在一定程度上反映出了人们的历史观、道德观和宗教观。

　　奥运会真正的起源，是人类同大自然的斗争和人与人之间的争斗。希腊是个多岛屿的海洋国家，内陆土地贫瘠，人们需往更远的海外谋求生计，这便促进了航海事业的发展。航海需要强壮的身体，航海本身也锻炼了人们强健的体魄。更重要的是，希腊历史上战争频繁，各城邦没有统一的君主，外来入侵、内部纷争、

图 1－14　公元前4世纪早期的阿波罗大理石头像

镇压奴隶起义的战争连年不断。所以是为了应付战争,也为了促进全民族的体育锻炼。有不少城邦,人们从小就在运动场上锻炼,长大了就在战场上作战,一生在"竞技"中度过。从这个意义上说,希腊人的一生,是竞技的一生。所以,神话和传说毕竟不是现实,它仍然是人们幻想和随意加工的产物。要真正还古代奥林匹克运动会起源一个本来面目,还得从古代希腊的社会生活和历史中去寻找。

📅 微历史

　　第一个有文字记载的奥运会于前776年举行,但是我们可以确定之前奥运会就已经存在了。当时只有短跑(希腊人称之为"斯泰德"Stadion,意为"场地跑步",英语中"体育场"stadium一词就出于此)一个项目,长度为192.27米,因为这是大力神脚长的六百倍。奥运会每四年举行一次,后来希腊人还将奥运会作为一种计算时间的方式,一个"奥林匹亚"就是两次奥运会之间的时间——4年。

　　后来,其他项目逐渐地加入奥运会中:拳击、摔跤、古希腊式搏击和田径(包括场地跑、跳远、标枪和铁饼)。新项目的加入使得运动会的长度从1天延长到5天,其中3天有比赛,其他2天则从事宗教活动。最后一天所有的参赛选手都可以参加一场盛宴,享用在比赛第一天时供奉给宙斯的一百头牛。奥运会项目获胜者的奖品是橄榄枝编成的花环以及莫大的荣誉。雕塑家们还为获胜者雕刻人像。古人曾经约定奥运会举行期间,各城邦互不交战,久而久之,橄榄枝就成了和平的象征。因此奥运会虽然在现代是各国运动竞技的项目,但主要的精神仍是以世界和平为主。

第二章
古奥运会的缘起、兴盛与衰亡

古奥运会在希腊的产生与兴起,受古希腊特殊的政治和地理环境、宗教信仰、祭祀仪式、城邦制度,以及重视体育的教育制度和崇尚英雄的民族性格等的影响。而古奥运会的衰落和灭亡的根本原因也在于它所赖以存在的思想基础、社会背景、文化环境的变迁。

第一节 古奥运会的缘起

一、古希腊自然环境与竞技运动习俗的形成

古希腊位于地中海东部,巴尔干半岛的最南端,人们通常把这里称为"希腊半岛"。地理范围大致以希腊半岛为中心,包括爱琴海诸岛、小亚细亚西部沿海,爱奥尼亚群岛以及意大利南部和西西里岛的殖民地。浩瀚的海域赋予希腊先民以广阔的发展空间,这里海岸曲折,绿岛相连,港湾众多,地中海气候温和宜人,海洋资源得天独厚。除了北部少数地

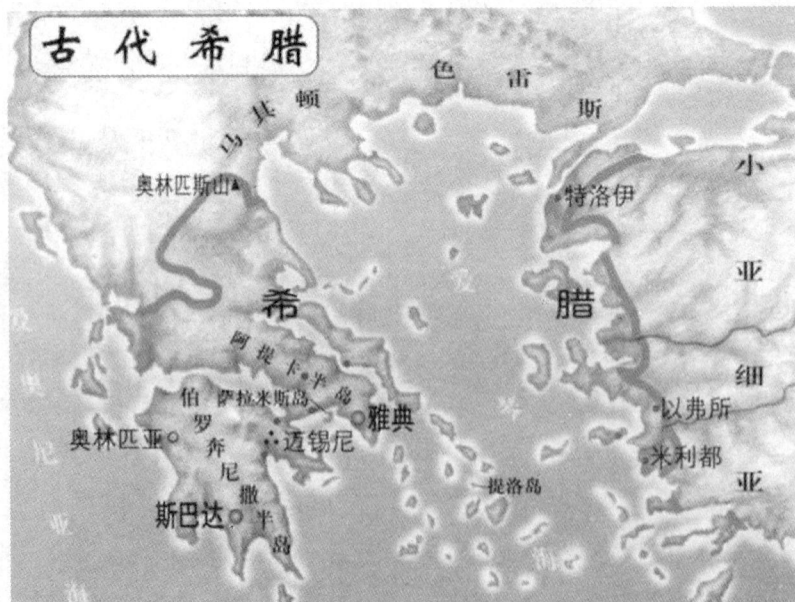

图 2-1　公元前 8—前 6 世纪的希腊

区外,全希腊其余地方离海岸线一般都不超过五十公里。但是,希腊没有肥沃的大河流域和开阔平原,山岭、河川将陆地隔成小块。山岭沟壑,耕地缺乏,土地贫瘠,限制了粮食的生产,迫使希腊从事海外贸易、海外殖民和经济文化交流。而曲折的海岸线,众多的优良港口为这些活动提供了条件。

优越的地理位置,加快了社会发展的进程,在科学、文化、艺术和体育等领域里为人类做出了多方面的卓越贡献,使古希腊成为多种文化的交汇之处,成为西方文明的发源地。但古希腊不适宜农耕,这使得希腊人的生活必须面向大海,这在相当程度上决定了希腊民族的生活方式,陶冶了希腊民族的性格。温和舒适的气候,使希腊人以徜徉户外为乐趣,造就了希腊人喜欢户外体育活动的习惯和崇尚自然的审美情趣,与大海为伴的生活又养成希腊人敢于冒险、勇于竞争的性格。

图 2-2　古希腊著名雕塑家米隆的《掷铁饼者》,现藏梵蒂冈博物馆

🅐 看文化

竞技运动是希腊人生活的重要内容。据《荷马史诗》记载,早在氏族公社时期,帕特罗克鲁斯的葬礼赛会上,就几乎举行了后来为人们所熟悉的所有种类的比赛,比赛项目包括拳击、摔跤、赛跑、投掷毛坯的铁盘以及用弓箭射杀一只被捕获的鸽子,用长矛进行拼斗也是一个比赛项目,由第一个受伤的人决定胜负。荷马时期的这种非正式的、自发的竞技运动,逐渐形成习俗传统,为后来奥运会的产生奠定了基础。竞技运动在所有的地方都开展起来,即使是那些最小的社区里,个人的自我价值实现,也是依赖于在竞技活动中社会对自己的评价。对英雄的崇拜和对自由的渴望,同对神庙圣地的祭祀相结合,便是古奥运会产生的肥沃土壤。

二、城邦制促进了竞技运动的发展

公元前 9—前 8 世纪,希腊城邦制的奴隶社会取代了氏族社会,城邦是指古希腊的一种国家形态,它一般以一个城市为中心,包括其周边的村社。整个希腊建立了 200 多个奴隶制城邦,大小城邦都独立自主,城邦间的纷争不断。世袭的奴隶主贵族,占据着社会的一切财富,而城邦内也有阶级力量的斗争。经营农业的传统贵族奴隶主日趋没落,新兴的工商业奴隶主势力逐渐上升,争夺政权的各阵营在战场上厮杀得你死我活。各种竞技运动赛会成为各城邦显示自己优越性的一种方式,受到各城邦的普遍重视。随着奴隶制的确立和巩固,希腊经济迅速发展。初期的商品经济,要求打破城邦界限,进行经济、文化等方面的交流。古奥运会期间人们停止战争,沉浸在和平的经济交往活动中,希腊每个城邦的人们都可以去参加祭祀活动,达到了空前的参与程度。因此,希腊的城邦制是古希腊奥运会产生的社会根源。

古希腊城邦中的自由民阶层由奴隶主贵族、工商业奴隶主、小农和手工业者组成,他们在政治上和经济上有相对平等的权利,使他们在竞技运动中取得相应的平等资格,因而有可能在竞技比赛中进行公平竞争,充分地展现自我,使竞技赛会成为他们显示传统观念、生活习俗和竞争能力的场合。城邦是独立的小国家,只服从于自身的利益,其核心是自治、民主、平等、法治,但在本城邦之外,它完全不可能对弱小的盟邦实行哪怕是最低程度的公平。希腊人之间的联盟常常以更有势力的城邦剥削和控制其他城邦为特征。尽管如此,在古时候,这种"联合一统"(synoecism)的形式,是当时最为强大的泛希腊政治实体,也是人的思想解放和个性张扬的保障,是古奥运会产生的最根本的社会政治基础。

三、古希腊人民的教育思想与身体观

古希腊的教育思想是基于这一认识:人是一个统一体,包含了许多相互依存的机能和因素,既是精神的又是肉体的。教育应促进身体的成长,而且还应促进人的心理和能力的发展。荷马史诗中说,"高贵的声名"总是一个希腊人最渴望的东西,这表示在战争或体育赛会中取得胜利,也包括了所有的能够带来荣誉的事情。实际上古希腊已形成德、智皆寓于体的全面教育的思想,这也是古代奥运会的教育宗旨。由此可见,古希腊的教育思想是奥运会产生的文化心理动因,古希腊人对人体的审美情趣,对古希腊奥运会的产生和奥林匹克精神的形成,有重要的影响。

在古希腊许多奴隶制城邦国家中,斯巴达和雅典最强大,也最有名。因而,以它们的教育为代表来探讨古希腊的教育。

📖 微历史

斯巴达教育制度萌芽于公元前 12 世纪,形成于公元前 9 世纪。那时斯巴达人刚刚来到伯罗奔尼撒半岛南端,只有 9 000 户,却要对付 25 万土著奴隶。因此,斯巴达人的生活必须全面军事化,为保卫贵族奴隶主阶层政权的稳定,斯巴达教育具有浓厚的军事色彩。其教育目的是为了把奴隶主贵族子弟培养、训练成为体格强壮、受过严酷军事体育锻炼的武士。教育的主要内容为赛跑、跳跃、掷铁饼、投标枪、角力五项竞技,此外还包括肉搏术、骑马、游泳、音乐与舞蹈等。

雅典的教育与斯巴达有很大的不同。雅典的手工业和商业比较发达,实行的是奴隶主民主共和政体。雅典的教育目的不仅是要把奴隶主贵族子弟训练成身强力壮的武士,还希望他们成为有一定文化知识的商人和能言善辩的社会活动家和政治家。因此,雅典的教育除重视体育、军事训练和道德教育之外,还注意到智育、美育和谐发展的教育。

尽管这两种教育体系有很大不同,但体育在其中都占有很重要的地位。一个人的运动能力和身体健壮程度体现着他的教育程度,由此形成了希腊人追求健与美的身体观,并驱使人们寻求一种表现健与美的活动形式。古希腊哲学家苏格拉底曾说:"不能表现身体的力量和美是一种耻辱。"西蒙尼德也说过:"对于凡人来说,健康是最好的事情,第二好的是高贵的品格,第三是通过体面方式获得的财富,第四是与好友们度过青年时代。"古希腊人把健康的身体,以及人体的力与美视为一种信仰。同样,如果我们翻开古希腊史学家希

罗多德、色诺芬等人的著作，便会发现这样一个事实，无论是在民间的婚丧嫁娶，还是在国家的庆典期间，人们都有祭祀自己城市的保护神或传说中的英雄人物的风俗。他们用体育竞技来娱乐神祇，祈求庇护。古希腊的教育理想、传统和观念成为古奥运会产生的文化动因。

四、防备战争、渴求和平的信念是古奥运会诞生的思想基础

古希腊数百个各自独立的城邦，从未牢固地团结在一个统一的政治体系中。城邦之间经常兵戎相见，战争频繁。由于各城邦都无常备的正规军队，因此，各城邦政府都必须使自己的每一个男公民成为一个战士。因此，战争对古希腊人的生活有很大的影响。苏格拉底曾经说过："每个市民绝不能成为体育的门外汉，应该具有最坚实的身体条件，一旦国家危急便能随时出征，尽自己保卫国家的义务。"为了扩张和防卫，希腊人必须具备强悍的体格和敏捷的行动能力，以适应战争的需求。因此各城邦采取各种运动方式来培养符合战争需要的人，在这种尚武的风气下，体操、摔跤及各种竞技运动风行一时，运动成为每个公民的头等大事。古希腊的体育为了军事的需要迅速发展起来。特别是在希波战争中，同波斯人贴身肉搏时，希腊人占了明显的优势，他们把战争的胜利归功于体育训练的结果。这次战争的胜利，更促进了希腊体育的繁荣，也决定了奥运会服从于军事需要的性质。

🗓 微历史

> 古希腊的战争非常残酷，城邦间有一个普遍的战争规则，那就是所有被打败的男子都将遭到屠戮，妇女和儿童则被卖为奴隶。有一个可以追溯到半神话时代的极端案例，就是"弗西斯人的绝望"。当忒萨利亚人入侵他们的土地，在出去迎战之前，弗西斯人先把他们的妻子和孩子集中在一个地方，戴上她们最值钱的东西，并得到了妇女们的同意以执行他们的计划。在妇女和儿童周围满满堆起木柴，三十位最可信任的武士原地待命，一旦得到战败的消息就点燃柴堆，杀死所有的人。然而事情没有走到这一步，因为弗西斯人获胜了，他们后来向阿尔忒弥斯献祭的节日纪念活动使这一段史实得以保存下来。

在希腊神话中，悲剧英雄的英年早逝是一个永恒的主题，依恋生命（philopsychia）被认为是不光彩的。然而，战败是比自杀或死亡更加不光彩的事。为了城邦的荣誉，希腊人会极度重视锻炼身体与体育训练，荣誉被认为比生命更重要。

奥运会初期的比赛项目也反映了战争与古奥运会发展的关系。从公元前776年创建以后，奥运会项目逐步扩大，从单一的赛跑逐渐发展为有摔跤、混斗、拳击、战车赛、赛马、武装赛跑、五项竞技运动等的综合运动会。这些比赛项目多与军事技能有关，反映了战争对奥运会比赛项目发展的驱动作用。

虽然各城邦间的冲突经常发生，但是它们之间的联系也十分密切。特别是自公元前8世纪，随着古希腊移民运动的兴起，各城邦间共同的经济利益、政治需要和文化传统，要求它们加强交往，加强合作。以祭祀各城邦共同信奉的神灵——宙斯为目的的奥运会正是在这一社会需要的促进下迅速发展，并在加强希腊城邦间的团结、维护它们之间的合作

关系中发挥了重要作用。

五、古希腊的宗教习俗促进了奥运会模式的形成

古奥运会宗教习俗活动关系密切。古希腊宗教具有泛神论的性质,有如下三个特点:一是对奥林匹斯山诸神的膜拜;二是有一套独特的祭祀制度;三是有丰富的宗教神话传说。希腊人认为,奥林匹斯山上有一个神的天国,居住着 12 个巨神,维护着天地间的秩序。宙斯是诸神之王,主宰人间天上的一切,享有至高无上的权威,其他众神也都具有超人的权能、智慧和法术。人们只有同他们建立恰当的和善的关系,才有利于生存。于是,人们就用祭神的方式,顶礼膜拜,向神灵表示虔诚,祈求宙斯及诸神的保佑。

图 2-3 希腊的最高峰奥林匹斯山

同时,希腊人还认为,神和人同形同性,同样有喜怒哀乐,因此能取悦人的一切最美好的事物也同样能够取悦神灵。在这个崇拜英雄和力量的尚武民族的审美观念中,超人的力量、协调的动作、惊人的速度、完善的技艺,还有发达的肌肉,都是人类最美好和崇尚的,自然也是奥林匹斯山诸神喜欢的。公元前六世纪正是内容丰富的古希腊美学思想形成的时代。美学思想认为,人无论是智力的低下,还是身体的羸弱都是耻辱。古希腊人有一句流传至今的名言——健全的精神寓于健康的身体,这便是他们对智力和身体全面发展的思想的概括说明。这一思想贯穿于古希腊的整个时代,并成为当时社会追求的目标。

凡是宗教信仰,不论古今,都有宗教礼仪,礼仪是宗教中的一个重要因素。在所有的宗教活动中,祭祀是一个极其重要的宗教崇拜形式。奥林匹克竞技就是古希腊人在奥林匹亚举行的一种体育竞技赛会的宗教祭祀礼仪。参赛的人们通过礼仪仪式,以最完美的方式努力去表达他们的力量与勇猛。以竞技形式表示对神灵和英雄人物崇拜的宗教习俗,早在荷马时代就已经存在。

看文化

《荷马史诗》曾记载了许多祭祀竞技,项目涉及战车赛、拳击、摔跤、赛跑、掷铁饼、投标枪、格斗、射箭、翻筋斗、球戏、游泳、跳水等。这种带有宗教色彩的竞技活动逐渐形成许多竞技赛会,主要的有奥林匹亚、皮西安、伊斯玛斯和尼米亚四大祭神竞技会。另外,还有专为妇女组织的赫拉竞技会。由于宙斯是希腊诸神之王,祭献宙斯的奥林匹亚竞技会发展成为整个希腊民族统一的祭祀竞技赛,其重要意义远远超过其他赛会。每两届奥运会之间相隔的四年成为一个奥林匹亚德,它被用来作为古希腊纪年的计算单位。有些外邦人甚至把奥林匹亚圣地认作希腊的首都,奥运会在古希腊人的心目中已经成为整个希腊民族精神的象征。

综上所述,古希腊奥运会作为一种泛希腊的体育文化传统,它的产生有深刻的社会基础和历史根源。它是在古希腊氏族时期产生的竞技运动传统基础上,经过社会政治、经济和文化等因素的长期影响,经过战争的驱动和宗教转换机制的作用而逐步形成的。

第二节 古奥运会的兴盛

奥林匹克神圣休战与古奥运会在以竞技形式表示对神灵和英雄人物崇拜的宗教习俗影响下,从公元前776年开始,古代奥运会在公平竞争、和平友谊的主旨下拉开了帷幕。

图 2-4 古奥林匹亚

一、奥林匹克神圣休战

古希腊是一个尚武的民族,在当时古希腊民族是以城邦为单位的分散小国。伊利斯城邦人占据着奥林匹亚,而斯巴达人一直想并吞这块圣地,伊利斯城邦人顽强抵抗,而斯巴达人久攻不破。人们渴望和平,怀念祭祀和庆典活动,于是伊利斯王和斯巴达王在公元前884年达成了一项定期在奥林匹亚举行集会(即奥林匹克运动会)的协议,并签订了《神圣休战条约》。条约规定在举行奥林匹克运动会期间,凡是携带武器进入奥林匹亚的人,就被认为是背叛了神的人,应当受到惩罚;有力量而不惩罚这种背叛神的行为的人,也被认为是对神的背叛。

看文化

《神圣休战条约》还规定希腊各城邦不管任何时候进行战争,都不允许侵入奥林匹亚圣区。即使是战争发生在奥运会举行期间,交战双方都必须宣布停战,准备参加奥林匹克运动会。停战时间开始规定1个月,后延至3个月。停战期间,凡是参加奥运会的人,都将受到神的保护,是神圣不可侵犯的。这就是著名的"奥林匹克神圣休战"。"神圣休战"延续了1 000多年,是古代奥运会成为和平与友谊的盛会,并对现代奥运会产生了深远的影响。

图2-5 神圣休战

图2-6 古奥林匹克竞技场的运动员入口

古希腊人对古奥运会怀着神圣的感情,历史上破坏禁例的事件很少发生。城邦历史上只出现过几次破坏"奥林匹克神圣休战"的事件,肇事者都被处以巨额罚金或其他惩处。例如,公元前350年,马其顿国王菲利普的士兵,在"神圣休战"期间抢劫了一个去参加奥运会的雅典人的财物。菲利普知道触犯规定是不可饶恕的,只是托词说事先不知道已经宣布了"神圣休战"。尽管如此,他仍然受到了各城邦的强烈谴责,并受到了应得的处罚。

神圣休战使古奥运会摆脱了战争的干扰,成为和平与友谊的盛会,体现了古希腊人渴望和平的意愿。

二、古奥运会概况

带有浓厚宗教色彩的古奥运会有自己的章程,对组织者、运动者、裁判员以及竞赛办法均有严格的规定。古奥运会会期最初只有 1 天,在最初的 13 届奥运会中,竞技比赛也只有短距离赛跑一项,距离为一个"斯塔狄翁"(stadium,约为 192 米)。以后陆续增加了中长距离跑、五项全能运动、摔跤、拳击等。随着规模的扩大,从第 37 届奥运开始,会期延长到 3 天。后来,从第 77 届奥运会开始,会期又延长到 5 天。

🗓 微历史

第一天,祭祀仪式。浩浩荡荡的队伍由裁判长率领,在中午时分到达奥林匹亚,运动员前往议事厅,在宙斯的神像前奉上一头野猪,然后宣誓,表明自己已经至少训练了 10 个月,将公平地参加比赛。运动员的父亲、兄弟和教练员,还有裁判官也都要宣誓。竞技赛会的工作人员忙于审查运动员的比赛资格,运动员进行赛前的准备活动等。

第二天,少年竞技。全天用于少年的比赛。进行的是第一项比赛的是赛跑,第二项是摔跤比赛,少年运动员分组进行,直到剩下最后一对来争夺冠亚军。然后进行拳击比赛和混斗,落日时分,比赛结束。

第三天,赛马。上午是激动人心的赛马和赛车的比赛,下午,大家又蜂拥到竞技场,观看跳远、掷铁饼、赛跑、掷标枪和摔跤的比赛,晚上是祭祀活动,在拍洛普斯的墓前奉上祭祀品:一只黑色的公羊。

第四天,五项竞技。举行宗教祭祀和竞技活动,首先开始的是大型祭祀,也叫"百牲祭",然后继续进行比赛。首先是赛跑,傍晚进行重竞技,即摔跤、混斗和拳击。这天的最后一项比赛,也是整个奥运会最后进行的比赛——武装赛跑。

第五天,表彰优胜者。古奥运会的优胜者被视为英雄,享有极高的荣誉。比赛结束后,在宙斯神坛前为各项目优胜者举行庄严而隆重的发奖仪式。在这一天,仲裁委员会向公众宣布优胜者的名单,同时授予优胜者一枝棕榈,再由神的代表——奥运会的祭司授予橄榄枝花冠,并为三次优胜者塑像同时举行盛大的游行和庆祝宴会,并用祭神仪式时象征虔诚和力量的一百头公牛作为上等佳品,宴请各国来宾和优胜者。

古奥运会期间,除体育竞技外,还有政治、经济、文化等活动。在竞技场外,各城邦的使节聚会讨论政治,缔结条约;商人展售商品;哲学家们围在一起争论人类社会和自然界的诸多问题;诗人和艺术家们在比赛场外朗诵诗作或展示艺术作品……整个希腊沉浸在节日的欢乐气氛之中,其场面之壮观、内容之丰富是其他节日无法比拟的。古奥运会不仅是体育盛会,也是民族文化,城邦文化得以交流、融合、团结的盛大节日。

图 2-7 短跑

图 2-8 簇拥优胜者游行

第三节 古奥运会的衰亡

自公元前 776 年的第 1 届奥运会以来,奥林匹克竞技会由一个地方性竞技赛会演变成为一个具有全希腊、全民族意义的重大节庆,并在公元前 6 世纪后,随着希腊城邦制度的完善进入了持续 200 多年的全盛发展时期。此后,古代奥林匹克竞技会逐步走上了由盛至衰的路程。

微历史

自公元前 5 世纪的伯罗奔尼撒战争,到 393 年罗马帝国皇帝狄奥多西一世(Theodosius I)下令废止古代奥运会的约 800 年间,虽然从表面上看奥运会还是每四年举行一次,但是其规模逐渐减小。如比赛项目在其鼎盛时期最多达到 24 项,而在这一时期,已经有许多项目开展不起来了。参加比赛的人数也减少了。在鼎盛时期,西西里人、意大利南部的希腊人、小亚细亚的伊奥尼亚人和罗马尼亚人都曾参加过,后来由于战争的破坏、经济的凋敝等原因,许多边远的或弱小的城邦就不再参加了。

此外,古奥运会的衰落并不仅仅是指奥运会的规模减小和参赛人数的减少,而且还包括人们对奥运会的关注程度降低、所倡导的奥运精神的衰退和公信力下降,奥运会的影响力日益减弱。

具体说来,古奥运会的衰落有以下几个原因。

一、城邦制度的瓦解

古奥运会是以奴隶制为基础建立起来的,公元 5 世纪以后,由于希波战争的胜利,希腊城邦保卫了国家的独立,重新打开了通往黑海的航路,同时确立了在东地中海的霸权地位。但是,希腊奴隶制社会尽管取得过辉煌的文明,但它毕竟是建立在奴隶主对广大奴隶的压迫和剥削基础之上的,随着社会的进一步发展,其内在固有的矛盾日益显现,城邦之间的利益冲突日益加剧,确切地说希腊奴隶制城邦的衰败导致古奥运会的衰亡。

📅 微历史

公元前431年爆发并持续了29年的伯罗奔尼撒战争是希腊城邦制度由盛而衰的转折点,这场旷日持久的战争耗尽了各城邦的财力物力,社会风气衰败,奴隶大批逃亡或暴动,这些沉重地打击了希腊的奴隶制经济,动摇了希腊社会的基础。再加上瘟疫和灾祸,城邦社会由繁荣走向了衰落,由各希腊城邦组成的环地中海的经济圈开始瓦解,古奥运会失去了其作为文化纽带维系各希腊城邦的重要作用,也就不再是希腊人的精神家园,从而走向衰落。体育的盛衰就这样反映了一个民族的兴亡,它同古希腊的整个奴隶制文化一样,随着奴隶制城邦的繁荣而兴盛,又随着城邦的崩溃而衰落了。

二、古奥运会的世俗化倾向

在奥运会逐渐丧失希腊民族精神家园的意义的同时,古奥运会迅速向世俗化的方向发展,成为单纯的娱乐性活动,尽管在古奥运会黄金时代就有将奥运会与物质利益结合的倾向。

🏛 看文化

公元前6世纪雅典城邦的改革家梭伦就第一个把物质利益引入奥运会,他规定给奥运会优胜者以500德拉克马(Drachma)的奖金(1德拉克马当时可买一头羊)和其他的优待,接着普列塔涅翁城邦规定,优胜者的每日三餐都由政府供给并免除其一切税金。在斯巴达,奥运会冠军所享受的荣誉不在国王之下,有的城邦甚至把最杰出的优胜者当作神来崇拜。

到罗马帝国时期,奥运会本身已衰落,但奥古斯邦皇帝曾批准增加运动员奖励的法律,凡在大型运动会上,特别是奥运会上夺得冠军的优胜者,都由国家发给养老金,免除一切税金、徭役、享受各种特殊待遇。后来制定的罗马帝国职业运动条例,给运动员的待遇更为优厚。该条文缜密完备,现代职业运动也还从中有所借鉴。希腊罗马政府的这些笼络和安抚希腊人的措施,虽然给运动员们带来了巨大的物质激励,也一度使奥运会复兴,但同时也把赛会引上了职业化的歧途。

在巨额财富的引诱下,终于,世俗战胜了宗教,功利代替了理想。体育逐渐丧失了原来的意义,而被官方和民间视为一种职业。越来越多的城邦开始用钱雇佣选手,以保持昔日的荣光。看台扩大了,娱乐性占了上风。博得观众一时的好评,已经成了竞技者在训练中的首要目标。奥运

**图2-9　正在休息的古希腊拳击手,
比赛后,他耳、鼻已受伤
(公元前1世纪雅典雕塑家阿波罗尼作)**

会不再是神圣的祭典和民族的节日了，它逐渐演变成了单纯的运动竞技。连奥运会冠军的橄榄枝花冠也成了市集上任人选购的商品，同干酪、橄榄油、女性的衣裙、男人的鞋袜摆放在一起。

🏠 看文化

拳击手缠在手上的软皮条缀上了铁钉，有的地方竟安上了铜。搏斗中受的损伤明显可见，在雕像上永远保存了下来。公元前1世纪雅典雕塑家阿波罗尼为我们留下了一位正在休息的拳击手的形象。他刚刚离开拳击场，气喘吁吁，脸上的汗珠还未来得及擦去。他十分疲乏，耳朵被撕裂，鼻梁也被打塌了。奥运会成了少数职业选手的事情，奥林匹克运动失去了原先希腊人广泛参与的民众基础，当然也就最终失去了生命力。古奥运会上还出现了专门参加各种赛事的流动性运动员。他们以谋利为目的，周游各地，参加各种赛会，如撒森城邦的赛甘尼斯在一系列比赛中，获得1 400多项物质奖励。

这种状况，曾引起一些希腊人的反感。古希腊著名的历史学家、军事家色诺芬就曾痛心疾首地高呼："此等运动员犹如游民一般，他们终日以运动为职业，其他则无所事事，我决不能赞同这种无益的传统祭典运动会。"古奥运会演变为少数职业选手追逐金钱的职业竞争，奥林匹克精神逐渐被湮没在对物质利益的贪欲中，人们对奥运会的兴趣日趋淡薄，古希腊人丧失了对体育运动的兴趣，或沉溺于斗鸡、走狗，或在温暖的地中海浴场里消磨时光。

随着希腊城邦制度解体，公元前4世纪，马其顿征服希腊，进入泛希腊化时期。由于国王菲利普热衷于赛车、赛马活动并经常亲自参加奥林匹克的比赛，因此，奥运会一度被保存了下来。但已不再是全希腊神圣的祭典和民族文化的集会，其规模和人们对它的关心、热情程度已远不如昔。

17 微历史

据记载，克诺顿城邦有一个名叫阿斯泰拉斯的赛跑者，他曾经荣获公元前488和前484年的两届两百码(182.88米)和四百码(365.76米)冠军。城邦为了表彰他的功绩，为他塑了像。但下一届奥运会上他却代表舍拉古斯城邦参加赛跑，克诺顿人盛怒之下，不但捣毁了他的塑像，而且将他的住宅改成了监狱。

公元前146年，罗马人征服了马其顿人，希腊半岛因此成为罗马帝国的一个行省。一方面，罗马人允许各国运动员皆可参加，项目中也增加了罗马的"人兽角斗"，这便否定了奥林匹亚的神圣，从此打破了只有希腊人才能参加奥运会的传统。另一方面，由于罗马人对希腊的"裸体运动"甚为反感，所以在一段几乎废除了希腊的节日竞技活动。体育运动世俗化，是当时古希腊社会的灾难。苏格拉底敏锐地觉察到，赛跑者只不过具有发达的下肢，拳击家注意锻炼的是手臂力量，身体其他部分异常薄弱。亚里士多德也发现，奥运会少年组冠军的体格也并不健全。奥运会彻底不再是希腊人的节日了，直至公元前325年，君士坦丁大帝下令拆毁泽尔菲体育馆，这敲响了古代奥林匹克运动会的葬钟。

三、古希腊人教育观念的变迁

古希腊竞技运动的兴旺发达，是与希腊强调体育的教育观念紧密联系在一起的。在希腊城邦制度后期，教育的价值取向发生变化，由过去追求"行动的人和智慧的人"的结合，逐渐趋向单纯培养"智慧的人"，身心和谐一致的教育思想逐渐被摒弃，身体活动的重要性大大降低，人们不再像从前那样认真进行身体练习，而是日益贪图安逸享乐，积极自觉从事体育运动的风尚已一去不复返。

学校重智育的倾向日益明显，体育在学校教育中的地位下降了，它的目标仅局限于娱乐消遣。体操学校和体育馆发生的变化比较清楚地反映了整个学校教育中的体育状况。体操学校式微，校风一蹶不振，纪律涣散，连学什么、怎样学都无明确规定，全以学生们的兴趣为转移。当时的社会普遍认为，一个行将进入社会的青年必须造就出一张能说会道的嘴巴，以便今后能博得人们的承认和尊重。青年们正热衷于诡辩术，对体操和五项运动已经失去兴趣。

四、宗教造成的思想冲突

欧洲基督教给古奥运会带来了彻底消亡的厄运。基督教教义要信徒们驯服，博爱，苟且偷生，成为罗马皇帝的顺民，罗马统治者也正是利用这一点把基督教作为罗马的官方的统治工具。米兰敕令的发布，基督教由非法变为合法，这可以说是古奥运会灭亡的原因之一。自从罗马皇帝将基督教定为罗马的国教后，古奥运会的命运就发生了巨大的转变，在基督教看来，奥运会是一种异教活动。古奥运会祭祀的是宙斯神，这与敬奉上帝的国教——基督教冲突，自然是为罗马帝国所不容的，必须被取缔。其次，基督教宣传的禁欲思想与奥运会的平等、自由、开放思想相抵触，基督教认为身体是恶魔，反对公平竞争，因此奥运会被取消是大势所趋。

⑰ 微历史

公元393年，占领希腊的罗马皇帝狄奥多西一世，根据大主教布路瓦斯的建议，宣布基督教为国教，取消奥运会，并将用黄金和象牙装饰起来的宙斯神像从奥林匹亚圣地掠夺到了东罗马帝国的首都君士坦丁堡。与此同时，罗马人还将希腊的一些建筑物和体育场馆改建成基督教教堂。395年，拜占庭人和格德人在阿尔菲斯河附近发生激烈战斗，使古奥运会址遭受更大破坏。

奥运会被基督教会取缔主要出于两方面的原因。第一，古代奥运会祭祀的神是宙斯，而基督教奉耶稣为上帝，基督教义与奥运精神水火不容，奥运会被认为是异教徒的活动；第二，基督教所宣扬的禁欲思想和奥运会弘扬的自由、平等、竞争等思想抵触。基督教信奉人类原罪说，他们认为人类的卑污肉体妨碍了灵魂的净化，为了救赎自己的灵魂，信徒应当过着克制而审慎的生活，将自己隔离于尘世享乐之外。基督教倡导人们困乏其身，在祈祷、忏悔和冥想中苦度一生。基督教会反对公开地体育竞技赛会，规定如果基督教徒参加竞技比赛或观看竞技表演，就不准参加领圣餐仪式。因此，奥运会被禁是当时的时势之必然。

📅 微历史

426年,狄奥多西二世以基督教的名义,下令烧毁奥林匹亚的神殿和奥运会设施的残存部分。后来,又经过公元522年和511年的两次强烈地震,阿尔齐斯神域的废墟被深深埋入地下。一千多年过去后,湍急的阿尔菲斯河和克拉德斯河河水把昔日的大竞技场和赛马场冲刷得荡然无存。时光的流逝洗去了人们对奥林匹克运动会的记忆,奥林匹克圣地成了一个普通的采石场。古奥运会连同它的遗迹彻底从人们的视野中消失了。

　　古奥运会作为一种社会文化现象,随着希腊城邦奴隶制的繁荣而兴盛,又随着希腊城邦奴隶制的崩溃而衰落。它对古希腊的政治、经济产生过积极的影响,虽然它也有着时代和阶级的局限性,但古代奥林匹克运动会为人类社会留下了丰富的文化遗产:首先,它提出并确立了和谐的奥林匹克价值观念,包括健美的身体观,以竞技比赛促进世界和平的友谊观,以及提倡公平竞争的伦理观;其次,它开创了综合性竞技运动赛事的模式;最后,它为体育理论和实践的发展留下了宝贵的财富,对现代体育产生了极其深远的影响。

第三章
古奥运会的历史文化遗产

影响了人类社会文化生活 1 700 年的古奥运会早已消失在历史的尘埃中,但奥林匹克精神是永存的,赫拉克勒斯的神力和雅典娜的智慧并没有消逝。古代奥运会给人类社会留下一笔宝贵的文化财富,在人类历史上占有重要地位,它创立了运行机制比较成熟的体育运动模式,在运动会的组织、议程、竞赛项目、竞赛方法、体育理论及实践等方面积累了丰富的经验。它形成了一种比较理性的价值体系和人文精神,如和平与友谊的精神;尊崇公正、平等、竞争的精神;追求人体健美的精神;追求奋进与拼搏的精神。古代奥运会所留的历史文化遗产,提升了人类的精神世界,对世界体育的发展有着深刻的启示。

第一节　古奥运会的精神文化遗产

一、诚信精神的传扬

古奥运会所提倡的不仅是强壮的身体、超群的技艺,还有健美优雅的身体形态、良好的道德风尚。古代奥运会赛前的十个月,中选的裁判员必须到伊利斯参加集训,在这十个月期间,裁判员学习运动比赛规则和其他一些常识,同时,审查运动员资质。最后一个月,竞技者必须到奥林匹亚所在的伊利斯城邦训练。训练结束时,接受裁判员的考查,以决定他们是否有参加竞赛的资格。之后,全体有资格参加运动会的竞技者列队站在身穿紫色长袍、头戴月桂花冠,手里执法鞭的裁判员面前,听取一段奥运会前的例行讲话:"如果你们的训练无愧于奥林匹克运动会;如果你们不因为懒惰和不光彩的行为而丢脸,那就勇敢地前进。如果你们不这样办,那就请便吧!"这是给竞技者上的最后一课。

🏠 看文化

事实上,为维护竞赛的平等原则,在举行古代奥运会时,希腊人要在宙斯像前举行宣誓仪式。而宙斯像以"宣誓之神"的形象出现,他手握两把雷锤,身体两侧分别是熊熊燃烧的祭坛和用于献祭的野猪。竞技者、竞技者的父兄和教师在宙斯像前要用手摸着热气腾腾的野猪内脏宣誓——本人将凭着健壮的体魄光明正大地赢得比赛。

　　裁判员也要宣誓保证不接受贿赂,要光明正大地履行裁判员的职责,对比赛中出现的违法违章者,要施以鞭打和课以罚金。从奥运会留下的文献资料来看,裁判员的工作还是比较公正的,鲜有害群之马。历史上,也有竞技者为了获取胜利,企图买通裁判,在赛前给裁判写信,企求对他们特殊照顾。但是,奥运会上的裁判在运动会期间,收到任何一封信都不过目,一直到比赛结束之后,才拆开那些信件。裁判员因无私态度深受人们的信任,他们的高尚品格也常得到人们的赞扬。虽然他们的家族中也出现过优秀的运动员,如奥亚罗里达斯在第一、二、三届奥运会上获得过摔跤冠军,帕拉波隆也曾获得赛跑冠军,但人们并不曾怀疑他们有过舞弊行为。

　　公元前332年的第112届奥运会上,雅典的卡里波斯在五项竞技中收买了自己的对手,被裁判员发现后课以罚金。雅典感到这是对自己城邦的侮辱,于是派出当时最善辩的雄辩家赫帕列底斯去伊利斯,企图用诡辩术替卡里波斯脱罪。但是,雅典人失望了,裁判们不为任何不烂之舌的巧辩所打动,雅典人最后只好接受判决,缴纳罚金。

　　参赛者的身体、意志、技术等条件固然有差别,但约束于共同的规则,使用同等的手段,遵从起始意义上的平等而决出的胜利者,自然会让对手心悦诚服,甚至成为举国瞩目的英雄。胜负是理性判断而非价值取向,人们为奥林匹克竞技优胜者戴桂冠、立塑像、唱赞歌,整个礼仪是对公正、公平理性精神的颂扬。源于古奥林匹克竞技的公平竞争原则以及尊重竞赛对手的运动员精神,至今演进为一种普世公认的奥运价值观,公平竞争作为基本的奥林匹克精神为后人尊崇和借鉴,并发扬光大,对人类社会的发展起到了积极的作用。

二、民族意识的增强

　　张扬人的个性,注重个体的价值,并未使古希腊人陷入狭隘的极端个人主义,相反,对自由的祈求和对宿命论的超越使古希腊人站到了寻求人类群体和谐的宽广平台上。雅典人深知祖国的安危和他们个人的命运紧密相连。在纷争不已的古希腊,人们渴望和平与友谊,并尝试以各种方式实现这种愿望。聪明的希腊人以宗教祭祀性质的竞技运动比赛来强化城邦间的联系,使奥运会成为维系整体希腊世界的文化纽带,并设计出切实可行的措施如奥林匹克神圣休战等,来维护奥运会这一功能,这使竞技运动成为服务于人类和平事业的有力工具。

　　每当奥运会被宣告即将举行时,整个伊利斯城邦便成为宗教圣地,不再允许有任何战争行为发生,也不允许携带武器进入此地。所有通往奥林匹亚的道路任由参加奥运会的人自由来往,任何人不得阻拦,否则就是违背神谕。这就是著名的古希腊"奥林匹克神圣休战"。奥林匹克圣休战抑制了古希腊各城邦之间的战争,把和平的理念展现在竞技运动中,进而渗透到古希腊人的精神生活中,寄托了人们的美好理想,从而奠定了象征和平、友谊的奥林阶匹克精神的基础。

　　"奥林匹克神圣休战"最初休战期为一个月,后来由于地中海沿岸的希腊殖民城邦也参加奥运会,休战期便延长到三个月。每当奥运会开幕之前,就由三名竞技者在宙斯祭坛前点燃火炬,然后跑遍希腊,传谕停止一切战争,特使走到哪里,哪里就一片欢腾。奥运会前一周,各城邦派出使节和体育代表团从四面八方涌向奥林匹亚,竖起一个个帐篷,形成一个热闹的帐篷城。各城邦的官方代表参加各种外交活动,商人展销商品,艺术家展出作品,游吟诗人吟诵诗歌,学者发表演说……整个希腊沉浸在历久弥新的节日气氛之中。

　　古代奥运会澎湃着共同的爱国激情。每当竞技优胜者戴上橄榄枝时,传令官会向观众们高声通报他的父母和城邦的名字,而观众们则报以热烈的掌声和欢呼,并向优胜者投鲜花和彩带,获胜的运动员在自己的城邦享受民族英雄的待遇。这就如同现代奥运会国旗冉冉升起的时刻,运动员们的个人荣誉与国家荣誉紧密相连。古希腊人民在荣誉的时刻产生了"自由的祖国"的泛希腊理念,共同的语言习俗和信仰使各城邦人民均以自己是希腊人而自豪,民族意识作为一种共荣辱的社会意识而存在。

三、公平竞争的思想

　　古代奥运会的基本精神之一是公正、平等、竞争,古希腊人十分注重竞技比赛公平竞争性。苏格拉底认为:"所有使我们损害一切公正的东西,应该不惜任何代价予以除去。这样做的人将在任何情况下享受更大的安宁、公正、保证和幸运"。这种公平公正的观念体现到了古代奥林匹克运动会中,成为古代奥运会的精神文化遗产的重要组成部分。

　　古希腊奥林匹克竞技赛会产生与发展之初,各个城邦希腊血统的男性公民都有权力参加比赛。当时,参赛者不论是城邦的国王、贵族还是平民都要赤身裸体,浑身上下都要涂满橄榄油后才能参加比赛。这一规定不但充分体现出奥林匹克竞技赛会是庄严而神圣的,而且也充分体现出人与人之间没有高低贵贱之分、彼此平等。参赛的运动员处于完全平等的条件下,遵守规则,凭借自身的能力,光明磊落地比赛,这才是真正的公平竞争。

　　古代奥运会每个项目只有冠军没有第二和第三名,未得冠军的都是失败者。古希腊人在公平竞争理念下的拼搏进取精神是崇尚"永远争取第一,争取超过别人",这既体现了古希腊人对名誉和成功的追求,也成为运动员拼搏的动力。古希腊人的这种强烈的求胜意识,表现了希腊民族"为荣誉为胜利而战斗"的信念,竞技者的胜利不仅是自己的荣誉,也被认为是城邦的荣誉,因为竞技场上运动员的较量也是各城邦之间实力的较量,所以在奥林匹克竞技比赛中,只有夺冠才会受到人们特别的尊敬,并且被视为众神之主宙斯最喜爱的勇士。夺冠者不但被载入史册,他的形象还会被做成雕像,其事迹会被编入诗歌中。当时著名的诗人品达为了歌颂竞技获胜者曾写过如下壮丽的诗篇："他突然赢得一些高贵的奖励,在青春丰饶的岁月里,希望将他高高擎起,勇气插上了羽翼,在他心中有比财富更美好的东西。"品达出身于贵族家庭,他认为年轻的胜利者们是贵族的高贵代表,表现着人类的真正理想,他们继承和发扬了过去的伟大传统,正是借着这些传统,世界才有希望。

图3-1 古奥运会运动员铜雕像,头上戴着夺冠的橄榄枝花冠

古希腊各个城邦的每一位公民都非常敬仰获胜的参赛者,并且为获胜者给城邦赢来的荣誉而欢欣鼓舞。在公平竞争中争取第一,要超过别人,这种拼搏意识逐渐成为古希腊人的理想。它鼓励人们不断地追求,不断地进取,不断地向终极挑战。在这里,不是金钱和物质价值的引诱,而是竞技者的胜负,奥林匹克运动会和其他古希腊竞技祭典一样,所给予的奖品只是象征意义。研究希腊文化的学者伊迪丝·汉密尔顿谈到,古希腊的运动会是竞技体育赛会,从远古起就是贵族们的活动。只有他们才有足够的财力和闲暇,仅仅为了那顶野橄榄编成的花冠去进行那些费心劳力的运动。诚然,当时的运动员几乎都是奴隶主,法律已明文规定,不准奴隶参加奥运会。至于农民和手工业者,尽管法律给予他们参加比赛的权利,但是他们迫于生计,无法抛开工作去进行十个月的训练,更何况他们也拿不出一笔可观的积蓄,以供支付训练期间的开支,因此,这些人实际是被排斥在奥运会之外了,这是当时贵族制的城邦所固有的历史缺陷。

在公平竞争的原则下,古希腊奥林匹克竞技赛会将源于人类自然本性的竞争意识发扬得淋漓尽致,并且构成了奥林匹克精神的重要内容。古奥运会创造了一整套公平竞争的原则和方法,使参赛者能够在平等的条件下进行比赛。公平竞争不仅是竞技运动赖以生存的基本前提,而且是一个社会能够健康发展的基本条件。古奥运会在维护公平竞争方面可谓不遗余力,如在第53届古奥运会的混斗比赛中,费格里亚的阿尔哈霍翁被对手非法致死,裁判官以荣冠戴其头上,并在奥林匹亚建立铜像以示纪念。对公平竞争精神的提倡,不仅保证了奥运会的发展和延续,而且也促进了古希腊社会的伦理与法制精神的文明与进步。

四、拼搏进取的精神

古奥运会是人们展示自我、表现自身价值的一种形式。运动会向神展示最优秀的希腊人——像赫拉克勒斯那样神奇英武,并以此来赢得神的宠爱。奥运会竞赛制度继承了荷马时期形成的拼搏奋进的竞技精神,选手在奥运会上比赛,就是"要胜过别人,成为第一名"。每个年满18岁而被接受为公民的雅典人,都将宣读"我将尊崇祖国的圣坛"的誓词。民主自由制度,不仅能在和平时期激发个人创造活力,而且能在国家危难关头凝聚千百万人,这已为希波战争的历史所证实。

奥运会的魅力在于它的竞技性。在奥林匹亚,比赛双方的竞争形式隐含着诸多的文化内涵,使祭神竞技成了各城邦最易接受的共同语言,能为处于不同地域环境的各城邦所理解、所接受、所关注。因而奥林匹亚的祭神竞技便成为各个城邦比试体力、智力、经济能力和展现城邦精神的重要舞台。

图 3-2　古奥运会为胜利者欢呼

古希腊人为冠军而战,第二名就意味着一无所获,面对不可战胜的强敌时,人们往往无畏拼杀。这就使得摔跤、拳击、自由搏击等近身搏斗项目尤显危险。

🌏 **趣神话**

　　罗得岛的狄亚格拉斯是古希腊历史上最伟大的拳击手,这位勇猛无敌的四届古奥运会拳击冠军从不闪躲来拳,他总是还以更凌厉的攻击,最终将对手击倒。有人说,他是竞技之神赫尔墨斯的儿子。狄亚格拉斯死于赛场,死在人生最荣耀时,他的两个儿子在同一届奥运会上夺得冠军,当他们把父亲扛在肩上庆贺时,有人喊:"死去吧! 成为奥林匹斯山上的神吧! 你还有什么遗憾呢?"在观众的欢呼声中,狄亚格拉斯轰然倒地。这让人不禁联想起希腊神话中的大英雄赫拉克勒斯,作为宙斯的儿子,赫拉克勒斯完成了十二项伟业,在死后升上奥林匹斯山成为众神之一。

古希腊人在赫拉克勒斯的形象中寄托了他们所有对于英雄的憧憬,而奥运会冠军无疑就是实现这些憧憬的意象投射。希腊文化学者雅各布·布克哈特认为,希腊人的精神世界在某种意义上如同孩童,他们对于现实生活的看法,并没有超越神话的范畴。在神话中,英雄的伟大之处主要在战斗中、军营中、被围困的城市中表现出来,现实中的希腊人,对英雄的崇拜与神话如出一辙。古奥运会的竞技项目强化了人们敢于斗争、敢于胜利的拼搏精神,并将这种精神渗透进古希腊社会生活的各个方面,成为推动社会前进的重要动力。

第二节 古奥运会的制度与物质文化遗产

一、奥运会名称及举办周期的沿用

古代奥运会为后世留下了许多物质文化遗产,首先是现代奥林匹克继续沿用了古代"奥林匹克运动会"的名称。为了唤起人们对古希腊体育文明崇高神圣的感情,现代奥运会的创始人顾拜旦认为"这种国际性的体育盛会只能用'奥林匹克运动会'来命名,不可能再找到另外更合适的名称。"新兴资产阶级在文艺复兴运动中对古代奥运会的宣传和赞美,使"奥林匹克"成了超越体育运动的词汇,顾拜旦利用了古希腊文化,尤其是古代奥林匹克运动会对欧洲的深远影响,将它作为世界上规模最大的现代运动会的名称,使其更具感召力,使全世界人民能团结在以和平友谊和促进现代体育发展为宗旨的奥林匹克大旗下建设更美好的世界。

古代奥运会被看作全希腊的庆典节日,当时奥运会的举办周期已制度化,每隔4年举行一次已经成了固定的传统。正如顾拜旦所言:"奥运会的庆祝活动必须准确地按照天体运行的节奏举行,它是庆祝四年一度的人类佳节的组成部分。意外的情况可能会阻止它的召开,但各届的顺序绝不改变。"古代奥运会从公元前776年开始,在1168年中,从未间断地举行了293届,这是人类历史上的一个奇迹。

> **📅 微历史**
>
> 古代奥运会每隔4年举行一次的周期被后来人们称为"奥林匹亚德"。古代奥运会的举办年都是闰年,现代奥运会亦沿袭旧制,并始终遵循奥林匹亚德的原则,即使因战争无法按期举办奥运会,每逢闰年仍算一届。第二次世界大战中的1940年和1944年即如此。二战结束后,奥运会延至1948年才举行第14届,也是因为这一年是闰年。但这一周期的称谓不适用于冬季奥运会,冬季奥运会是按实际举办次数来计算的。

二、综合性竞技运动赛事的模式的沿用

古奥运会是具有多种社会功能的大型综合性盛会,是竞技运动与宗教、政治、经济和文化艺术进行结合的一次大胆而成功的尝试,在其发展过程中对与竞技运动赛事组织有关的一系列重大问题,如比赛设施、比赛周期、礼仪制度、项目设置、竞赛方式、道德要求及奖励方式等进行了全面而深入的探索,总结出一整套行之有效的办法,形成有法可依、有章可循的操作模式。古奥运会的模式对后世体育运动的发展有深远影响。

　　古希腊人为世界提供了多种组织形式的体育赛会。从单一项目的竞赛,到大型综合性的运动会,这种以体育为载体的多元活动都曾经对古代世界产生广泛影响,并且为近代各国仿效。直至今天,综合运动会最成功的模式依然当属古代奥运会。

　　古代奥运会期间,除了体育竞赛外,同时还进行政治、经济、文化等活动。各地的艺术家在展示自己的作品,诗人们在高声吟咏,历史学家在讲演,哲学家们在辩论,音乐家们演奏乐器唱起赞歌,商人们在交易场上讨价还价,官员们则聚在一起解决政治冲突、签订合约。古代奥运会成为各希腊城邦在政治、经济和文化等方面进行大交流的集会。这种模式深刻地影响了现代奥运会的举办和发展,现代奥运会期间举办的各种艺术展览、收藏博览会等,与古代奥运会都是一脉相承的。

　　此外,古代奥运会作为一个宗教祭祀性赛会,包含着许多具有宗教色彩的庄严仪式,这些仪式在古代奥运会漫长的历史中起到了极大的作用。现代奥运会的创始者敏锐地认识到了这一点,因此继承和发展了点燃圣火、火炬接力、运动员和裁判员宣誓及授奖仪式,并创立了开幕式、闭幕式、运动员入场式、升降和交接会旗等仪式,以此来净化人们的心灵。它们构成了一幕幕最庄严、最神圣、最激动人心的场景,体现了真、善、美的力量,扩大了奥运会的影响,弘扬了崇高的奥林匹克精神。

　　当然,也要看到,古奥运会是在奴隶制时代出现的一种体育文化,不可避免地存在着时代和阶级的局限性,如剥夺了广大奴隶、妇女和非希腊民族参加奥运会的权利,显示出鲜明的阶级歧视、性别歧视和种族歧视。以体育运动为核心内容的古奥运会的举办过程,也是古希腊人对体育理论和实践不断探索的过程。

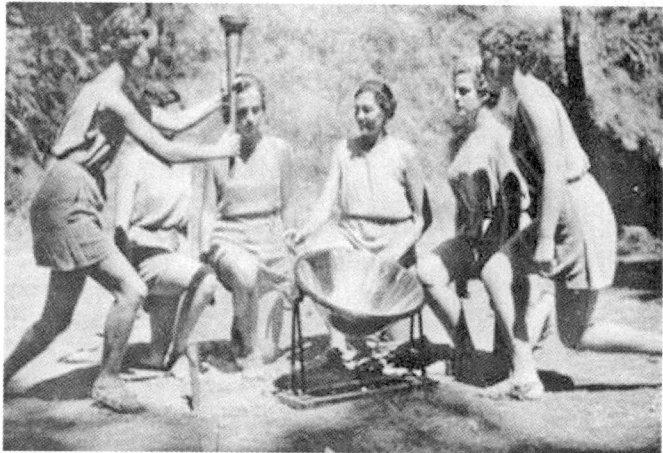

图 3-3　圣火的采集

名人谈

　　原希腊文物管理局总监尼科斯·亚罗尔斯在《古希腊的体育教育》一文中写道:"奥林匹克的神祇们不仅仅是为竞技才发起奥林匹克运动会,他们首先是为反对无秩序和反理性的力量才创建了奥林匹克运动会。"延续了1 000多年的古代奥林匹克运动会,促进了古代希腊人身体教育和训练制度的形成,为人类积累了体育教育经验。尤其是古代奥林匹克运动会在体育理论和实践上留下的宝贵财富以及在体育的功能、德智体美、运动生理、运动道德等方面积累的宝贵经验,对现代体育运动的发展具有很大的启发作用。

三、古奥运会的历史局限与现代意义

古代奥林匹克运动会消亡了,现代奥林匹克运动会复兴了。然而,现代奥林匹克运动会的复兴并不是古代奥林匹克运动会的简单延续。因为古代奥林匹克运动会和现代奥林匹克运动会是在不同的社会背景下产生的两种本质完全不同的社会文化现象。古代希腊政治上各自独立的奴隶制城邦体系、文化宗教的统一性、原始神祇的人性化和较完整的祭祀制度是古代奥林匹克运动会产生和发展的社会基础,因此,它不可能超越古希腊奴隶制度而存在,其衰落和绝迹的根本原因就是它所赖以生存的社会背景已不复存在。当埋没于地下1 000多年的古代奥林匹克运动会遗迹重见天日时,人类社会已进入了另一个发展阶段,奴隶社会的古代奥林匹克运动会绝不可能在资本主义条件下复活,正如文艺复兴运动打着"恢复"古希腊、古罗马文化的旗号,实质是宣扬资产阶级的新思想、新文化。

但是,为人类进步事业做出过贡献的奥林匹克运动会及其象征的圣地,人们是不会忘记的。就在奥林匹克运动会消失在衰落了的古希腊文明中150多年后,在法国教育家顾拜旦男爵的倡议下,这一古希腊人的奥林匹克运动会和早已被人们淡忘了的古代奥林匹克运动会精神在现代社会中得到了复兴。而顾拜旦的成功就在于,他既非常有策略地利用了具有极大号召力的古代奥林匹克运动会这一古典模式,又非常清醒地认识到:"必须让奥运会现代化,而不要进行笨拙、简单的模仿和复原。"因此,他始终以国际性和现代体育内容为基本原则,使新产生的现代奥林匹克运动会成为带有古典传统色彩的、具有现代思想内涵的国际体育盛会。

第四章
古希腊体育与古奥运会

古希腊体育是孕育了古奥运会的重要源泉。古希腊体育竞技的繁荣发展、希腊人在竞技体育中追求力与美的享受、古希腊体育发展过程中重视人格的培养、把体育训练贯穿教育始终的特点，以及古希腊的哲人们对体育的深邃思考，为古奥运会提供了物质和精神基础。反之，古奥运会的产生和发展，也推动了古希腊哲学家体育思想的丰富和发展，推动了古希腊体育事业的繁荣发展。

第一节　古希腊哲学家的体育思想

希腊哲学思想和古代奥运会的产生与发展有着密切的联系，甚至可以认为希腊哲学是古奥运会的思想基础，而古奥运会在某些方面体现和实践了希腊哲学的精神内核。希腊的赛会文化为古希腊的民主创造了条件，一些伟大的先哲积极办学布道，在宣传哲学、科学思想的同时，也阐述了体育教育观点。他们提倡用体育"造就健全的公民"，把体育作为对青少年进行教育的重要内容，赛会真正地成了人们生活中最重大的活动。以苏格拉底、柏拉图和亚里士多德为代表的一批哲学家，他们的教育思想中包含着对体育价值的精辟见解，对以后奥林匹克精神的发展产生了极深远的影响。

一、苏格拉底的有关体育思想

苏格拉底（Socrates，公元前 469 年—公元前 399 年）是古希腊著名的思想家、哲学家、教育家。苏格拉底和他的学生柏拉图，以及柏拉图的学生亚里士多德并称为"古希腊三贤"，被后人广泛地认为是西方哲学的奠基者。苏格拉底是一位博学多识、思想深邃的学者，被希腊的神谕认为是"世界上最聪明的人"。他不仅对许多哲学和教育问题进行了深刻的研究，还对体育锻炼提出了独到且有远见的思想。他有关体育锻炼的一些观点对现代社会仍有重要的借鉴作用。

🔼 **看文化**

苏格拉底接受过初等教育，精通数学和天文学，成年期对政治敏感，他拥护奴隶主专制，反对奴隶主民主共和制。苏格拉底认为健康的身体是人生成就的最大保障。他认为，锻炼身体、培养体力是终生的生活手段。他认为体育锻炼能造就躯体的完美与无缺陷。只有当美的身体与美的灵魂和谐地结合在一起时，人才能完全获得四种美德。这是苏格拉底体育思想的一个基本立足点，体现的是个人自身素养的提高。

图 4-1 苏格拉底(柏拉图的老师)雕像　　图 4-2 现代雅典学院门前的苏格拉底雕像

苏格拉底从城邦的利益来认识体育问题。苏格拉底的体育教育思想的核心就是强身健体,为国效力,同时也包含了他的体育教育思想中忠君思想的一面。当时的一些青少年体育比赛要在英雄的墓前进行,成为当时的丧礼赛会。他认为国家要保持强盛,就不能忽视国民的健康。他认为身体锻炼能促进体格健壮和健康,能增强理性的勇敢,在战场上就不会表现怯懦,就能最大限度地维护本国的利益。

"由于身体不好,健忘、忧郁、易怒和疯狂,就会猛烈袭击许多人的神智,以致把他们已获得的知识丧失殆尽。但那些身体健康的人却有充分的保证,他们不会遭受由于身体不好而遭受的危险。与此相反,由于身体健康则很可能获致和身体衰弱完全相反的有益效果。"苏格拉底反复强调,做任何事情都"离不开强健的身体和精神",特别是他主张经过"坚忍不拔的努力"去"锻炼身体,并使身体做好精神的奴仆"这样的锻炼主义思想。我们之所以能够经常陷入"久思而不动"的苦恼之中,就是因为我们身体受到了限制。为了获得精神的解放,我们要努力锻炼自己的身体。他还主张利用音乐和体操来塑造身心和谐发展的公民,而造就这样身心和谐发展的公民,必须由专门人才来培养,不能由体育的门外汉来承担这样的职责。同时对雅典竞技者中出现的只重身体训练,忽视道德和知识教育的风气提出了尖锐批评。

名人谈

苏格拉底曾痛感当时雅典的年轻一代盛行诡辩术,却对体育锻炼和军事训练懈怠,形成了文弱之风,他反复教导公民要重视体育锻炼。他认为没有健全体魄的人,文化知识也不可能学好,更谈不上执干戈以卫社稷。苏格拉底本人就经常锻炼身体,体魄健壮。他三次奉命参加战斗,富有作战经验,因此军事教育也是苏格拉底施教的一个重要内容。

苏格拉底还提出"和谐的教育观",即先通过朴素的音乐教育教人礼仪与优雅,而后通过体育锻炼激发人本性中的精神元素,而非单纯地训练体魄与增长体力。他认为"体育与音乐一样,最终的目的在于提高灵魂的修养"。苏格拉底认为"体育锻炼是打开心灵之门的钥匙"。因为在每个人的内部都蕴藏着难以置信的力量,身体和心理保健有助于把这种力量释放出来。这种能力的释放能提高人灵魂的修养。他提醒人们"若一个人仅仅致力于体育教育,其身体便会造成生硬和刚猛,若是过分强化,人就有可能变得凶顽和残酷",而"仅仅致力于音乐教育而忽视体育教育,人就会温柔软弱到于己无益的程度"。因此,苏格拉底强调"教育应该是和谐统一的教育",是智慧、勇敢、节制和正义的教育。这种教育必须将音乐与体育以恰当的比例结合在一起。他反对单纯为了掌握运动技术而进行体育锻炼。

二、柏拉图的体育思想

柏拉图(Plato,公元前427年—公元前347年)出身于雅典的一个贵族家庭。公元前387年,他创办了一个学园,取名阿卡德米学园,后来称为希腊学院。从此,他在这里讲学40年,直到去世。

名人谈

柏拉图的教育思想主要体现在他的代表作《理想国》中。《理想国》前半部分主要是阐述关于青少年身心和谐发展的思想,这种理念继承了他的老师苏格拉底的思想,后半部分主要是阐述关于理性教育的思想。以理性教育论为核心,以和谐教育论为基础,二者结合便构成柏拉图教育理论的主体。柏拉图认为"教育就是用体操来训练身体,用音乐来陶冶心灵"。身心和谐发展以品格训练为主,以音乐和体育为主要手段。

音乐教育包括读、写、算的教育,以眼睛和耳朵为媒介,通过文学——主要是诗的感化,着重训练儿童心灵的"智慧"。体育包括骑马、弓箭、掷弹、标枪、角力、体操和饮食卫生等,主要是通过身体锻炼,不仅锻炼强健的体魄,而且训练勇敢等心理品质。柏拉图认为"体育方面,我们的护卫者也必须从童年起就接受严格的训练以至一生"。他认为,体育训练的目的是使护卫者的身体状况能适应护卫者的工作,"他们有必要像终宵不眠的警犬;他们在战斗的生活中,各种饮水和各种食物都能下咽;烈日骄阳狂风暴雨都能处之若素"。柏拉图指出体育锻炼可使身体健康,体型完美,体力充沛,也可以培养人的意志勇敢顽强。他认为身体与精神相互影响,道德不良产生于教育不当和身体不健全。他提出要为保卫城乡而练就体魄刚健的战士,为造就完美和谐发展的人而健身。柏拉图本人就参加过古希腊的祭奠竞技大会并获得优胜。

图 4 - 3　现代雅典学院门前的柏拉图雕像

名人谈

在古希腊柏拉图《理想国》的教育内容中有论述音乐与体育两者紧密相关的大段对话:"这个教育究竟是什么呢?似乎确实很难找到比我们早已发现的那种教育更好的了。这种教育就是用体操来训练身体,用音乐来陶冶心灵。"其后他又认定在教育实质上,音乐和体育主要也还是为了心灵。这里"音乐和体育这两种技艺······它们服务于人的激情原则和爱智原则,用恰当的张力和松弛来调整这两个原则之间的关系,使之和谐,而不仅仅是为了人的灵魂和身体······""那些专搞体育锻炼的人往往变得过度粗暴,那些专搞音乐文艺的人又不免变得过度软弱。"这便是没有适当培养与训练人的天性中激情部分与爱智部分结果导致人性走向两个极端,要么轻弱无力,萎靡不振,要么喜怒无常、性情乖张。"那种能把音乐和体育配合得最好的,能最为比例适当地把两者应用到心灵上的人,我们称他们为最完善最和谐的音乐家应该是最适当的,这比称一般仅知和弦弹琴的人为音乐家更为适当。"

至此,柏拉图认为以和谐为标准,心灵的培植高于技能的训练,体育与音乐完美结合,才能在人的思想深处指引着至真至善至美的方向。柏拉图实践了自己的教育观,A. 罗塞夫这样评价他:"柏拉图如饥似渴地吸取当时文明的成果。他是获得过优胜的体操家、拳击手、骑手,他也是音乐家、画家、诗人。"

三、亚里士多德的体育思想

柏拉图的学生亚里士多德(Aristotle,公元前 384 年—公元前 322 年),古希腊哲学家、思想家和教育家,师从柏拉图。他除了在哲学领域外,还涉猎了政治学、心理学、数学、物理学、伦理学、逻辑学等诸多学科,在西方思想史上第一个从理论上论证了体育、德育、智育的联系,认为应注重少年儿童身体、德行与智慧的和谐发展。

亚里士多德认为,在儿童教育中"我们必须首先训练其身体"。在他看来,对儿童进行体育锻炼的目的是,培养儿童具有强健的体魄和勇敢的精神,亚里士多德伦理思想的核心是追求"幸福",认为构成幸福的要素有 12 个,而其中的健康、美、强壮、身体魁梧、良好的竞技道德等 5 个要素,都属于体育伦理的内容。根据亚里士多德的学制,7 岁前的教育以体育为主,要及时地引导儿童做些适宜于肢体发育的各种活动。而从 7 岁起便就学于体育教师和竞技教师。亚里士多德指出:"让青少年就学于体育教师和竞技教师;体育教师将培养他们身体应有的正常习惯,竞技教师将授以各项角赛的技能。"体育的任务是帮助增进健康和增进战斗力量。为使体育能发挥效用,应采取一种合适的方针。竞技教师能教给儿童以轻巧的武艺,如弓箭、弹丸之类,使其初步得到军事技术的训练。

名人谈

在《尼各马科伦理学》中,亚里士多德把一些明显属于身体品质的内容也归于像德行品质一样作为可称赞的内容:"公正、勇敢,总而言之善(良)和德行之为我们所称赞,乃是由于行为和成果。健壮和敏捷以及诸如此类的东西之所以被称赞,乃是由于自然具有某种与善相关的性质和才能。"

如前已述,亚里士多德在区分善的程度时,只有德行是可赞扬的,既然健壮和敏捷也属于可赞扬的东西,那它们就是德行,身体性的德行。对体育的深入认识,既可以对"公正、勇敢"和"健壮、敏捷"的身体性德行做出恰如其分的诠释。亚里士多德在论述德行品质时,一再以健康、医学或体育运动作比较加以说明。例如,他在论述德行品质必须付诸现实活动才能达成幸福时,就说:"一个人可以具有某种品质却并不做出好的结果,例如当人睡着觉的时候,感觉一定是迟缓。然而,当回到了现实活动中的时候却完全会是另外一种景象,它必然要行动,并且所表现出来的行动是完美的。就像参加奥林匹亚的比赛,冠军不是颁给美貌和强健者,而是颁给在竞赛中获得胜利的人(胜利者就在他们之中),只有崇高者才有可能赢取生活中的美好和善良。当亚里士多德在强调考察幸福"应该以人的德行为研究对象"时,就指出,"我们所说的德行并不是肉体的德行,而是灵魂的德行"。这里显然暗示了肉体(身体)德行的存在。其实肉体德行是否存在,体育可以是最可靠的说明。而在论述德行乃是品质而不是知识,并以健康作类比时,他就明确地指出健康也是一种品质:"既然德行即是品质,这正如那些有关健康和强壮的知识也就来自这种品质。对具有体育知识、医学知识的人,也就因此而做得更好些。"这也反证了"体育知识"是"身体德行"可赞扬的存在基础之一。"身体善"与"身体德行"的比较亚里士多德在谈论身体善与身体德行之间的关系时,他使用的是狭义的德行概念,即是"属于人的本性的德行",而当他谈论身体德行或其他物品的德行时,它使用的是广义的德行概念。至于亚里士多德以健康与德行作为比较的论述,可以理解为是对体育的德行品质的一种逻辑论证。

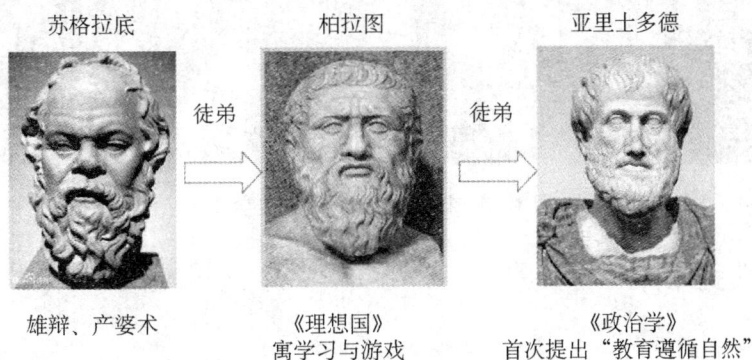

苏格拉底   柏拉图   亚里士多德

徒弟 → 徒弟 →

雄辩、产婆术   《理想国》寓学习与游戏   《政治学》首次提出"教育遵循自然"

图 4-4　三位大师的思想传承关系

古希腊哲学家们的教育思想鼓励人们进行体育锻炼,同时认为教育应促进身体的成长,而且还应促进人的心理和能力的发展,由此可见,古希腊的体育思想在很大程度上推动了古代奥运会的发展,古代奥运会的发展又进一步推动了古希腊文明的发展,使得古希腊文化变得更加灿烂。

第二节　古希腊的体育教育制度

在古希腊城邦,传统的文化教育是以传统的尚武社会风尚为基础的。因为在城邦时代,战争决定了人们的存在方式,而同时战争也需要人们具有强悍的体格、敏捷的行动和宛如猛兽的残酷天性。为此,希腊各城邦的统治者便用各种教育方法来培育符合原始战争中所需要的人才。在当时的希腊,雅典和斯巴达是最著名的两大城邦。尽管它们同样建立在奴隶制的经济和政治基础上,但各自代表着两种独具特点的文化类型。一般而言,雅典人是革新者,斯巴达人是保守者;雅典人支持民主政治,斯巴达人则支持贵族政治;雅典人富有冒险性,斯巴达人则缺少创造性;雅典人带有普遍特点的体育训练是立足于传统的锻炼技巧和增强体力的基础之上的,而斯巴达人则着重以增强军人的体力,培养坚忍不拔和刻苦耐劳的精神为主体。

图4-5 拉斐尔的名画:雅典学院

一、雅典式体育

1. 雅典教育的目的

雅典地处阿提卡(Attica)半岛,三面临海,全境多山,不宜农耕,因而粮食不足。幸而雅典交通便利,航海和商业贸易发展较快,经济较为发达,而且其地理位置有利于接受古代东方文化。早期的雅典在政治上与斯巴达相似,也是寡头统治。但从公元前594—前593年梭伦(Solon)改革开始,中经前509—前508年的克利斯提尼(Cleisthenes)改革,雅典逐步向奴隶主民主制度过渡。

雅典民主政治的实施,促进了各家各派学说的争鸣与发展,而这种状况又奠定了雅典哲学、科学、文化、艺术和教育繁荣昌盛的基础。雅典教育的主要目的"是培养青少年勇敢、强健的体魄以及理智、智慧和公正的品质,使其既能够担负保卫城邦的重任,也能够履行公民参政、议政的职责。"与之相适应,雅典教育的主要任务是通过体、智、德、美教育,"不仅要求把他们的子弟训练成军人,更要求把他们培养成为社会、政治、经济与文化方面的积极活动家,简言之,就是雅典的合格公民。"

📅 微历史

雅典社会是一个自由宽松的社会,雅典人的生活是丰富多彩的。由于雅典是古希腊社会中最接近东方的城邦,因此受东方文明影响,科学文化繁荣,公民思想活跃。雅典于公元前 6 世纪确立了代表新兴市民阶层利益的奴隶主民主政治制度,这是当时古代世界最为先进的社会制度,也是西方民主制度的渊源。雅典人认为道德方面的美德乃是习惯的结果,强调对青少年从小培养习惯,以形成良好的品德。雅典教育的目的是把出身良好的子弟培养成为身心和谐发展的人,不仅要成为身强体壮的军人,也要成为具有文化修养和多种才能的政治家和商人。

在雅典,教育的宗旨在于使公民在"德、智、体、美"四方面都得到和谐的发展,从而巩固城邦制度,为发展经济和文化培养人才。随着工商业经济的发展,民主政治因素增加,在雅典民众中间逐渐形成了一种身心和谐发展的教育理想。"身"的教育不仅着眼于军事准备,而且更要注意到躯体匀称、动作灵活适度和智力的充分发展,并通过体育培养勇敢、顽强、果断、谦让等优良品质。这种身心和谐发展的教育思想,充分反映在雅典完整的教育体系之中。

2. 雅典教育的过程和内容

古代雅典有一套完整的体育教育体系,雅典的孩子出生以后,其生死由父亲决定,这作为父亲所拥有的绝对权威的证明,某些时候这是父亲出于利益的考虑——因为这样做可以避免一个大家庭过多的开支。大多数家庭都会在孩子出生时就把其中的畸形儿杀死。如果孩子被父亲选择允许生存,7 岁以前,儿童由父母进行家庭教育,有产阶级的孩子会由家庭教师或奴隶教育,家庭教育包括唱摇篮曲、教儿歌、讲故事、说神话、玩球以及礼貌行为习惯的培养等等。男孩七岁后,开始进学校求学,雅典的初级学校是文法学校和弦琴学校,练习书写、文法、算数和音乐,每天课程结束后,孩子们便兴致勃勃地进行体育锻炼,体育教师先用橄榄油给每个孩子擦身,然后带领他们赛跑、跳跃、投石、爬绳、摔跤和球类比赛,并做一些姿势正确、体态优美的动作练习。家境富裕的儿童在 13—15 岁之间升入体操学校(亦称摔跤学校,是雅典实施全面身体教育的场所),接受体育训练,学习期限为 2—3 年,同时担任市内外的守备和实际军务。如果两年内没有战斗发生,服役期满就离开部队,根据各自的意愿,去作哲学家、诗人、剧作家、历史学家、雕塑家、政治家或商人。雅典有不少私立的体操学校,雅典人用"体操"一词泛指全面的身体教育,包括体育、表演性歌舞和游戏三部分。大部分人愿意成为一个体操家,因为体操使人精神愉快,身体健康,体格匀称。雅典人对于人体美有着敏锐的认识,在身体教育中,很注意审美标准,他们认为肌肉松弛、体格软弱、发育不良是一种耻辱,是缺乏家教的表现。他们认为在世界的万物中,只有健美的人体才是最匀称、和谐、庄重、完美的,而其中尤以体操家的道德高尚、知识全面,受到社会的尊敬。

体操学校还要和文法学校、音乐学校配合继续完成学习文化知识和音乐艺术的课业,各项体育练习常有琴弦器乐的伴奏。学生们还要练习表达能力,当他们离开体操学校时,已成长为思路清晰、表达优雅、身体健美的青年了。

到 20 岁,经过一定的仪式被授予公民称号。这时青年们要根据国家的需要去服兵役,或去做哲学家、诗人、科学家等职业,所有的公民离开学校后仍然终生坚持体育锻炼。

总而言之,雅典的体育目的是造就身心全面发展的人才,把体育与德、智、美育结合起来,注意身体的协调、匀称,注重力度、技巧、健美的高度结合。体育已初步形成了它独立的体系,各年龄阶段都有各自的体育教育和锻炼的组织、场所和教师等。虽然后期由于竞技职业化,体育开始走下坡路。但职业竞技者的训练又促进了营养学、运动学等理论体系的形成和发展。但雅典妇女几乎不能受到社会教育,不能和男子一起参与社会活动,当然也就不能参加体育活动。她们的主要生活和主要任务就是完成繁杂而劳累的家务劳动。

看文化

雅典的政治家伯利克利认为,雅典的教育富有自觉性,而斯巴达的教育主张强制性。雅典教育产生了众多著名的政治家、思想家、诗人、历史学家和艺术家。在雅典的民主政体最光辉的一百多年间,产生了无数的天才,包括古希腊三大哲学家:苏格拉底、柏拉图、亚里士多德;著名的三大悲剧家埃斯库罗斯、索福克勒斯、欧里庇得斯等等,可以说雅典文化代表了早期的人类群星闪耀时刻,更成为希腊文化别无选择的伟大代表。

图4-6　现代西方文明的渊源之一:古希腊的民主

二、斯巴达式体育

斯巴达城邦是由公元前1125年入侵的多利安人在拉哥尼亚地区建立的。其中心土地虽然肥沃,但毕竟地域有限。中心地区高山环绕,泰衣耶多斯山朝西,巴尔罗那斯山向东,艾夫罗达河谷朝南的出口处,拥有大海却没有自然港,不利于航海。因此,拉哥尼亚的地形决定了斯巴达单一的农业经济特征。斯巴达虽然名为城邦,其实并没有类似高墙的防卫设施,仅凭自己的军事实力,实行寡头统治,成为陆上地区一个不可忽视的强国。

17 微历史

大约在公元前8世纪初期,斯巴达的氏族组织开始转化为国家机构。斯巴达是希腊半岛上最大的农业城邦,它是在多利安人征服拉哥尼亚平原原住民的过程中形成的。斯巴达人在实现占领后,就把大部分原住民驱使为奴隶,并把他们改称希洛人。斯巴达社会分为三个等级:第一等级斯巴达公民,是国家的战士;第二等级皮里阿西人,是身份低贱的自由民,从事商业和手工业,在政治上没有权利,不能与斯巴达公民通婚;第三等级希洛人,是为斯巴达公民耕种土地的农奴。斯巴达人的份地由希洛人耕种,斯巴达人则坐享其成。公元前5世纪左右斯巴达的公民约为9 000人,公民的毕生职责是从事军事活动,对外攻打强敌,对内镇压和奴役希洛人。

1. 斯巴达的教育目的

斯巴达城邦的统治阶级实行一种全民皆兵的军事制度,因此唯有把崇尚军事武力和体育锻炼当作城邦每个公民的头等大事。为了对斯巴达人进行严格的体育教育,他们从婴儿呱呱坠地开始,就开始进行一场严格的人种选择,以此来获取先天强健的幼婴。为此,早在公元前8世纪前后,斯巴达就有了吕库古(Lycurgus,约生活在公元前8世纪)的立法。据说他是斯巴达国家制度的创立者,为斯巴达人立法以后,就离开斯巴达,绝食而终。斯巴达在以后500年的时间里,一直奉行他制定的法律。

斯巴达人的教育宗旨就是锻炼强壮的体魄、坚韧的毅力和顽强的精神,培养合格的军人,也就是对奴隶残酷暴虐,对氏族、贵族服帖恭顺,能死心塌地地为统治阶级利益服务。

2. 斯巴达教育的过程和内容

斯巴达从公元前720年开始取得奥林匹克运动会优胜,此后一直占优势,从第50届奥林匹克运动会后(前580)斯巴达的优势才急剧下降。尚武教育和终身运动造就了斯巴达人强壮的体格和健美的身材。为了保持良好的体型,国家规定了公共食堂所供应的食

图4-7 古斯巴达人

物种类与分量。每隔十天,斯巴达青年必须全身裸露接受身体检查,发胖者被要求加强锻炼和控制饮食,国家还规定在体育馆里如不脱衣练习就被逐出,懒散的人也不许在体育馆里停留。每个体育馆都有一长者负责,他指导体育馆中的每一个人参加充分的体育运动,以保持美好的体型和结实的肌肉。

可是,普鲁塔克曾经指出:"斯巴达人的一生从生到死都不是属于他自己的。"斯巴达孩童自出生开始,做父亲的得亲自将他送到一个叫作勒斯克的地方去,部族里的长者在那里代表国家检查婴儿。孩子只有长得匀称结实,才能被抚养,否则就会被遗弃。在抚养儿童上父母没有主动权,必须听从国家的安排。到七岁后,收入国家公共教育机关受训。为了使儿童养成能忍受严寒、饥渴和苦痛的能力,儿童们终年赤脚走路,几乎不穿衣服,一年只领一件外衣,晚上睡草垫,还要不时接受鞭打。为了锻炼儿童的机敏,他们甚至鼓励孩子去偷窃。

到十二岁时,斯巴达少年们进行重新编组,训练和监督也更加严格。这些少年训练的主要项目是游戏、投枪、投重物、跳跃、角力、赛跑、远足和游泳等,其中还包括音乐和舞蹈。但是,智育是被轻视的。年长者每天到练习场区现场指导,少年们稍有过错就会遭到鞭笞。特别是阿提米斯祭典期间,男孩子更自愿站在祭坛前忍受鞭打的痛苦。女祭司命令鞭打人用力抽打,连观众之中的父母们也高声鼓励,有许多少年往往隐忍缄默,还一声未出时已被打死了,活下的男孩会获得"祭坛征服者"的头衔。最残忍的莫过于十八岁的青年组男孩屠杀希洛人的"秘密行动",白天,青年们潜入希洛人住地进行侦查、突击、搜捕,然后在晚上乘其不备大肆地屠杀希洛人,这种行动用来激发斯巴达男孩身上的原始杀戮本性。

🏠 看文化

在斯巴达教育中有一种特殊的教育方式即"政治谈话"。"埃壬"(少年班中的佼佼者,已经毕业了两年的青年)经常会问孩子们几个问题,比如"谁是城邦里最优秀的人?""你认为这个人的品性怎样?"等,并要求答案要有条理、简洁、清晰、准确。通过这种方式来向他们灌输奴隶主的政治道德观念。斯巴达人也利用《荷马史诗》来教育少年服从、忠诚、勇敢的品格。儿童在7岁以前,斯巴达妇女就要教育孩子勇敢善战、不怕孤单、学会忍耐;进入学校后,教育孩子必须学会服从,忠于祖国,甚至在公共食堂用餐时,也要认真倾听政治教化。

与古代绝大多数奴隶制国家不同,斯巴达"即使对于妇女也给予了一切可能的关注",让女子接受教育。他们让少女和男子一样参加体育锻炼包括跑步、摔跤等,这既是为了给她们的发育打下坚实的基础,也是促使妇女到时能够顺利生产。但是妇女们的训练强度较小,而且她们可以住在家里而不用过军营生活。她们除了接受体育训练外,也同样参加竞技比赛,如赫拉运动会等。斯巴达还设有专门的女子学校,由被认为富有智慧的年长妇女教授诗歌、音乐、舞蹈以及体育等课程。所以当时的男女教育称得上是平等的,斯巴达人对于女子教育的重视及其特殊的社会结构使得斯巴达妇女的地位是希腊其他城邦所不能及的。由于斯巴达妇女受教育程度高,她们的容貌、肤色、和身材受到其他城邦妇女的羡慕,社会地位也较高。斯巴达的母亲们送子外出征战时,不怕儿子战死,反怕他们临阵脱逃,她们无依恋情感,也不撒离别之泪,这是由于国家无所不在的政治宣教和道德教化所造成的。

经过长期的军事体育教育,斯巴达人都被培养成野兽一般凶猛的战士,他们的体质和运动技能无疑是其他城邦的青年所不能相提并论的,由他们组成的斯巴达军队有严明的纪律和强大的战斗力,曾经称霸于全希腊。在这种军事化体制下,斯巴达的重兵部队成为整个希腊世界最精锐的军事力量。据罗马时代希腊彼奥提亚人普鲁塔克(Plutarch,约45—120)的《希腊罗马人物合传·吕库古传》中说:"吕库古将自己的同胞训练成既没有独立生活的愿望,也缺乏独立生活能力的人。倒像是一群蜜蜂,孜孜不倦地使自己成为整个社会不可缺少的一部分,聚集在首领的周围,怀着近乎是忘我的热情和雄心壮志,将自身的一切皆隶属于国家。"斯巴达的这种"全民皆兵"的制度就是在军事民主时代的影响下发展而来的。

🔲 融新知

斯巴达的教育虽然严酷,但也有许多可取之处,为后世的教育提供了一定的借鉴。柏拉图的教育思想就吸收了斯巴达教育的一些经验,如强调教育必须掌握在国家的手中,重视对女子的教育等,都是从斯巴达教育中吸收而来的。斯巴达培养出了大批勇敢善战的勇士,使它拥有全希腊最强大的陆军。凭借着这支军队,斯巴达对外进行侵略扩张,在伯罗奔尼撒战争中取得了希腊世界的霸权地位。当面临外敌时,斯巴达人通过严格的教育制度坚定地保持团结和一致对外,这相比希腊其他城邦来说是很难得的。此外,长期的军事训练也使得斯巴达人体育发达,在奥林匹克运动会上屡夺冠军。然而,斯巴达的军事教育制度,使得斯巴达人几乎一生都在军营中度过。

斯巴达社会这种重武轻文的教育方式,忽视了对孩子智力方面的教育,造成对知识文化的轻视。斯巴达既不教写作也不教阅读,连重要的修辞学也被禁止。当雅典在文学、艺术等领域取得一项又一项辉煌成就的时候,斯巴达人依然故步自封。尽管他们培养了一大批英勇善战、纪律严明的斗士,却损毁了他们的个性。所以,当世界历史星空闪耀着来自雅典的伟人之光时,斯巴达却没有培养出一位优秀的哲学家或艺术家、科学家。正是这种单一的军事教育严重阻碍了斯巴达迈向文明的脚步,被同时代的雅典远远地甩在了身后。

斯巴达的尚武教育,曾取得了暂时的军事和体育优势,使它在奥运会的历史长河中,有一百多年居于首位。但是,随着奴隶制经济的发展,在希洛人不断的反抗和打击之下,这种教育制度在公元前3世纪时,日渐衰落下去。当斯巴达的军队于公元前371年在鲁克特拉被击败之后,旧有的体育与军事教育制度也就随之瓦解了。

第五章
现代奥林匹克运动的复兴

现代奥林匹克运动伴随资本主义工业革命产生和发展的过程而兴起,于19世纪末出现在世界历史的舞台之上。14至18世纪,欧洲兴起的文艺复兴运动、宗教改革运动和启蒙运动为现代奥林匹克运动的复兴奠定了思想基础。经过几个世纪的资产阶级教育改革,逐步形成了全面发展的教育思想,肯定了竞技运动的教育价值和社会价值,为奥林匹克思想的形成奠定了基础。竞技运动的发展和体育的国际化趋势,为现代奥林匹克运动的发展提供了可能。在积累了早期复兴奥运会的经验后,法国教育家顾拜旦为奥林匹克运动的最终诞生和发展做出了卓越贡献。

第一节　现代奥林匹克运动兴起的背景和原因

一、三大思想文化运动的兴起

14世纪至18世纪的欧洲产生了著名的三大思想解放运动,即文艺复兴运动、宗教改革运动和启蒙运动。这三大运动打破了欧洲中世纪神权对人思想的束缚,从发现人体的美,到发现人的价值,喊出了人人生来平等和自由、平等、博爱口号。

看文化

欧洲中世纪是天主教统治下的封建社会。天主教的基本思想是"原罪说"和"救赎说",它主张灵肉对立论和禁欲主义,它认为每个人生而有罪,幸福只能寄托在灵魂获救之后的天堂。为了拯救灵魂,就必须惩罚肉体,限制人的活动。这一带有禁忌色彩的宗教思想曾以异教活动的名义使古代奥运会惨遭厄运,更使中世纪的欧洲体育除骑士训练外,别无建树。要改变这一状况,就必须纠正由宗教世界观所造成的畸形身体观和运动观,因此,新兴的资产阶级猛烈地抨击了基督教神学的腐朽说教,要求重建健康、现实、追求幸福的生活观。

图 5-1 兜售赎罪券

📅 微历史

文艺复兴的核心思想是人文主义,人文主义精神的核心是提出以人为中心而不是以神为中心,肯定人的价值和尊严。主张人生的目的是追求现实生活中的幸福,倡导个性解放,反对愚昧迷信的神学思想,认为人是现实生活的创造者和主人,宣扬一种新的世界观。

图 5-2 佛罗伦萨——文艺复兴的发源地

宗教改革明确地把矛头指向罗马天主教会,它的目标是要使基督教信仰和道德重归纯洁。欧洲资本主义经济的发展,使各国新兴资产阶级要求有一个统一的国内市场和一个强大的政府作为自己对外贸易的坚强后盾,因此他们激烈地反对封建割据,尽力支持统一的王权政府。宗教改革运动的中心是德国和瑞士。在宗教改革的过程中,新教确立了灵肉不可分割的统一关系,为体育的发展扫清了思想障碍。近代体育正是在新教取得胜利的德国、瑞典、英国等欧洲国家最先发展起来的。

启蒙运动是继文艺复兴之后，欧洲发生的第二次思想解放运动。启蒙思想家把欧洲的封建制度比作漫长的黑夜，呼唤用理性的阳光驱散现实的黑暗。他们集中力量批判专制主义、教权主义，号召消灭专制王权、贵族特权和等级制度，号召打倒天主教会的世俗权威。他们追求政治民主、权利平等和个人自由。启蒙运动的影响在于它的矛头是以封建制度及其精神支柱天主教会为对象的，因此为即将到来的法国大革命作了充分的思想准备。思想家宣扬天赋人权，三权分立，提倡自由、博爱、平等，而且这些思想迅速在欧美传播，对欧美的资产阶级革命起了影响和推动的作用。

图 5-3 卢梭

"健全的精神寓于健全的身体"是古罗马诗人朱维纳尔(Juvenal，公元 60 年—130 年)的名言。这句名言历久弥新，正确反映了肉体与精神的关系。奥林匹克主义的中心思想是人的和谐发展，而体育运动是实现人的和谐发展的重要途径。古希腊的雅典的教育制度就是注重身心的和谐发展，可以说一个雅典公民的运动能力和身体健壮程度体现着他的教育程度。三大思想文化运动后"健康的心灵寓于健康的身体"这句古老的名言被人们所接受。

古希腊人承认人的伟大与崇高，以人为本。人是主体是标准，是世间万物的尺度；神是理想的人，对神的赞颂实际上是对人自身的肯定。古希腊哲学家普罗泰戈拉的名言"人是万物的尺度"就是希腊人强烈的自我意识的表露。

文艺复兴运动让中世纪的人们重新发现了古希腊古罗马的经典，让人们开始重新认识自身；宗教改革改革了基督教，产生了新教和新的宗教思想；启蒙运动是理性的和批判的，是有进步意义的。三大思想文化运动解放了人性，让人们开始注重人自身的需要。奥林匹克主义的中心思想是人的和谐发展，人的和谐发展的前提是人对自身价值的肯定。

经过了文艺复兴、宗教改革和启蒙运动三大思想运动，欧洲各国思想界和教育界对体育形成了一些基本的认识，从而奠定了近代体育产生的思想基础。这些认识主要包括以下几个方面：其一，不再视身体为灵魂的监狱，在灵肉一致思想的基础上，体育作为一种世俗文化在教育和社会生活中的独特价值得到初步肯定；其二，"健全的思想寓于健全的身体"这一古老格言重新受到重视，身心全面发展的教育原则基本确立；其三，许多教育家和思想家已经注意到儿童与青少年身体发育阶段与教育内容及方法手段之间的关系，开始研究体育教育的经验。而近代医学、教育学等科学的建立，也为体育的发展提供了必要的科学认识基础。虽然以上认识都还披着恢复古希腊罗马传统的外衣，并且以维持贵族式家庭教育和承认宗教的无上权威为前提，但并不妨碍近代体育在欧洲的形成和逐步成长。

二、近代体育教育思想的发展与运动手段的系统化

14、15 世纪以来欧洲资本主义的产生，极大地促进了生产力的发展，并进一步导致了经

济结构、阶级结构的改变和社会的巨大变革,人们的思想意识形态、价值观念和生活方式发生了巨变,也推动了对体育新的认识和需求。与欧洲中世纪的教育理念不同,近代社会的资产阶级教育家旨在培养体格健壮、智力发达、身心协调发展,同时具有开拓、进取、务实精神的社会活动家和经济实业家。古希腊教育制度和奥运会的基本精神符合文艺复兴以来的教育家们的主张,于是他们按照自己的教育理想和原则以及古希腊体育教育的精神,对旧教育进行了改革,把体育作为培养人才的重要手段加以大力提倡,制订了锻炼身体的各种措施,积极研究各种运动方法,体育成为一项重要的、不可缺少的教育活动。

名人谈

　　1423 年,意大利人文主义教育家维托里诺(Victorino Da Feltre,1378 – 1446 年)创立了一所新式学校,仿效古希腊的体育馆,称之为"体育宫"。维托里诺以学生"健康身心"的发展为办学宗旨。他认为,人格教育应按照人文主义的要求,既注重学生的身体、精神和道德的协调发展,又注重学生个人实际能力的培养。学校非常重视体育,经常让学生练习骑马、游泳、角力、击剑、射箭、舞蹈等多种活动。不论在任何气候下,学校都有规定的体操,以锻炼学生的体格。维托里诺的"体育宫"实行体育、德育和智育并重的方针,开展的丰富多彩的体育活动使学校又被称为"快乐之家",该校成为文艺复兴时代资产阶级教育的代表。

　　捷克教育家夸美纽斯(J. A. Comenius,1592 – 1670)主张学校应设宽敞的运动场,应开展广泛的体育活动,鼓励学生通过参加体育活动。夸美纽斯提出了"适应自然"的教育原则,奠定了近代资产阶级教育理论和学校体育的基础,被誉为"学校体育之父"。

　　17 世纪资产阶级革命之后,英国著名教育家洛克(J. Locke,1632 – 1704 年)提出了"绅士教育"体系,他吸取了古希腊教育的基本经验,主张教育应分为智育、德育和体育三部分,尤其对体育加以充分重视。为了培养强健的体魄、竞争精神和实战本领,洛克要求在绅士教育中开展骑马、击剑、游泳、划船、舞蹈等活动,特别强调开展竞技运动。他在《爱弥儿》中写道,儿童需要通过跑跳等活动获得一定的有关古奥运会的知识,从而成为一个自食其力、身强体壮、勇敢刚毅、心地善良、能独立思考的人。卢梭对古希腊的教育制度和古代奥运会的体育教育价值都做了充分的肯定。在绅士教育推动下,竞技体育有了较快发展。

　　近代社会快节奏的生产和生活方式给人的生理、心理带来了一系列严峻的挑战,促使人们努力寻求新的、理想的生活方式,对身体活动有了新的认识的人们开始把注意力转向改善人的身体本身,体育成为一种新的社会需要而得到了进步发展。

第二节　现代奥林匹克运动的诞生

一、体育国际化的需求

　　19 世纪下半叶,随着国际政治、经济形势的发展,现代体育的发展出现两个明显的倾向——竞技运动的迅速发展与体育的国际化趋势。

当现代体育在欧洲兴起时,欧洲大陆各种矛盾交错,各国笼罩着浓厚的民族主义和国家主义情绪,各国都很注意体育所产生的军事效能,强调体育与军事训练结合。因此,各种体操体系比较盛行,而英国则由于文化传统和"绅士体育"的影响,以及海外贸易的需要,流行着竞争激烈、变化复杂、能激发强烈情感的户外游戏和竞技运动。

19世纪50年代,英国流行的竞技运动越过大洋,远传美国和加拿大。但这种与体操在形式、内容、功能等各方面都存在极大差异的体育形式,在欧洲遭到争议和排斥。直至19世纪后期,体操和竞技运动并存的体育结构发生了变化。

随着大工业生产的迅速发展,欧洲大陆各国出现了大工业生产所造成的都市化生活和生产的节奏加快,人们需要具有较好娱乐功能、能有效地消除紧张状态的新的身体活动形式。社会实践使人们认识到,紧张的生活节奏需要更富于游戏性和更复杂的身体运动。而竞技运动作为各种动作的综合体,较之分解的、孤立的体操动作更能满足人们的娱乐需要。于是,到19世纪70年代,竞技运动终于在"体操危机"中迅速地发展起来。竞技运动的发展,特别是美国竞技运动的繁荣,是19世纪末世界体育革命的重要标志之一。

到19世纪后半叶,自由资本主义向垄断资本主义过渡。随着世界市场的形成,民族间的壁垒被打破,社会的生产和消费国际化的进程大大加快。马克思在《共产党宣言》中阐述:"过去那种地方的和民族的自给自足和闭关自守状态被各民族的各方面的互相往来和各方面的互相依赖所代替了。物质的生产是如此,精神的生产也是如此。"

于是,19世纪后半期,体育也超越了国界,出现了国际化的趋势。兴起于欧洲的西方现代体育,以涌向各地的殖民者为媒介,向世界传播,形成了东西方体育以及其他不同类型体育的交流融合的体育国际化大趋势,出现了国际的体育交流和比赛:如1858年澳大利亚的国际游泳锦标赛、1871年布德的国际射箭比赛、1889年阿姆斯特丹的世界速滑冠军赛等。

📅 微历史

由于早期的国际体育比赛,没有公认的权威性组织和统一的比赛规则,使得赛事秩序混乱,水平较低。然而这些"非正式"的运动会,却进一步催生了"正规国际比赛"。值得一提的是,在众多"非正式"的国际比赛中,一些国际性的单项体育组织陆续诞生:1881年,第一个国际单项体育组织——国际体操联合会成立。此后,自行车、帆船、滑冰、保龄球等项目的国际组织也于19世纪末相继出现。国际单项体育组织的出现,使各运动项目在国际范围内有了统一的领导核心,能够制定统一的比赛规则使运动竞赛摆脱了原来的地方传统,具有真正的国际性。

在新成立的国际单项体育组织的严格主持下,各单项的欧洲的和世界的比赛陆续兴起:1891年,汉堡举办了第1届欧洲花样滑冰赛;1892年,欧洲速滑锦标赛在维也纳举行;第1届世界速滑锦标赛也于1893年在阿姆斯特丹拉开战幕。随着国际体育交往的扩大,建立一个综合性的国际体育交流的大舞台,建立一个协调各单项组织活动的国际体育组织以发挥管理作用,已成为时代发展的迫切需要。

二、奥林匹亚考古的启示

文艺复兴时期，对古希腊的文化思想、教育和体育制度，以及古奥运会精神的宣传，在社会各方面产生了巨大的影响。从 18 世纪开始，英、法、德等国的一些专家学者，相继赴奥林匹亚实地考察和发掘。古奥运会成为人们的关注焦点之一。

1763 年，被誉为现代考古学之父的德国学者约翰·约阿希姆·温克尔曼（Johann Joachim Winckelmann）率队在奥林匹亚遗址进行挖掘，但由于 1768 年他的过早去世，使工作随即停止。直到 1787 年法国人塞巴斯蒂昂·福韦尔（Sebastien Fauvel）发现了宙斯神殿。1813 年英国的斯坦厄普（Stanhope）勋爵绘制了古代奥林匹克运动场及其周围地区的地形图。1829 年建筑师阿贝尔·布卢埃（Abel Blouet）和雕塑家保罗·迪布瓦（Paul Dubois）发现了宙斯神殿中的部分物品。

🗓 微历史

为发现古代奥林匹亚遗址做出最重要的贡献的是德国考古学家、柏林大学教授恩斯特·库丘斯（Ernst Curtius）。他早年住在希腊，在大学时期便立志发掘奥林匹亚遗址。1852 年，他走遍了伯罗奔尼撒半岛，回国后在柏林向公众作了有关古代奥运会的长篇演说，打动了德皇凯泽·威廉一世并支持他的发掘计划。自 1875 至 1897 年间，库丘斯领导的发掘工作及 20 世纪其他一些发掘工作，共出土 40 座纪念碑、130 座雕塑、1 000 多个赤陶小雕像、400 个铭文、6 000 枚钱币和 1 300 件青铜制品。

奥林匹亚的考古成果，激发了人们对古代奥运会的憧憬。正如库丘斯所说："埋藏在黑暗深处的东西，是来自我们生活的富有生命力的东西……奥林匹亚这一隅之地在我们心中仍然神圣无比。我们必须把古人高度发展的文化、忘我的爱国主义精神、为艺术献身的思想、比生命中任何力量都更起作用的竞赛之乐带进我们这为更加圣洁的火光照亮的世界。"奥林匹亚的考古成果激发了各国人士对于奥运会更为浓厚的兴趣，也成了奥林匹克运动兴起的又一驱动因素。

三、各地复兴奥运会的尝试

早在文艺复兴时期，人文主义者一面批判基督教的禁欲主义，宣传古奥运会精神，一面跃跃欲试，对奥运会模式进行了小型分散的试验。欧美一些国家和地区为复兴奥运会着手进行了各种尝试。

19 世纪 30 年代，瑞典伦德皇家查尔斯学院的教授、林氏的学生 G. J. 沙尔陶（G. J. Schartau）在 1834 年 7 月和 1836 年 8 月在赫里辛鲍尔格附近的拉姆列斯疗养地举办过两次纪念古奥运会的"斯堪的纳维亚运动会"，当时的报纸称之为"奥运会"。比赛内容有摔跤、跳高、爬绳以及长跑和短跑。奖品是栎和月桂枝冠。同一时期，在英国什罗普郡的马奇温洛克（Much Wenlock）由布鲁克斯（W. P. Brooks）博士组织的"奥林匹克节"。1844 年 8 月加拿大蒙特从 1849 年开始举办每年一届，持续了好几十年，但始终保持着地方性的特点。布鲁克斯利尔赛跑俱乐部举办了为期两天的"蒙特利尔奥运会"，选手们参加了 28 个项目的比赛。

📅 微历史

在世界各地为复兴奥运会而进行的尝试中,在希腊本土也出现了举办泛希腊运动会的活动。19世纪20年代,希腊人掀起了声势浩大的民族解放斗争。1830年,希腊从土耳其独立出来以后,民族主义情绪高涨,出现了复兴古希腊文明的热潮。1838年,在离奥林匹亚不远的古圣道旁的列特林村的村民,为了庆祝希腊的独立和解放,最先按古奥运会传统举办了运动会。这个运动会虽然规模较小,影响不大,但它表达了希腊民族复兴古奥运会的热情。

19世纪80年代,在奥林匹亚进行的发掘工作取得突破性进展后,在希腊复兴奥运会的呼声越来越高。1887年和1889年,又先后举办了两届泛希腊奥运会。希腊人复兴奥运会的多次尝试,激起了全民族沉寂一千多年的奥林匹克热潮。但由于试办者仅出自对古代文明的崇敬,或出自宗教的动机,以及民族主义的需要,因而这几次运动都未能摆脱民间庆典的性质,也未能超出泛希腊的范围。然而,希腊以外许多国家的报纸对这几次运动会作了详细的报道,在世界范围内产生了积极的影响,积累了复兴奥运会的经验。

四、教育家顾拜旦与现代奥林匹克

👤 名人谈

法国教育家皮埃尔德·顾拜旦(Pierre de Coubertin,1863—1937)男爵是现代奥林匹克运动的创始人,他为奥林匹克运动的诞生和发展做出了不可磨灭的贡献。顾拜旦出身于巴黎一个贵族家庭,童年时就遭遇了普法战争,法国人民在这场战争中蒙受的耻辱激发了他的爱国热情。后来,他就读于巴黎的政治学学院(Ecole Superieure des Sciences Politiques),喜欢修辞学、历史学,尤其喜欢古希腊历史。他认为,只有改革教育,增强青少年的体质才是救国之道。他曾对英国教育家托马斯·阿诺德在拉格比学校的教育改革和英国的竞技运动作过研究。青少年时代所受的教育对他一生有很大影响,因此,大学毕业后,他放弃仕途,投身于教育和体育改革。

图5-4 顾拜旦像

顾拜旦是反对君主制的共和主义者,热爱自己的祖国,同时反对民族沙文主义。在他投身教育和体育改革的初期,正值法国为雪"普法战争"之耻,举国大兴兵式体操进行军事训练的年代。他却希望通过体育改革,增强民族体质,而不是单纯为了备战,因此,他没有一味地支持当时流行的兵操。他对欧洲大陆流行的体操和阿诺德有关竞技运动的理论和实践进行了比较,肯定了竞技运动的教育价值。他认为阿诺德推行的"竞技运动自治",可以同时到身体训练、道德教育和活动能力培养的功效,是对青年实行民主教育的适宜方式。因此他决定以此模式来改革法国的体育。

1883年,顾拜旦访问了英国,考察了英国学生的各种体育活动,更深感竞技运动的教育作用。这次访问,不仅使他坚定了改革法国体育的信念,更让他认识到法国体育改革不应仅仅是对英国体育外在形式的模仿,而且应当从体制上予以革新。回国后,他呼吁改革法国的教育和体育制度。由于他对法国教育和体育所倾注的热情和努力,1888年,"在教育中普及身体锻炼委员会"成立,他担任秘书长一职。

1889年,"法国体育运动协会联会"(缩写USFSA,简称"法国体协联")成立,顾拜旦也是该组织的秘书长。1890年,法国政府委托顾拜旦调查、研究学校的体育工作,顾拜旦接触到诸多国内外体育人士,并发放问卷了解国内外的体育状况。这一年,顾拜旦还受法国教的贡育部的委派,前往美国和加拿大考察体育,并在波士顿出席了体育大会(Congress of Physical Training),这使他对各国体育状况有了进一步了解。

🏛 名人谈

　　顾拜旦对古希腊文化有浓厚的兴趣并有深入的研究,他认为古希腊的竞技运动具有特殊的社会价值,它与艺术、培养品德高尚的公民的教育制度共同构成了支持古希腊文明的三大支柱。他对古奥运会也有特殊的感情。他在后来的回忆录中写道:"在古代历限史中,没有任何事物能像奥林匹亚那样给我以更多的思想养料。奥林匹亚是座理想之城……它就像生命之源,那朦胧的柱廊和门廊在我脑海中经久不去。"因此,在1875—1881年年间当奥林匹亚的考古成果不断公布时,年轻的顾拜旦便酝酿着一个宏愿,"德国已经使残存的奥林匹亚重见天日,为什么法国不能恢复它往日的辉煌?"顾拜旦开始酝酿复兴奥运会的设想。

1892年,顾拜旦遍访欧洲,宣传奥林匹克理念。1893年,顾拜旦在巴黎召开了一次国际性体育协调会议,为了团结国际体育人士商讨共办奥运会的问题。翌年,他还将自己的倡议写成公开信,寄给许多国家的体部,得到不少体育俱乐部的支持。在顾拜旦的不懈努力和国际上各种因素的促进下,创办奥林匹克运动的各种准备就绪。

1894年6月16日至24日,来自美国、英国、法国、希腊等1249个体育组织的代表参加了在巴黎索邦神学院(巴黎大学前身)召开的育运动代表大会,大会分为两个阶段:第一个阶段讨论了业余和职业运动问题。经过争论,决定遵循"业余运动"的原则,并通过了关于业余和职运动员的决议;第二阶段讨论动了复兴奥运会的问题,并通过了一个重要文件——《复兴奥林匹克运动会》的决议。6月23日,大会通过了成立国际奥林匹克委员会(International Olympic Commit.缩写为IOC)的决议,希腊人泽麦特里乌斯维凯拉斯任国际奥委会第一任主席,顾拜旦为秘书长。国际奥委会的成立,标志着奥林匹克运动的诞生。

大会批准了由顾拜旦草拟的第一部《奥林匹克章程》。章程确定了国际奥委会的宗旨、职能和制度,规定每隔四年在某个国家的大城市举行奥运会。章程还规定奥运会的比赛项目为田径、水上运动(包括帆船划船、游泳)、击剑、摔跤、拳击、马术、射击、体操、球类运动等。现代奥林匹克运动终于登上历史舞台,为人类文史揭开了新的篇章。由顾拜旦为现代奥林匹克运动的诞生和发展所作出的卓越贡献,他被称为"现代奥匹克之父"。

名人谈

萨马拉奇曾这样评价顾拜旦:"顾拜旦和一些现代奥林匹克奠基人坚信,根据一定原则组织起来的体育运动,有益于年轻人和整个人类,不仅是对体质有好处,尤其是有益于提高道德水准。顾拜旦以极大的智慧提出奥林匹克的基本原则。他以毕生的精力进行奋斗,为在教育、教师和日常生活中重视诸如情爱、忠诚、彼此尊重、努力工作、谦虚、爱心和友谊等的价值观。这种价值观既不能用金钱更不能用个人权利来表达,它属于奥林匹克主义。"

奥林匹克运动在 19 世纪末的兴起,是多种因素作用的结果。资本主义工业化生产的发展和三大思想文化运动为它的出现奠定了物质基础,扫清了思想障碍。而其产生的直接动因则是古希腊体育传统的影响以及现代体育国际化的大趋势。随着资本主义的扩张与竞争,国际争端日益加剧,战争威胁日增。奥林匹克运动也是作为世界维护和平力量的组成部分出现的,起着加强交往、增进友谊、维护和平的作用。现代奥运会受古希腊文化遗产的深刻影响,但它不是古奥运会的延续,也不是它的翻版,而是带有古希腊奥运会古典传统色彩的具有现代思想内涵的国际体育盛会。

图 5-5　1896 年雅典奥运会海报

第六章
奥林匹克组织文化

国际奥林匹克委员会是领导奥林匹克运动并决定一切与之有关问题的最高权力机构,简称国际奥委会。国际奥委会于 1894 年 6 月 23 日成立,成立时的名称是"国际奥林匹克运动会委员会"(International Committee for the Olympic Games)。1901 年,改为现名——"国际奥林匹克委员会"(International Olympic Committee)。

第一节　国际奥委会成立的原因

无论何种类型组织的产生,通常是由社会的客观要求和人们的客观准备两方面原因促成,国际奥委会的产生也是如此。

一、客观要求——国际竞技体育的发展

伴随着工业化和资本主义的迅速发展,技术的进步,市场的扩大和繁荣,导致社会的文化、体育需求增加,并使得国际竞技体育得到了快速发展。有学者认为,国际竞技体育组织及其主办的运动会产生、发展的过程就是国际竞技运动产生与发展的历史主线。因此,国际体育组织的发展和竞技体育比赛的发展为国际奥委会的产生提出了客观要求。

首先,19 世纪末的各种民间性质的国际比赛,没有公认的权威组织主持,也没有统一的比赛规则,更没有权威的结果。为了改变这样的现状,民间自发地成立了一些国际性体育组织,开展了各种国际竞技活动,为国际性体育组织的产生提供了现实需要。据有关资料记载,在国际奥委会成立以前,已建立了 3 个国际体育组织,它们分别是 1881 年成立的国际体操联合会,1892 年成立的国际赛艇联合会和滑冰联盟。这些国际体育组织的相继建立,标志着国际比赛从乱到治、有章可依,促进运动项目真正走向了世界。

其次,这些相继建立的国际体育组织已经逐步组织、开展了一些比较正规的单项比赛。例如 1891 年欧洲田径锦标赛在柏林举行,同年在汉堡举办了第一届欧洲花样滑冰锦标赛,1892 年欧洲速滑锦标赛在维也纳举行。这些比赛,在组织上、在竞赛规则上等多方面为奥运会的产生创造了条件。同时,为了更好地组织协调比赛,能够建立一个定期举行、包括一切运动项目,并且有权威成绩记录的运动会成了各个国际单项体育联合会的一个期望。

二、客观准备——各种复兴奥运会的尝试

由于奥林匹克运动在历史上的巨大影响力,自 19 世纪,一些欧美国家为复兴奥运会举行了各种类型的恢复奥林匹克运动会的尝试。既说明人们对古代奥林匹克精神的歌颂

和向往,也表明人们期望奥运会和奥林匹克精神的回归。

名人谈

　　1883年法国教育家皮埃尔·德·顾拜旦提出:举办类似古奥运会的比赛,并把它扩大到世界范围。作为复兴奥运会的倡导者,顾拜旦走遍了欧洲,宣传奥林匹克思想,呼吁复兴奥林匹克运动。1892年,倡议恢复"奥林匹克运动会"的声音从巴黎运动联合会成立10周年会议上传出。1894年1月,顾拜旦致函各国的奥林匹克组织,建议于同年在巴黎召开国际体育会议,这就成为现代奥林匹克运动会复兴的发令枪。

　　有学者认为,在西方,公共国际体育文化氛围的形成加上人们希望奥林匹克运动回归的强烈愿望使组织国际类型的奥运会比赛成为可能,但这需要一个能协调组织这种比赛的国际类型的体育组织,国际奥委会的产生已成为必然。

第二节　成立之初的思想目标和组织构成

　　1894年6月23日在第一次国际体育运动代表大会上,国际奥林匹克委员会诞生了。国际奥林匹克委员会被认为是人类历史上第一个综合性的国际体育组织,它的成立具有重大的历史意义。

一、成立之初的思想目标

　　在1894年国际奥委会成立的大会上,顾拜旦提出了国际奥委会的使命(mission):保证奥运会的顺利发展。

　　顾拜旦本人非常支持和赞赏亨利划船大赛的"强身派基督教"运动的信仰,再加上当时欧洲社会以英国体育所倡导的精英主义、男性至上主义和业余主义为主。所以在国际奥委会成立的初期,精英主义、男子至上主义、业余主义就成了指导国际奥委会的主要思想。

二、成立之初的主要任务

　　国际奥委会的首要任务就是要管理好奥运会,通过复兴奥运会,来引导、发展和促进世界体育运动,满足社会的进步与人们的需要,让奥运会的举办能够得到长久的延续。有了良好的开端,才能借助媒体的力量宣传奥林匹克运动。随着运动员和大众的关注,奥运精神也会广泛传播。更为重要的是,将原来没有统一比赛规则的各单项运动会整合起来,做到公平竞赛、公正评判,保证运动员们平等地参与比赛,进而把竞技体育指引到正确的发展轨道上来。

三、国际奥委会的组织构成

(一)奥委会的委员构成

　　1894年6月16日,由顾拜旦主持的"国际体育运动代表大会"在巴黎索邦神学院(巴黎大学前身)隆重开幕,共有代表着 12 个国家的 49 个体育组织的 79 人到会。大会通过了关于业余和职业运动员的决议;同时,会议讨论了复兴奥运会的问题,通过了《复兴奥林匹克运动会》的决议。在 6 月 23 日,大会通过成立"国际奥林匹克委员会"的决议,批准了顾拜旦制订的第一部《奥林匹克宪章》,并决定由奥运会举办国的国际奥委会委员轮流担任国际奥委会主席。希腊诗人维凯拉斯被选为国际奥委会第一任主席,顾拜旦为秘书长。

📅 微历史

　　大会还选举了 14 名国际奥委会委员,他们是:卡洛(法国)、布托夫斯基将军(俄国)、巴利克将军(瑞典)、斯龙教授(美国)、可姆普特希尔勋爵(英国)、赫贝尔特(英国)、费伦茨·凯万尼(匈牙利)、古特一雅尔科沃斯基(波希米亚)、苏比亚尔(阿根廷)、卡夫(新西兰)、卢克齐·帕利伯爵(意大利)、放·布齐伯爵(比利时)、丹德时亚·卡拉法大公(意大利)、黑衍哈特(德国)。

　　奥运会的委员由国际奥委会自己选定的,即所谓"一个自我遴选的团体"(self-recruiting body)。顾拜旦在《奥林匹克回忆录》中写道,委员的挑选的标准是根据其家庭背景、社会地位、教育经历、行为品德、竞技情况等方面进行择优选用。他认为这种挑选能够保持内部核心人物思想和行动的一致性,使国际奥委会不会因历史的变迁而发生变化,有效地避免了外来因素的干扰,维护了竞技运动的独立性。

　　奥运会委员的任期是终身制,不存在被更新或选举的压力。其居住国应有被国际奥委会承认的国家奥委会,委员应是该国公民。国际奥委会委员是国际奥委会在委员所在国家的代表,其角色类似国际奥委会驻各国的"大使",其使命是促进所在地区或国家相关体育协会和联合会的发展。

图 6-1　1894 年国际奥委会成立,顾拜旦和部分奥委会委员
在一起(图中左 2 为顾拜旦)

（二）其他组织运行规定

大会规定法语（现为英、法两种语言）为国际奥委会法定语言。还决定在 1896 年举办第一届奥运会，鉴于古代奥运会遗址奥林匹亚已成了一片废墟，会址改设在希腊首都雅典。延续古代奥运会的会期——每四年举行一次运动会。同时规定奥运会的比赛项目为田径、水上运动（包括帆船、划船、游泳）、击剑、摔跤、拳击、马术、射击、体操、球类运动等。

到了 1894 年 7 月，国际奥委会认定"业余运动员"不能参加有金钱奖励的比赛以及有职业运动员参加的比赛，以体育为业的体育教师或教练不能算作业余运动员。

图 6-2　雅典马拉松赛，奔跑在昔日菲迪皮得斯跑过的路上

图 6-3　第一届奥运会奖牌

图 6-4　1896 年第一届奥运会开幕式现场

第三节 现代奥林匹克运动的发展与组织变化

现代奥林匹克运动自 1894 年国际奥委会成立至今,已经历了一个多世纪的历程。其发展过程大致可分为四个阶段。

一、现代奥林匹克运动的初创时期(1894—1914 年)

从 1894 年到 1914 年第一次世界大战前,正值世界性的政治经济关系发生急剧变化时期。奥林匹克运动尚处于一种摸索阶段,出现了没有形成确定的举办模式,运动项目设置稳定性差,场地设施简陋,财政困难,会期不固定,裁判员执法不公,以及参赛资格缺乏明确规定等一系列问题。

这一状况从 1908 年奥运会开始有所好转。在 1908 年奥运会实施了标准化和规范化管理,为未来奥运会的举办构建了基本框架。1912 年奥运会是这一时期最成功的奥运会,从参赛国家、运动员人数、场地设施到组织工作都有较大提高,第一次实现了顾拜旦所期望的——没有事故、没有抗议、没有民族沙文主义仇恨的奥运会。但是,由于不允许妇女正式参加奥运会,使得女子体育发展受到阻碍,也使奥运会的广泛性存在重大的缺陷。

在初创时期的国际奥委会、国际单项体育组织和国家奥委会还都只是一个松散的机构。国际奥委会在将奥运会委托给某个城市承办时期放弃了领导权和监督权,以致奥运会一切事宜均由东道主随意安排。

二、奥林匹克运动的形成时期(1920—1939 年)

因第一次世界大战而中断的奥林匹克运动会于 1920 年恢复举办。整个奥运会的基本框架、运行机制和基本性质在这一时期基本形成,具体表现在:比赛项目的设置逐渐趋向合理;比赛设施进一步完善;会期基本固定;申办、举办程序基本确立,并基本解决了有关运动员的参赛资格问题。国际奥委会不仅意识到奥运会规范化的重要性,而且扩大了其成员国数量。国家奥委会由第一次世界大战前的 29 个增加到 60 个,为奥林匹克思想在世界各地的传播做出了重要贡献。与此同时,各国际单项体育组织也相继成立,通过国际奥委会与各国际单项体育组织和各国家奥委会的协调,使国际奥委会摆脱了每届奥运会都存在的具体技术事务,而更多地在领导、协调、决策等更高的层次发挥作用。

在 1936 年柏林奥运会,虽在许多方面优于以往各届,但被希特勒用以向世界炫耀自己的实力,违背了奥林匹克和平、友谊、进步的宗旨。因此,政治对奥林匹克运动的影响成为这一阶段存在的一个重要问题。

三、奥林匹克运动的发展时期(1946—1980 年)

第二次世界大战结束后,由于苏联及新兴独立国家的参加,这一时期奥运会每届参赛国家和人数以及竞赛项目都在增加;与此同时,顾拜旦关于在各大洲轮流举办奥运会的设想得以实现;各洲范围的运动会、伤残人奥运会也相继产生。

另一方面,战后各国经济振兴和科技发展,促进了奥林匹克运动的发展。奥运会比赛场地及各种配套设施较前有很大的发展,先进的电子设备,以及性别和违禁药物检查,使比赛的公正性得到加强。历届奥运会,促使举办城市的各种市政建设也大为改善,并为其在比赛后继续发挥作用奠定了基础。奥运会的举办资金也由单纯的政府拨款和私人捐赠向以政府拨款、社会捐资和出售电视转播权、发行彩票相结合的多种形式方向转变。奥运会向大型化、艺术化方向发展。

这一时期政治对奥运会的影响也更趋明显、复杂、尖锐,各种势力集团都想通过这个舞台来达到自己的目的。奥林匹克组织已不单纯是一个体育机构,它与国家、社会各部门的关系日益密切。此外,兴奋剂问题、奥运会承办国财政负担过重等问题都相继出现,奥组委亟须寻求有效的解决方法。

四、奥林匹克运动的改革时期(1980—至今)

进入 80 年代,在萨马兰奇的领导下,针对奥林匹克运动所面临的各种问题进行了大规模的变革。这一时期发生的重要变化是奥组委强调奥运会不应听命于任何一个国家的指挥;过去的那种"独立性"原则,即在经济上不谋利,政治上不同政府联系的做法已不适应新时期的需要。奥运会需要在寻求商业化的道路中采取一定的限制措施,同时废除了参赛者业余身份的原则,使奥运会向所有优秀的运动员开放。这些务实的态度,促进了奥林匹克运动向健康的方向发展。

📖 微历史

80 年代以来,国际奥委会建立了包括主席、各类专业人员在内的长驻机构——洛桑总部,保证了总部机构对各方面的领导。自 1981 年国际奥委会第一次有了正式的法律地位,从而得以法人的身份参与处理各种重大事务,经济上大胆进行商业性开发,利用各种活动创造财富,为奥林匹克运动的发展创造一个良好的经济基础。国际奥委会在文化教育、科学技术方面注重了奥林匹克思想的传播。通过一系列活动,如举办奥林匹克艺术节,建立博物馆,举办"奥林匹克日"纪念活动,定期召开奥林匹克科技大会等,都起到很好的宣传作用。1992 年巴塞罗那奥运会参加国家和地区已增至 172 个,比赛项目达 257 个。从 23 届奥运会开始连续几届的奥运会主办国均未出现赤字。经济上的盈利,极大地调动了主办国家搞好奥运会的积极性。

国际奥委会在现代奥林匹克运动发展的四个阶段中发挥着重要的作用,从最初的摸索到政治独立,再从无法脱离政治的影响到 80 年代的自我改革,无不扮演着带领奥运会健康、稳定、持续发展的领导角色。

第四节　现代奥委会的性质

根据目前实行的《奥林匹克宪章》,国际奥委会是作为一个"国际性的、非政府的、非营利的组织"加以界定的。这就阐明了国际奥委会的三个基本性质,此外它还具有职能性、专门性和执行性等一般性质。茹秀英在其研究报告中将现代奥委会的性质总结如下:

一、国际性

一般认为,在两个以上国家或其政府、人民、民间团体基于特定目的,以一定协议形式而建立起来的各种机构,都可以称为国际组织。显然,国际奥委会从其成立之初就完全符合国际组织的基本性质。在第一届奥林匹克大会(1894年的国际体育运动大会)上,除法国外还有8个国家20名代表参加。这就表明国际奥委会是建立在多个国家相关团体共同参与的基础之上的。并且,具有特定的目的性,即研究促进业余体育运动的原则,复兴奥林匹克运动会。而《奥林匹克宪章》正是把各个跨国团体联系起来的协议形式。因此国际奥委会具有典型的国际性。

二、非政府性

从一般意义讲,社会组织可以分为政府组织和非政府组织,而国际组织又包括政府间组织和非政府(间)组织(nongovernmental organization,NGO)两大类。国际奥委会是一种非政府(间)的国际性组织。

首先,国际奥委会并非由某一国政府或多国政府所倡导举办,而是由一些社会人士倡导、发起,由社会团体协商成立的。即由顾拜旦为核心的一些来自不同国度的有闲阶级人士,包括社会中上层阶级、军官、贵族、富有的商人和外交家私人发起建立的民间组织。其宗旨是通过复兴奥林匹克运动,发展现代体育,消除阶级隔阂,促进国际合作。

其次,国际奥委会及其下属组织虽必须遵守所在国的法律,但与所在国家政府间不存在行政间上下级的隶属管辖关系,而是作为一种社会团体接受政府的依法管理。

第三,有学者从概念界定上做了区分性研究:政府间国际组织是指由两个以上的国家组成的一个国家联盟(Union of States)或国家联合体(Association of States),该联盟是由其成员国政府通过符合国际法的协议而成立的,并且具有常设体系或一套机构,其宗旨是依靠成员间的合作来谋求符合共同利益的目标。而非政府间国际组织是指一种由个人或团体基于一定社会宗旨以非官方协议成立的跨越国界的民间联合体。根据这两个概念的界定,我们可以断定国际奥委会是一个非政府组织。因为国际奥委会不是国家联盟或国家联合体。

三、非营利性

所谓非营利性(nonprofit-distributing),即不以营利为最终目的。奥委会的非营利性是由奥林匹克精神和理想所决定的。早期国际奥委会的经费来源主要是捐赠、赞助,其成员参加活动,都必须自己承担全部费用。但是,大型国际赛事是需要巨额经费支持的,国际奥委会为了奥林匹克事业的发展,也逐步进行了改革,调整了最初狭隘的非营利观,进行了商业性开发,并使国际奥委会逐渐拥有了比较雄厚的经济条件。

国际奥委会由此获得了经济独立，从而实现所谓的自治性（self-governing），即拥有独立的决策和执行能力，能够进行自我管理。国际奥委会全会和执行机构，即国际奥委会执行委员会，是国际奥委会的决策机构。据国际奥委会主席的需要还建立了很多专门委员会，对专门问题进行研究，向执行委员会提出专业性的建议。

经济的独立后丰厚的盈余并没有在组织内部进行个人再分配，根据《奥林匹克宪章》规定，其主要任务是援助国家或地区奥委会，特别是那些需要支持的国家或地区奥委会。为此，成立了奥林匹克团结基金会（Olympic Solidarity），到 1998 年，获得奥林匹克团结基金支持的国家或地区奥委会有 198 个。

志愿性（voluntary）是奥委会一贯坚持的方针，即成员的参加和资源的集中不是强制性的，而是自愿的。国际奥委会的参与者都是志愿者，国际奥委会委员不是国家委派的，更不是在国际奥委会的强制下参与的，而是本着对体育事业和奥林匹克运动的热爱，自愿集中在一起的。这种情况自现代国际奥委会创立起，直至今天都是如此。

从上述情况可以认为，国际奥委会至今仍然具有非营利性。

四、职能性和专门性

国际奥委会的宗旨已经决定了它是一个具有职能性和专门化的国际组织。因为它的宗旨和职能只限于发展以体育为载体的奥林匹克运动。虽然随着奥林匹克运动的发展，其工作的内涵和外延都有了极大地丰富和扩展，但其根本宗旨决定了其工作性质没有本质改变。

此外，这种特定职能性限定了其工作的专门性或技术性的特性。虽然国际奥委会的工作涉及了国际关系、商务营销等广泛的领域，但是其工作性质和工作人员都离不开体育及与体育相关领域的技术及人才。

五、执行性

国际奥委会的总部设在洛桑，是在瑞士联邦政府注册的社团法人组织，享有瑞士联邦法律规定的权力，同时也受该国法律的约束。国际奥委会虽然有权制定奥林匹克运动会及相关事宜的各种规定，但是，从法律角度看，作为一个国际法人团体，它必须遵循国际法和有关国家的法律。有学者认为，国际奥委会是一个执行性的国际组织。首先，它必须执行国际法——《联合国宪章》。国际法的基本原则都集中体现在该宪章条文之中。国际奥委会的活动必须以不违背国际法基本原则为前提，否则就将遭到国际社会的谴责与制裁。其次，它必须执行与其有关的国家法，包含了国际奥委会进行活动时必须考虑到所涉及的国家的主权及法律尊严。

此外，国际奥委会的工作人员若有刑事犯罪，也必须接受瑞士联邦法律的制裁而不享有豁免权。

第五节 现代奥委会的组织形式

一、奥林匹克宪章

《奥林匹克宪章》(Olympic Charter)亦称奥林匹克章程或规则,是国际奥委会的基本文件。宪章对奥林匹克运动的组织、宗旨、原则、成员资格、机构及其各自的职权范围和奥林匹克各种活动的基本程序等作了明确规定,是国际奥委会为发展奥林匹克运动所制定的总章程或总规则。

第一部章程的倡议和制订者是顾拜旦。1894 年 6 月在巴黎国际体育会议上正式通过。主要内容是奥林匹克运动基本宗旨、原则以及举行奥运会的有关事宜。1989 年《奥林匹克宪章》中译本开始在中国出版。现行的《奥林匹克宪章》,是 2013 年 9 月在阿根廷首都布宜诺斯艾利斯由国际奥委会第 125 次全会通过的,2013 年 9 月 9 日开始生效。

二、国际奥委会的成员资格

国际奥委会委员是以个人身份参加国际奥委会,因此其从事的国际奥委会工作不受任何政府、其他组织和个人指令的约束。在《奥林匹克宪章》(2001 年)中,对国际奥委会委员的吸收、选拔、加入、地位、义务、成员资格的终止以及选举程序等进行了详细的规定。任何年满 18 岁以上的自然人都可能被提名为国际奥委会委员的候选人,包括积极的运动员、国际单项体育联合会和国家奥委会的主席或高级官员。国际奥委会委员由国际奥委会根据规定,从其认为合格的人员中招募和选拔。新委员要以为奥林匹克运动服务,摆脱各种政治、种族和宗教影响,维护奥林匹克运动的利益进行宣誓。

📖 **融新知**

国际奥委会委员的基本职责是:参加国际奥委会全会;参与其被任命国际奥委会专门委员会的工作;协助发展本国的奥林匹克运动;在本国落实国际奥委会的各项计划,包括奥林匹克团结基金;每年至少一次向国际奥委会主席汇报本国奥林匹克运动的发展状况和需求;向国际奥委会主席及时汇报一切妨碍《奥林匹克宪章》实施或影响奥林匹克运动的事件;在任何情况下都要遵从宪章第 25 条规定的道德规范;执行主席分配给他的其他任务,包括必要时在其他国家、地区或组织代表国际奥委会进行工作。国际奥委会委员在年满 70 岁时退休。

三、国际奥委会的组织机构

国际奥委会在组织机构上分为国际奥委会全体委员会(IOC Session)、国际奥委会执行委员会(IOC Executive Board)和国际奥委会常设委员会(专门委员会和工作组)。

图6-5 瑞士洛桑IOC(国际奥林匹克委员会)总部及其院中的圣火

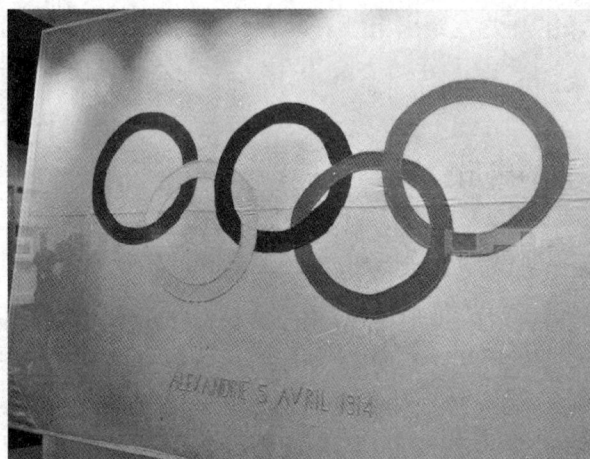

图6-6 第一面手工缝制的奥运旗帜

四、国际奥委会的三大职能机关

(一)执行机关

国际组织均设有一个执行机关,一般称为执行局(executive board)或理事会(council),也有的称为委员会(committee)。执行机关的具体权力大小不等。国际奥委会的执行机关是国际奥委会执行委员会(IOC Executive Board),简称国际奥委会执委会。执行委员会由全会授权执行国际奥委会的职责,是处理一切日常事务的常设机构。其机构由1位主席、4位副主席和10名其他委员组成,其所有成员均由全会秘密投票选举产生,获多数票者当选。执委会主席任期8年,可连选连任,但连任时每届任期为4年。副主席和其他委员任期为4年,不可连选连任。任期已满的执委可以竞选主席。执行委员会的执委会每年召开会议4—5次。

名人谈

　　有学者认为,作为处理国际奥委会日常事务的机构,其具体权力和职责是:维护奥林匹克宪章;承担国际奥委会行政管理的最终责任;批准国际奥委会内部组织、组织体系以及一切与其组织有关的内部规章;负责国际奥委会的财务管理,并准备年度报告;就有关《奥林匹克宪章》规则和附则的任何修改建议向全会提出报告;向国际奥委会推荐国际奥委会委员候选人名单;制定国际奥委会全会的议程;监督遴选奥运会候选城市的程序;根据主席提议,任免总干事和秘书长,由主席决定总干事和秘书长的提升、处分和薪俸;保管奥林匹克档案;用其认为最适当的形式(条例、规定、规范、方针、指南和指令)制定一切必要的规章,确保正确执行《奥林匹克宪章》和组织奥运会。

　　国际奥委会专门委员会(IOC Specialized Commissions)的设立是为了处理某些具体问题,向执委会提出建议。专门委员会或工作组的成员除了国际奥委会委员外,还包括来自国际单项体育联合会、国家奥委会、运动员、技术人员、咨询人员和专家的代表。此类机构完成使命后撤销。

　　(二)审议机关

　　国际奥委会的审议机关是国际奥委会全体委员会议(IOC Session),简称国际奥委会全会。委员定期参加的会议,每年至少举行一次。特别全会由主席提议或由至少三分之一委员的提出书面要求才可能召开。全会有权通过、修改和解释奥林匹克宪章,选举国际奥委会委员、执行委员和主席;批准、接纳国际奥委会的新成员,批准设置或撤销奥林匹克运动会比赛项目中的运动大项等。作为国际奥委会的最高权力机构,国际奥委会全会拥有对奥林匹克运动中一切重大问题的决策权。

　　(三)秘书机关

　　国际奥委会的秘书处是处理国际奥委会日常工作的机构,由国际奥委会总干事和秘书长负责。秘书长和秘书处是现代国际组织行政(管理)工作的核心,其主要任务是负责处理国际奥委会中的各种日常工作,协调各常设机关的活动或为其提供各种服务。主要工作包括财政、会务、调研、技术、情报、协调解决纷争、对外代表本组织等多方面的职能。国际奥委会秘书处设在国际奥委会总部所在地洛桑,拥有专门的工作人员。

五、国际奥委会的仲裁机构

　　国际奥委会于1974年成立了仲裁专门委员会(The IOC Juridical Commission),用以解决某些国际争端。其主要职责包括:(1)根据国际奥委会主席、执行委员会和全会的要求,以及各自活动中出现的问题,提供法律建议。(2)就奥林匹克宪章的修订提出初步的意见。(3)负责国际奥委会的起诉和辩护事宜。(4)对可能影响国际奥委会利益的问题进行法律角度的研究。(5)履行国际奥委会主席、执委会和全会赋予的其他法律性的工作。

六、国际奥委会会议的程序

国际奥委会不定期地召开奥林匹克代表大会。参加大会的有国际奥委会委员、各国奥委会和国际单项体育组织的代表。在《奥林匹克宪章》对国际奥委会的活动程序进行了详细的阐述,其活动程序分为一般程序和紧急情况下的程序两种。

(一) 一般程序

一般程序的具体内容为:由主席主持全会和执行委员会会议,在主席缺席时,由与会的排位最高的副主席主持;全会要求的法定人数为国际奥委会全体委员的半数加 1 人。执行委员会会议要求的法定人数为 8 名委员;一般情况下决定以多数票通过,但是涉及基本原则和规则的任何修改,需要在出席全会的国际奥委会委员中,达到三分之二多数(所谓多数包括至少 30 名委员)方可通过。一般情况下修改规则和附则的决定立即生效,除非全会另有决定。未列入全会议程的事项,经三分之一委员要求或经主席批准,可以进行讨论;经主席决定或出席会议的至少四分之一的委员要求,可采取秘密投票方式进行表决。适合于委员或主办城市的遴选的投票方式有两种:一是每位委员拥有 1票。弃权和空白票或废票在计算所需多数票时不予考虑。不允许代理投票。二是如果赞成票和反对票相同,由主席做出决定;国际奥委会主席确定所有选举规定;任何涉及国际奥委会全会而在《奥林匹克宪章》中又没有规定的程序问题,由会议主席决定;全会结束由主席宣布。

(二) 紧急情况下的程序

紧急情况下的程序主要有两种:

第一种是通信表决。在紧急情况下,主席或执行委员会可将决议案交付国际奥委会委员通信表决,并规定他们做出决定的最后期限。如果在截止期限内收到书面答复的总数不少于全体委员的半数加 1 人,并且收到的赞同所提议议案的答复达到了所要求的多数,该决议案即被通过。表决结果必须立即书面通报国际奥委会委员。在计算所要求的多数票时,如果对某一个或数个答复存在在形式方面的有效性或实质性问题的有效性提出疑问,主席最后决定其有效性。

第二种是主席决定,事后追认。国际奥委会主席可以在情况不允许全会或执委会采取行动或做出决定时,采取行动或做出决定,这种行动必须提交主管机构追认。

对于《奥林匹克宪章》修改,不适用于紧急情况下的程序做出的决议、决定或采取的行动。

七、国际奥委会大家庭

随着现代奥林匹克运动的发展,加入奥林匹克运动的团体和人员越来越多,除了国际奥委会外,还包括国际单项体育联合会(IFs)、国家奥委会(NOCs)、奥运会组委会(OGOGs)、国家协会、俱乐部、参与奥林匹克运动的运动员、裁判员、教练员和其他体育技术人员,以及得到国际奥委会承认的其他组织和机构。现在已被称之为奥林匹克大家庭(the Olympic Family)。

奥林匹克大家庭是在奥林匹克主义及其精神的感召下，借助于四年一度的奥林匹克运动会及其他体育活动而聚集在一起，为了实现奥林匹克的宗旨和理想而努力，并从中获得自己价值的实现和生活的乐趣与幸福。

八、奥林匹克三大支柱

在奥林匹克大家庭的成员中，被人们统称为"奥林匹克三大支柱"分别是国际奥委会、国际单项体育联合会和国家奥委会。国际奥委会是最高的权力机构，国际单项体育联合会和国家奥委会对奥林匹克运动的生存和发展起至关重要作用，它们三者构成了奥林匹克运动组织体系的基本框架。

三大支柱分别承担着不同职责：国际奥委会处于核心地位，主要负责领导和协调工作；国际单项体育联合会负责各种单项赛事的技术性事务；国家奥委会则负责在本地区开展各种活动，组队参加奥运会等工作。三者间保持相互协调、团结合作的关系无疑是奥林匹克运动顺利发展的重要保障。国际奥委会高度重视，采取多种措施来加强三者之间的关系。

首先，采取了在三个组织中交叉任职的做法。即国际奥委会委员是其所在国家奥委会的当任成员，国际奥委会的委员也是国际单项体育联合会和国家奥委会的负责人。同时，国家奥委会又有国际单项体育联合会下属的国家单项协会的代表。这种你中有我、我中有你的交叉态势有利于加强个人与组织间的沟通。

其次，保持各组织间信息畅通和定期协商的做法。国际奥委会执行委员会与国际单项体育联合会、国家奥委会分别至少每两年举行一次联席会议，会议由国际奥委会主席主持。在一些重要的事务中，国际奥委会还允许国际单项体育联合会和国家奥委会参与决策过程，并给予国际单项体育联合会和国家奥委会一定的经济支持。国际奥委会委了保持日常通讯的畅通无阻，还专门设立了与各国奥委会、国际单项体育联合会联络的部门。

第三，国际奥委会不仅在信息沟通上和其他组织成员保持有序沟通，在利益分配上也保证了其他两大支柱的利益。为了实现实现一定程度上的公平，国际奥委会进行奥林匹克营销、发展和创新，在一定程度上保证奥林匹克运动所有成员一定的利益分配，为发展中国家提供支持。

九、国际奥委会与国际体育单项联合会的关系

国际单项体育联合会是也是国际性的、非政府的组织。它负责管辖世界范围内一项或几项运动项目并接纳若干管辖这些项目的国家级团体。这些组织的管理权力来自他们所从事的体育项目及其赛事的影响力，以及从中获得的权威性。

国际奥委会和国际单项体育联合会之间存在着这两种关系类型：一是关系密切的所谓制度化关系，也称之为国际组织系统或家庭的关系。国际奥委会与国际单项体育联合会形成制度化关系的前提是国际单项体育联合会要得到国际奥委会的承认。凡得到承认的就与其形成了制度化的关系。

二是关系相对疏远的所谓一般关系。凡是国际单项体育联合会没有得到国际奥委会的承认，其与国际奥委会之间即为一般关系。

十、国际奥委会与国家奥委会的关系

《奥林匹克宪章》中的"国家"一词不是政治意义上的国家。国家奥委会的名称在于该奥委会能反映其所在国家的地域范围和传统。国家奥委会应是按照《奥林匹克宪章》的规定建立起来,得到国际奥委会承认并负责在一个国家或地区开展奥林匹克运动的组织,是一个国家或地区奥林匹克运动唯一合法的组织者和领导者,是唯一有权利选派参加奥运会运动员的机构,也是它本国唯一有权力使用奥运五环、徽章和标志的机构。

融新知

国家奥委会必须得到国际奥委会的承认。《奥林匹克宪章》对国家奥委会的职责、构成、名称、使用标志等方面作了具体而详细的规定。国家奥委会只有完全符合这些规定才能得到国际奥委会的承认。国际奥委会担负着依据《奥林匹克宪章》在各自国家或地区发展和维护奥林匹克运动的重大任务。

十一、国际奥委会与其他体育及非体育国际组织的关系

国际奥委会与国家奥委会、国际单项体育联合会建立了三大支柱的关系促进了奥林匹克运动具有更为广泛和深入的影响力,为了能够保证奥林匹克运动更加蓬勃持久地发展,确立国际奥委会在国际社会中的地位,国际奥委会还承认了很多国际性或地区性的体育组织,以及加强了与许多非体育国际组织的关系。

借助国际奥委会的权威性和巨大影响力,通过对其他国际性或地区性的体育组织的承认或取消承认,使得奥林匹克运动在全球体育界获得更加深入地渗透,获得广泛的影响力。同时也进一步稳定和提升了国际奥委会在国际体育舞台上的权威地位。

融新知

国际奥委会还一直把谋求与联合国等非体育国际组织的密切合作作为自己的一项重要任务,旨在通过奥林匹克运动促进国际的相互了解,并确定自己非政府国际组织的地位。同时也借此进一步获得国际社会对奥林匹克运动的价值和自主性的承认,争取社会多方面的支持和更广泛的社会影响力。

国际奥林匹克委员会从成立至今走过了漫长的发展道路,得益于该组织的诞生,奥林匹克运动会才得以稳定、长久、蓬勃发展。国际奥委会也会随着奥运会的发展逐渐成为国际上不可或缺的体育权威组织机构。

第七章
奥林匹克赛事文化

体育赛事是人类所特有的一种重要文化现象,它是按着一定的规则,在特定运动形式下,对人类生物机能进行竞赛的组织工作。所谓赛事文化正是通过比赛项目的设置、比赛过程的规范、比赛的程序仪式、比赛的荣誉与奖惩等融入、反映了人类的精神价值追求。奥林匹克赛事文化无疑是人类历史上影响最为深远的体育赛事文化。

第一节　古代奥运会比赛项目的设置及其演变

古代奥林匹克运动会是希腊人民的伟大创举,直到公元前 775 年才有正式记载。据历史记载,古希腊各城邦的平民多信奉万神之首宙斯,因城邦之间经常发生战争,使民间的各种祭祀活动时断时续。公元前 776 年,在人民渴望和平、自由生活的要求下,古希腊伊利斯国王、斯巴达国王在"神"的旨意下,签订了"神圣休战"的协定,并决定在奥林匹亚"宙斯神庙"前举办祭祀活动和举行第一届古代奥运,以后每 4 年 1 次。

到公元 394 年,古代奥运会共 293 届。每届奥运会均在能容纳 5 万观众的奥林匹亚运动场上举行。比赛场均为 200 m×30 m。也有专门供运动员居住和训练的地方。此后逐渐增加了摔跤、负重赛跑、马术比赛障碍赛、战车追逐赛、五项全能(包括跳远、铁饼、标枪、摔跤和赛跑)等 24 个项目。

📅 微历史

在古代奥林匹克运动会的整个历史上,200 米跑一直占据着首要位置。主要是因为在公元前 776 年 8 月举行的第一届奥林匹克运动会中只有一个比赛项目——200 米短跑,获胜的是一位厨师。直到公元九世纪哈德良皇帝在位时期,希腊人说到某件事时,还会以"毕多克斯赢得 200 米胜利的第 124 届奥林匹克运动会之后那一年。"这样的方式来纪年。

古代奥运会不允许奴隶参加,只有自由的希腊人才能参加运动会。古代奥运会对参赛者的资格有严格的限制,必须符合以下的标准才可以申请参加运动会:第一,竞技者必须是希腊人,必须是男性,必须在政治上、道德上、宗教上、法律上没有污点,其身份必须得到至少 8 位裁判员的证明。第二,参赛者还必须在比赛前连续训练 10 个月以上,最后一个月,各城邦的参赛者集中起来,在裁判员的监督指导下进行训练。第三,训练期间,运动员不准吃肉,只吃些无花果、菜汤、素谷之类的食物。第四,训练结束后,裁判员再从身体素质、个人品质等方面对参赛者进行最后筛选。第五,最后的入选者,其名字都会被刻在木板上,放置在奥林匹亚最为显眼的地方供观众观摩。第六,比赛前,裁判员还将对全体运动员进行例行问话:"如果你们的训练无愧于奥林匹克竞技会,如果你们不因为懒惰和不光彩的行为而丢脸,那就勇敢地前进。如果你们不这样办,那就请便吧!"从这时起这些被选中的运动员就不许再退出比赛,否则会被得以很重的罚金。在当时,妇女是不准参加比赛,连观看比赛也不行,违者判处死刑。然而在古代奥运会的项目中允许母马参加比赛,多么讽刺的对比。

🏠 看文化

> 竞技会由在伊利斯人中选出的裁判主持。参赛的各城邦选手,至少提前1个月到伊利斯向裁判报到,在裁判的监督下训练。最初的古代奥运会只开1天,由于项目的增加,后来延长到5天。古代奥运会冠军获得一顶橄榄枝桂冠,连续3次夺冠者可在宙斯庙塑像留念并取得终生免税权,享受国家发给供养费、观看戏剧可坐贵宾席,回到家乡会受到隆重地欢迎;奖品也在发展过程中由重荣誉变为重物质、重金钱。

古希腊人珍视比赛冠军们的强壮身体、力量、灵敏、耐力,赞美运动员那完美的身体和他们具有的高尚品质,只有身心的合理发展才被认为是真正的运动员特征。所以他们将奥林匹克优胜者姓名刻在大理石圆柱,并形成沿阿尔甫斯河放置的传统,让世人铭记这些优秀的运动员们。至今,古代奥林匹克运动会的日期和第一个优胜者的名字依旧清晰可见。在举行古代奥运会期间,还为学者、诗人、音乐家和艺术家举办文艺会演。所以古代奥运会不仅进行运动员之间的比赛,有力地促进了体育的发展,还促进了艺术的交流。公元前146年,罗马帝国入侵并吞了希腊,使人民完全失去了自由。同时在公元294年,罗马皇帝狄奥多西一世敬奉上帝立基督教为国教,视祭祀宙斯神的奥运会为异教活动而下令废止。30年后,罗马皇帝狄奥多西二世又以基督教的名义,下令放火焚毁了残存的奥林匹亚大部建筑与设施,接着奥林匹亚遭到特大洪水淹没,百年后又连遭两次强烈的地震,具有一千多年历史的古代西方体育文明——奥林匹亚和古代奥运会就完全被毁灭了。

第二节 现代奥运会赛事的演变

一、夏季奥运会赛事的演变

《奥林匹克宪章》规定:只有在至少75个国家和4个大洲的男子中以及在至少40个国家和3个大洲的女子中广泛开展的运动才可列入奥林匹克夏季运动会比赛项目;只有在至少25个国家和3个大洲中广泛开展的运动,才可列入奥林匹克冬季运动会比赛项目。根据国际奥委会的相关资料,奥运会比赛项目划分为:大项(sport)、分项(disciplines)和小项(event)。

奥运会分为夏季奥运会和冬季奥运会,最早的夏季奥运会产生于19世纪末。也就是第一届现代奥林匹克运动会于1896年4月6日至15日在希腊雅典举行,当时共有13个国家共 311 名运动员参赛。比赛项目有田径、游泳、举重、射击、自行车、古典式摔跤、体操、击剑和网球共 9 个大项。原计划还有赛艇项目,后因多种原因未能举行,有的人说是因为天气,有的人说是因为无人报名。在这届奥运会上获得现代奥运会首个冠军的是美国哈佛大学学生康诺利;获得第一个马拉松冠军是希腊人斯皮里敦·路易斯。

🗓 微历史

　　1900 年第二届奥运会来到了顾拜旦的家乡巴黎。顾拜旦本人对这场持续了 5 个多月的松散比赛感到非常失望。他在日记中写道:世界上有一个对奥运会非常冷淡的地方,就是巴黎。在这次奥运会上有一个重大突破——来自法国、英国、美国和波希米亚的 11 名女子冲破禁令,出现在运动场上。参加了高尔夫球和网球比赛,这也是女性运动员自古代奥运会后首次登上奥运殿堂。1912 年夏季奥林匹克运动会首次实行了限制职业运动员参赛的规定。从这届开始,国际奥委会对女子参赛由默认转为公开支持的态度。国际奥委会经过多次争论,终于在 1924 年第 22 次会议上,正式通过允许女子参加奥林匹克运动会的决议。从 1900 年妇女首次登上奥运赛场至今,女运动员人数、女子参赛项目数、女体育管理者人数逐渐增加,运动成绩大幅度提高。女子项目成为奥运会不可缺少的组成部分。

　　2014 年 12 月 8 日国际奥委会摩纳哥全会通过重要决议,允许不同国家或地区、同一国家的不同城市联合申办奥运会,所以 2022 年的冬季奥运会是由北京和张家口联合承办。国际奥委会不仅对举办范围进行了重组,对于奥运会大项数量上限这个方面,允许东道主自主提议增加一个或几个小项,但需要国际奥委会批准才能入选奥运会。这就意味着奥运会未来要打破夏奥会 28 个大项和冬奥会 15 个大项设置的数量限制。然而大项数量发展到今天,逐渐瘦身为"25＋3"的设置,奥运会的大项设置更加合理。

　　中国首次参加奥运会是在 1932 年的洛杉矶奥运会上。

图 7－1　雅典奥运会开幕式

图7-2 詹姆斯·康诺利首位奥运冠军

图7-3 首个马拉松冠军斯皮里敦·路易斯

图7-4 中国首次奥运会开幕式上

图7-5 刘长春

二、冬季奥运会、青奥会和残奥会的产生和发展

(一)冬奥会的产生和发展

微历史

　　19世纪末以来,一些冰雪运动如滑雪、滑雪橇、滑冰、冰球等项目在欧美国家逐渐得到普及和发展。针对这种现象,顾拜旦建议单独举办冬季奥运会,但由于1901年北欧两项运动在欧洲斯堪的纳维亚半岛的举行而被拖延。

　　1924年在法国的夏蒙尼市承办了当时被称为"冬季运动周"的运动会,两年后国际奥委会正式将其更名为第1届冬季奥林匹克运动会。1924年被确定为冬季奥运会(Winter Olympic Games)正式诞生之年。自1924年开始第1届冬奥会,截至2018年共举办了23届,每四年一届。

　　冬季奥运会最初规定每4年举行一次,与夏季奥运会在同年和同一国家举行。从

1928 年的第 2 届冬奥会开始,冬季奥运会与夏季奥运会的举办地点改在不同的国家举行。1994 年起,冬奥会与夏奥会以 2 年为间隔交叉举行。为将冬奥会与夏奥会时间错开,故只有 1992 年冬奥会与 1994 年冬奥会相隔 2 年。

第 24 届冬奥会将于 2022 年 02 月 04 日至 2022 年 02 月 20 日在中国北京和张家口举行。

图 7-6　第 24 届冬奥会宣传画

(二) 青奥会的产生和发展

青年奥林匹克运动会(Youth Olympic Games,YOG),简称"青年奥运会"或"青奥会",是在时任国际奥委会主席罗格的倡议下,国际奥委会于 2007 年决定创办的。它是一项专为 14 岁至 18 岁青少年人举办的国际赛事,也是青年人全球范围内最高水平的综合体育赛事。举办的宗旨是将世界范围内所有的具有天赋的青年运动员,以组织一项具有高度竞技水平的赛事;同时让青少年从运动中收获健康的生活方式。青奥会整合了教育和文化内容,在宣传奥林匹克精神的同时使其成为一项具有教育意义的项目。

> **⑰ 微历史**
>
> 青奥会每四年举办一届,分为冬季青奥会和夏季青奥会。首届夏季青奥会在 2010 年新加坡举行,2012 年首届冬季青奥会在奥地利因斯布鲁克举行。我国南京市成功地举办了第 2 届青奥会,即 2014 南京青年奥林匹克运动会。

青奥会的赛事安排有其自身特点:

1. 树立奥林匹克精神

青奥会设想是基于青少年,为了青少年,在青少年中广泛传播"卓越、友谊、尊重"的奥林匹克精神,使之成为青少年的共同理想;树立健康向上的青少年榜样,鼓励和引导青少年积极参与体育运动,在参与、互动、共享氛围中快乐地成长。

2. 重视文化教育交流

国际奥委会强调文化教育生活和体育竞技同样重要,可以完美融合。因此,要求参加青奥会的运动员从开幕式到闭幕式都要参加体育竞赛和文化教育计划规定的活动,而不应离开青奥会。

3. 节俭办会,凸显创新

国际奥委会要求青奥会申办城市需要用现有的体育和文化教育设施,不需要新建设施,尽可能减少对城市市民生活的干扰。同时,举办城市借青奥会进行文化教育方面的创新工作,促进世界青少年之间的交流。

图7-7 南京青奥会开幕式表演

（三）残奥会的产生和发展

随着残奥会体现世界各国人民之间的团结、友谊、勇气以及诚实竞争的理念深入人心,参赛国家、地区的数量和参赛运动员人数呈逐届递增趋势,残奥会影响力日趋增大。残疾人奥林匹克运动会(Paralympic Games)始办于1960年,是由国际奥委会和国际残疾人奥林匹克委员会主办的、专为残疾人举行的世界大型综合性运动会,每四年于夏季奥运会后举办一届,截至2016年已举办过15届。冬季残奥会自1976年举行以来,截至2018已经举办了12届。我国成功地举办了第13届夏季残奥会,即2008年北京残奥会。并将举办第13届冬季残奥会,即2022年北京-张家口冬季残疾人奥林匹克运动会。

融新知

为了体现公平竞赛的原则,使选手能够与残障种类及程度相似的对手比赛,不同障碍程度的运动员将被分入不同级别进行比赛。在比赛项目中,运动员的运动级别以一个英文字母加上一个双位数字组成。英文字母,则纯粹代表比赛的项目,比如 F 级为田赛(Field)、T 级为径赛(Track)。双位数字中的十位数值代表运动员的残疾类别,总体上的障碍等级可分为肢体障碍、脑性麻痹、视觉障碍、脊椎神经损伤、学习障碍(简称智障)以及其他障碍。"1"字代表视障类别、"2"字代表智障类别、"3"字代表脑瘫、大脑麻痹或后天性脑损伤类别、"4"字代表截肢及身材矮小的类别,及"5"字代表脊髓损伤及部分轮椅组的类别。双位数字中的个位数值则代表运动员于残疾类别中的级别,数字越低代表残疾情况越严重。例如,在视力残障类别中,11级为全盲或接近全盲;而 13 级为符合最低视力残障标准。11 级的比赛需要领跑员并戴上眼罩,而 12 级比赛的选手亦可要求领跑员。每个残奥会项目都有自己的分级。

北京残奥会的比赛项目有 20 个大项,295 个小项的比赛,即射箭、田径、硬地滚球、自行车、马术、5 人制足球、7 人制足球、盲人门球、盲人柔道、举重、赛艇、帆船、射击、游泳、乒乓球、坐式排球、轮椅击剑、轮椅篮球、轮椅橄榄球和轮椅网球。除帆船在青岛、马术在香港举行外,其他项目均在北京举行。

图 7-8 北京残奥会开幕式上运动员入场

第三节 现代奥运会比赛项目的设置

根据国际奥委会的资料,奥运会比赛项目是这样划分的:大项(sport)、分项(disciplines)和小项(event)。奥运会的比赛项目是大项 28 项,这 28 项为:田径、赛艇、羽毛球、棒球、垒球、篮球、足球、拳击、皮划艇、自行车、击剑、体操、举重、手球、曲棍球、柔道、水上项目、现代五项、马术、跆拳道、网球、乒乓球、射击、射箭、铁人三项、帆船帆板、排球。

其中有些项目并没有分项,夏季奥运会分项最多的是游泳项目(包括了竞技游泳、花样游泳、水球、跳水和公开水域游泳 5 个分项),冬季奥运会分项最多的是滑雪项目(包括越野滑雪、高山滑雪、跳台滑雪、北欧两项、自由式滑雪和单板滑雪 6 个分项)。田径虽然没有分项,却有 47 个小项,其中男子 24 个小项,女子 23 个小项,是奥运会项目中金牌最多的。

2012 伦敦奥运会奥组委将棒球、垒球两项的比赛取消了。2013 年 2 月 12 日,国际奥委会决定将摔跤项目从奥运已有的 26 个大项删除。2016 年里约奥运会奥组委将高尔夫列为奥运会比赛项目。

表 7-1 夏季、冬季奥运会比赛大项

夏季奥运会比赛大项	
项目	**时　间**
射箭	1900 年—1908 年,1920 年,1972 年—
田径	1896 年—
垒球	1996 年—2008 年(2012 年和 2016 年两届暂停)2020 年—
棒球	1992 年—2008 年(2012 年和 2016 年两届暂停)2020 年—(1984—1988 年为表演项目)
羽毛球	1992 年—(1988 年为表演项目)
篮球	1936 年—
沙滩排球	1996 年—
拳击	1904 年—1908 年,1920 年—
皮划艇	1936 年—(1924 年为表演项目)
自行车	1896 年—
跳水	1904 年—
马术	1900 年,1912 年—
击剑	1896 年—
足球	1900 年—1928 年,1936 年—
体操	1896 年—

续表

夏季奥运会比赛大项	
项目	时 间
手球	1936 年,1972 年—
曲棍球	1908 年,1920 年—
柔道	1964 年,1972 年—
现代五项	1912 年—
艺术体操	1984 年—
赛艇	1900 年—
帆船	1900 年,1908 年—
射击	1896 年—1924 年,1932 年—
游泳	1896 年—
花样游泳	1984 年—(1952 年为表演项目)
乒乓球	1988 年—
跆拳道	2000 年—(1988 年—1992 年为表演项目)
网球	1896 年—1924 年,1988 年—(1968 年、1984 年为表演项目)
蹦床	2000 年—
铁人三项	2000 年—
排球	1964 年—
水球	1900 年—1904 年,1908 年—
举重	1896 年,1904 年,1920 年—
摔跤	1896 年,1904 年—2016 年
高尔夫	1900 年—1904 年,2016 年—
七人制橄榄球	2016 年—
小轮车	2008 年—
2020 年东京奥运会新增项目	
滑板	2020 年—
冲浪	2020 年—
攀岩	2020 年—
空手道	2020 年—
三人篮球	2020 年—
轮滑	2020 年—

冬季奥运会比赛大项	
项目	时间
花样滑冰	1924 年—(1908 年,1920 年夏季奥运会曾有过花样滑冰比赛)
冰球	1924 年—(1920 年夏季奥运会曾有过冰球比赛)
速度滑冰	1924 年—
跳台滑雪	1924 年—
北欧两项	1924 年—
越野滑雪	1924 年—
有舵雪橇	1924 年—
雪车	1924 年—
现代冬季两项 (冬季两项)	1960 年—(1924 年—1928 年,1936 年,1948 年为表演项目)
冰壶	1998 年—(1924 年,1932 年—1936 年,1964 年—1968 年,1992 年为表演项目)
俯式冰橇	1928 年,1948 年,2002 年—
无舵雪橇	1928 年,1948 年,1964 年—
高山滑雪	1936 年—
自由式滑雪	1992 年—(1988 年为表演项目)
短道速滑	1992 年—(1988 年为表演项目)
单板滑雪	1998 年—

第四节　各大项介绍

图 7-9　奥运项目简笔画

1. 田径

田径是体育运动中最古老的运动。

田径是奥林匹克运动的基石,最能体现奥林匹克"更快、更高、更强"的座右铭。田径也是奥运会设金牌最多的项目,因此有人用"得田径者得天下"来形容田径在奥运会金牌总数中所占的位置。

查资料

　　男子:100 米跑、200 米跑、400 米跑、800 米跑、1 500 米跑、5 000 米跑、10 000 米跑、马拉松跑、3 000 米障碍跑、110 米跨栏跑、400 米跨栏跑、跳高、撑竿跳高、跳远、三级跳远、铅球、铁饼、链球、标枪、十项全能、20 公里竞走、50 公里竞走、4×100 米接力、4×400 米接力;

　　女子:100 米跑、200 米跑、400 米跑、800 米跑、1 500 米跑、5 000 米跑、10 000 米跑、马拉松跑、女子 3 000 米障碍、100 米跨栏跑、400 米跨栏跑、跳高、跳远、三级跳、撑竿跳高、铅球、铁饼、标枪、链球、七项全能、4×100 米接力、4×400 米接力、20 公里竞走。

2. 划船

运动员背向前进方向划水的一项划船运动,起源于英国 17 世纪到 18 世纪中叶。赛艇按乘坐人数,有无舵手,以及使用单桨还是双桨划分项目。比赛距离男子 2 000 米,女子为 1 000 米,每条航道宽 12.5—15 米。

图 7 - 10 　划船

男子:单人双桨、双人双桨、双人单桨无舵手、双人单桨有舵手、四人双桨无舵手、四人单桨无舵手、四人单桨有舵手、八人单桨有舵手;

女子:单人双桨、双人双桨、双人单桨无舵手、四人双桨有舵手、四人单桨有舵手、八人单桨有舵手。

3. 自行车

起源于欧洲,1896年列为首届奥运会比赛。

男子11项场地项目:1公里计时赛、个人争先赛(3圈)、4 000米个人追逐赛、4 000米团队追逐赛、记分赛、奥林匹克争先赛、麦迪逊赛、凯林赛;公路项目:个人赛、个人计时赛山地车:越野、小轮车个人(BMX)

女子7项场地项目:个人争先赛(3圈)、3 000米个人追逐赛、记分赛;公路项目:70公里个人赛、个人计时赛山地车:越野、小轮车个人(BMX)

4. 棒球

是一项男子比赛项目,起源有两种说法,一种认为起源于英国,由英国的一种儿童游戏演变而成,继而被英国移民传入美国,逐渐成为美国国球;另一种认为起源于美国。1992年列入奥运会项目。2008年之后退出奥运项目。

5. 游泳

奥运会游泳比赛共设32个项目,是仅次于田径运动的金牌大户。

男子游泳:50米自由泳、100米自由泳、200米自由泳、400米自由泳、1 500米自由泳、100米仰泳、200米仰泳、100米蛙泳、200米蛙泳、100米蝶泳、200米蝶泳、200米混合泳、400米混合泳、4×100米自由泳接力、4×200米自由泳接力、4×100米混合泳接力、10公里马拉松游泳(公开水域);跳水:单人3米跳板、单人10米跳台、双人3米跳板、双人10米跳台;水球:男子

女子游泳:50米自由泳、100米自由泳、200米自由泳、400米自由泳、800米自由泳、100米仰泳、200米仰泳、100米蛙泳、200米蛙泳、100米蝶泳、200米蝶泳、200米混合泳、400米混合泳、4×100米自由泳接力、4×200米自由泳接力、4×100米混合泳接力跳水:单人3米跳板、单人10米跳台、双人3米跳板、双人10米跳台;水球:女子

起源于3 000多年前的埃及,后相继在地中海沿岸国家传播。公元前第23届古希腊奥运会列为竞技项目。

6. 拳击

现代拳击始于英国,17世纪十分盛行。1904年第3届奥运会列入比赛项目。奥运会拳击比赛只允许世界拳击联盟的注册拳手参加,按体重分12个级别进行:51、54、57、63.5、67、81、91公斤以上级。

查资料

从2012年开始,女子拳击迈入奥运会,2009年8月13日,国际奥委会主席罗格在柏林正式宣布:女子拳击项目将成为2012年伦敦奥运会正式比赛项目。女子拳击设有次轻重量级(48—51公斤),轻量级(56—60公斤),中量级(69—75公斤)3个级别。

7. 排球

源于美国。1964年第18届奥运会被列为比赛项目。男、女各分排球与沙滩排球两项。

8. 皮划艇

运动员面向前进方向的一项划船运动,包括皮艇和划艇。欧洲开展广泛,水平一直处于世界领先地位。

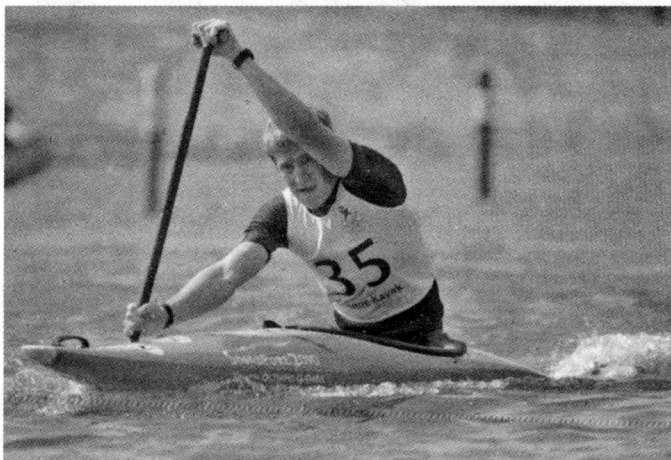

图7-11 皮划艇

查资料

男子12项静水项目:500米单人皮艇、500米双人皮艇、1 000米单人皮艇、1 000米双人皮艇、1 000米四人皮艇;500米单人划艇、500米双人划艇、1 000米单人划艇和1 000米双人划艇;急流回旋项目:单人皮艇、单人划艇、双人划艇;

女子4项静水项目:500米单人皮艇、500米双人皮艇、500米四人皮艇;急流回旋项目:单人皮艇。

9. 马术

马术运动是在马上进行各种运动的总称。早在 4 000 多年前的铜器时代就有骑马比赛。

现代马术运动起源于英国,16 世纪传入欧洲。1900 年第 2 届奥运会列入比赛项目。马术比赛分盛装舞步、超越障碍和三日赛,每一项又分团体和个人两项。

图 7-12 马术

10. 篮球

源于美国。1936 年第 11 届奥运会列为正式比赛项目。球场长为 28 米,宽 15 米。篮板长 1.20 米,宽 1.80 米,底端距地面 2.75 米。球重 600—650 克。全场比赛 40 分钟。分男、女两项。

11. 足球

足球被称为"世界第一运动",古希腊、罗马、中国等都曾盛行过足球游戏。英国剑桥大学的学生是现代足球的创始者。由于国际奥委会规定只允许低于 23 岁的足球运动员参加奥运会足球比赛(男子足球每队允许有 3 名超龄球员,女子足球则没有限制。),因而奥运会足球赛并不是世界最高水平的比赛。分男、女两项。

12. 体操

18 世纪末,现代体操兴起于欧洲,曾是体育的代名词。1896 年列为首届奥运会比赛项目。

📀 查资料

男子:团体、个人全能、自由体操、鞍马、吊环、跳马、双杠、单杠、蹦床个人赛;女子:团体、个人全能、跳马、高低杠、平衡木、自由体操、艺术体操之个人全能与团体全能、蹦床个人赛。

13. 曲棍球

现代曲棍球 19 世纪下半叶兴起于英国。1908 年第 4 届奥运会被列为比赛项目。分男、女两项。

图 7－13 曲棍球

14. 手球

起源于欧洲。分男、女两项。

15. 举重

起源于远古时代人类举石块显示力量。近代举重运动兴起于 18 世纪欧洲。

查资料

男子：56 kg、62 kg、69 kg、77 kg、85 kg、94 kg、105 kg、＋105 kg；

女子：48 kg、53 kg、58 kg、63 kg、69 kg、75 kg、＋75 kg。

16. 柔道

起源于日本。男、女柔道分别在 1964 年第 18 届奥运会和 1992 年第 25 届奥运会上被列为比赛项目。

查资料

男子：－60 kg、60—66 kg、66—73 kg、73—81 kg、81—90 kg、90—100 kg、＋100 kg，

女子：－48 kg、48—52 kg、52—57 kg、57—63 kg、63—70 kg、70—78 kg、＋78 kg。

17. 摔跤

可追溯到公元前几千年，在日本、中国、希腊、埃及等国的古代文明中都有摔跤的文字记载。只限男子参加。

🔍 查资料

　　自由式摔跤：48—54 kg、58 kg、63 kg、69 kg、76 kg、85 kg、97 kg、97—130 kg；
　　古典式摔跤：48—54 kg、58 kg、63 kg、69 kg、76 kg、85 kg、97 kg、97—130 kg。

18. 羽毛球

1800 年流行于印度普那地区的一种球类游戏，球用羽毛和软木制作，类似中国的键子。后传入英国及北欧等国。

🔍 查资料

　　羽毛球场地长 13.40 米，单打球场宽 5.18 米，双打球场宽 6.10 米，中间悬挂长 6.10 米，宽76 厘米的球网。1992 年第 25 届奥运会开始成为正式比赛项目。
　　男子：单打、双打；女子：单打、双打；混合：混合双打

19. 垒球

女子 1 项。

1996 年列入奥运会项目，2008 年之后退出奥运项目。

20. 现代五项

由现代奥林匹克运动奠基人顾拜旦创导，以衡量运动员的全面能力。

分马术、击剑、游泳、射击、越野跑五项，男、女各一项。

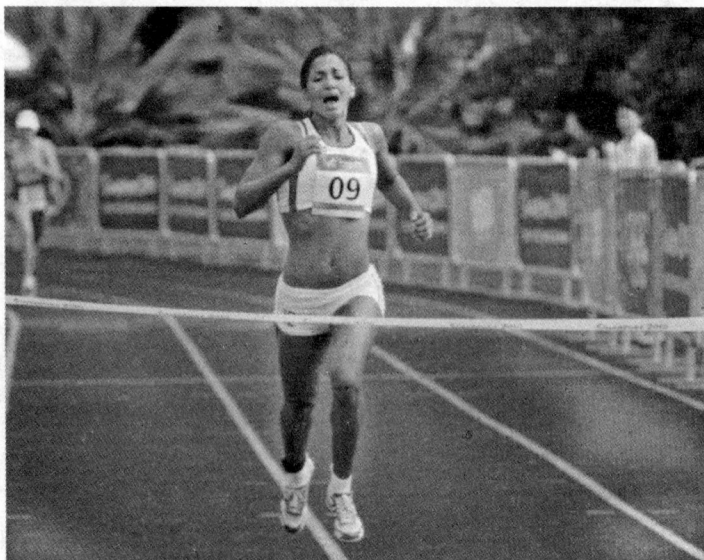

图 7－14　现代五项

21. 网球

男女网球分别于 1896 年首届奥运会和 1900 年第 2 届奥运会列为比赛项目，后因各

种原因被取消,男、女各分单打、双打两项。2012 年伦敦奥运会开始加设混双项目。

22. 击剑

始于古代决斗,盛行于西欧各国。1896 年首届奥运会被列为比赛项目,是奥运会初期唯一允许职业选手参赛的项目。

📎 **查资料**

> 男子:花剑个人、佩剑个人、重剑个人;女子:花剑个人、佩剑个人、重剑个人。团体:在 6 单项中取四项作为团体赛,每届奥运会设项不同。

23. 乒乓球

19 世纪后半叶始于英国。20 世纪 20 年代传入欧洲大陆,继而在美洲和亚洲等国家广泛开展。1988 年第 24 届奥运会被列入正式比赛项目乒乓球在中国有"国球"之称。

📎 **查资料**

> 男、女各分单打、双打两项,2008 年北京奥运会开始由男女团体赛取代男女双打比赛。

24. 射击

起源于狩猎活动。世界性的射击比赛可追溯到 1896 年的首届奥运会。1988 年第 24 届奥运会开始设置女子项目。

📎 **查资料**

> 男子:气手枪(10 米)、手枪速射(25 米)、手枪慢射(50 米)、气步枪(10 米)、小口径自选步枪 3×40(50 米)、小口径步枪 60 发卧射(50 米)、飞碟双多向、飞碟多向、飞碟双向;
>
> 女子:气手枪(10 米)、运动手枪(25 米)、气步枪(10 米)、小口径自选步枪 3×20(50 米)、飞碟多向、飞碟双向。

25. 铁人三项

男子个人赛、女子个人赛。

26. 射箭

人类早在 2 万年前就使用弓箭进行狩猎活动。现代射箭运动始于英国。1908 年被列为奥运会比赛项目,1920 年被取消,直到 1972 年奥运会才恢复。

📎 **查资料**

> 男子:奥林匹克淘汰赛个人赛(70 米)、奥林匹克淘汰赛团体赛(70 米);女子:奥林匹克淘汰赛个人赛(70 米)、奥林匹克淘汰赛团体赛(70 米)。

27. 帆船

起源于荷兰。1900年第2届奥运会开始列入比赛项目。1988年第24届奥运会单独增设女子比赛项目。

图7-15　帆船

查资料

男子:帆船470级、帆船芬兰人级、帆板米氏级;女子:帆船470级、帆船欧洲级、帆板米氏级;混合:索林级、49人级、激光级、特纳多级等。

28. 跆拳道

跆拳道(韩文:태권도,英文:Taekwondo),是现代奥运会正式比赛项目之一,是一种主要使用手及脚进行格斗或对抗的运动。

跆拳道起源于朝鲜半岛,早期是由朝鲜三国时代的跆跟、花郎道演化而来的,韩国民间流行的一项技击术。

1955年以前,韩国是没有跆拳道一词的,韩国的武术也以空手道、唐手道和民间少数的跆跟等为主,日治时期,大量韩国青年学生赴日留学,在日本接受了系统的松涛馆空手道训练,回国后他们开始创立道馆教授学生。日本战败后,韩国获得民族独立,大批空手道、唐手道道馆兴起,韩国早期空手道传播者们将民族传统武术跆跟与空手道相结合,称为唐手道。并出现了最早的一批韩国道馆,这就是后来的九大道馆。"跆拳道"一词,是1955年由韩国的崔泓熙将军命名。崔泓熙将军早年在留学日本时,学习了日本松涛馆空手道,并将其与韩国传统武技跆跟、手搏等技术融入跆拳道中去。总之,现代的跆拳道是结合当代东亚武技之长的韩国发源武术运动之一。

查资料

男子:-58 kg、-68 kg、-80 kg、+80 kg;女子:-49 kg、-57 kg、-67 kg、+67 kg

29. 冰球

又称冰上曲棍球,起源于加拿大,后相继在欧洲北美地区开展。1956 年第 7 届冬奥会上被列为正式比赛项目。

30. 冰壶

又称掷冰壶、冰上溜石,是以队为单位在冰上进行的一种投掷性竞赛项目,设男女 2 个小项。

31. 滑冰

人们利用冰刀在冰上滑行的冬季运动项目。起源于 10 世纪的荷兰。滑冰运动包括速度滑冰、短跑道速度滑冰、和花样滑冰。

查资料

速度滑冰,男子:500 米、1 000 米、1 500 米、5 000 米、10 000 米;女子:500 米、1 000 米、1 500 米、3 000 米、5 000 米;

短跑道速度滑冰,男子:500 米、1 000 米、1 500 米、5 000 米接力;女子:500 米、1 000 米、1 500 米、3 000 米接力;

花样滑冰,分男女单人滑、双人滑和冰上舞蹈,2014 索契冬奥会开始设花样滑冰团体赛。

32. 滑雪

运动员手持滑雪杖,足登滑雪板在雪地上滑行的一项冬季运动项目。起源于北欧多雪地区。滑雪运动包括越野滑雪、跳台滑雪、北欧两项、高山滑雪、自由式滑雪和单板滑雪。

33. 雪橇

起源于瑞士阿尔卑斯山地,是乘木制或金属制的双橇滑板在专用的冰雪线路上高速滑降、回转的一项冬季运动项目。分为有舵雪橇和无舵雪橇两种。

34. 现代冬季两项

起源于挪威,与人们在冬季的狩猎活动有关,是一种滑雪加射击的比赛。1960 年第 8 届冬奥会将这一项目改称冬季两项并列为正式比赛。1992 年第 16 届冬奥会增设女子比赛。

35. 空手道

空手道是日本传统格斗术结合琉球武术唐手而形成的,起源于日本武道和琉球的唐手。唐手是中国武术传入琉球,结合当地武术琉球手发展而成的,而日本本土人又将九州、本州的摔、投等格斗技与唐手相结合,最终形成空手道。二战之后通过美军宣传而在全世界广泛传播。空手道当中包含踢、打、摔、拿、投、锁、绞、逆技、点穴等多种技术,一些流派中还练习武器术。一九九四年日本广岛第十二届亚运会空手道首次成为正式比赛项目,空手道比赛场地一般为 8×8 米;至于比赛项目有套路赛(型)和格斗赛

（组手）两种，而在组手比赛中一方有效进攻导致对手瞬时丧失战斗能力或重心明显移动为得分标准。

36. 高尔夫

高尔夫，俗称小白球，是一种室外体育运动。个人或团体球员以不同的高尔夫球杆将一颗小球打进果岭的洞内。大部分的比赛有 18 洞，杆数最少的为优胜者。英国公开赛、美国公开赛、美国大师赛和美国职业高尔夫球协会锦标赛是高尔夫球界的四大大满贯赛事。高尔夫球普遍被视为苏格兰人的发明，今日的高尔夫球 18 洞制度亦由苏格兰制定，当地亦有全球最历史悠久的高球会，被视作苏格兰国粹。

37. 攀岩

攀岩运动有"岩壁芭蕾"、"峭壁上的艺术体操"等美称，由登山运动衍生而来，富有很强的技巧性、冒险性，是极限运动中的一个重要项目，在世界上十分流行。

攀岩是从登山运动中衍生出来的竞技运动项目。50 年代起源于苏联，是军队中作为一项军事训练项目而存在的。1974 年列入世界比赛项目。进入 80 年代，以难度攀登的现代竞技攀登比赛开始兴起并引起广泛的兴趣，1985 年在意大利举行了第一次难度攀登比赛。

38. 滑板

滑板（Skateboard）项目可谓是极限运动历史的鼻祖，许多的极限运动项目均由滑板项目延伸而来。20 世纪 50 年代末 60 年代初由冲浪运动演变而成的滑板运动，在而今已成为地球上最"酷"的运动。滑板的技巧主要包括：The AerialL（在滑竿上）、The Invert（在 U 台上）、The Ollie（带板起跳），这些技术可说是除了翻板之外最重要的滑板动作。世界上两个重要的滑板国际组织：国际滑板商协会（International Association of Skateboard Companies，IASC）以及世界杯滑板赛（World Cup Skateboarding，WCS）。

39. 冲浪

冲浪是以海浪为动力的极限运动，冲浪者在海里有适宜海浪的地方俯卧或坐在冲浪板上等待，当合适的海浪逐渐靠近的时候，冲浪者调整板头方向，俯卧在冲浪板上顺着海浪的方向划水，给冲浪板足够的速度使冲浪板保持在海浪的前面，当海浪推动冲浪板滑动时，冲浪者站起身体，两腿前后自然站立，两膝微屈，利用身体重心、肩膀和后腿控制冲浪板的走向。冲浪可以让人们忘却烦恼，体验一次次与海浪搏击、驰骋在海浪上的快感。这就是为什么在世界上每天都会有许多人四处寻找着一处最完美的冲浪胜地，仅为完成一次与海浪的完美追逐。

40. 七人制橄榄球

七人制橄榄球，是橄榄球运动的一种新兴玩法，场地、规则与传统 15 人制橄榄球大致相同，但因人数少，比赛节奏较快而且平均得分较高，普遍受到欢迎，现为世界运动会的正式竞技项目。七人制橄榄球成为 2016 年巴西奥运正式比赛项目。

第五节　奥运会项目设置的基本思路

一、项目设置的设想

奥运大项设置的基础是有利于奥林匹克运动的发展、增加奥运会的魅力和价值。同时需要兼顾在未来的奥运会大项设置中，保持一定弹性。现代奥运会应该在延续古代奥运会传统的基础上，扩充运动大项的类型，比如增加集体项目、个人项目、室内和室外项目、不同性质的大项。为了更好地在现代奥运会中体现奥林匹克精神，对于已经列入奥运会的运动大项，要想不被排除在奥运会项目之外，应当得到每个运动大项和认定标准的对比分析的支持。另一方面，运动大项的保留还需要考虑该项目的收视率，以及在国际的推广程度等。

二、运动大项的设置考虑

运动大项设置中，必须把全球公众和媒体对运动大项的兴趣看作是对运动大项的分析的主要方面，因为这是奥运会成功举办的基本因素。一个运动大项的设置需要从社会价值、对环境的影响、运动员的健康、教育、没有歧视、公平竞争和团结这几个方面进行考量。其必须具备一套客观、公正和透明的裁判和宣判体制。最重要的是，一个被允许进入奥运会的运动大项，必须展现其对青年人和项目发展的重视，并应组织按年龄分组的青少年世界和洲际锦标赛。运动大项的设置没有必要参照各单项世界锦标赛的项目，从而避免相似小项、人为小项和同一名运动员参加的多个小项。只有在男子和女子中同时开展的运动大项可以考虑进入奥运会，但在奥运项目的同一大项中，男子和女子不一定同时列为比赛项目。对于小项的划分，除了格斗类和举重项目，其他项目都不允许根据体重级别进行划分。以上运动大项设置的几个方面从一定程度上确保了其拥有长期发展的生命力，在设置中各分项应有其独立性。只有符合这些标准，运动大项方可进入奥运会。

三、区域性运动的设置考虑

在允许主办国增加有特色的项目后，地区性项目将会进入奥运会。区域性运动大项的普及是可以考虑进入奥运会的一个因素，但不是唯一因素，运动大项的改变对运动员、国家奥委会和国际单项体育联合会的冲击不仅来自地区性项目的进入会破坏原有奥运项目的连续性，而且来自不同的认知。所以项目委员会认为，在做出决定的过程中有必要对区域性运动进行充分的理解，改变奥运会对区域性运动的认识，这对国家奥委会和运动员的长远规划是一个挑战。

📅 微历史

赛车项目(汽车、摩托车)这些依靠机械推动的运动大项运动员在比赛中完成比赛或成绩的取得不是主要依靠运动员的身体能力,而是主要利用外在机械的能力取得的比赛项目,不得进入奥运会。又例如桥牌、棋类运动等的"心智"项目是一种运动,但在完成其比赛过程中,运动员身体的竭力运动不是必要的,而运动项目是必须依靠运动员运用肢体动作来完成比赛。因此,"心智"项目不得进入奥运会。

对于奥运会项目设置的选择,已经成了夏季奥运会中争夺的焦点。也是世界所有国际体育组织争相竞争的目标。但是从具体项目的角度看,各个项目内在包含的体育因素、人文因素、经济因素以及名人效应是决定一个体育项目能否成为奥运会项目、能否持久地作为奥运项目的根本依据。

第六节 夏季奥运会项目设置演变规律及原因

项目设置的变化是现代夏季奥运会发展史上的一个极为重要和独特的现象,项目设置是决定这一届奥运会能否取得成功的核心设计和重要的评判准绳。项目设置不仅可以反映出国际奥委会对奥运会当前和今后发展的基本脉络,也是奥运会成功运作和魅力展示的主要平台。科学合理的运动项目结构和体系是保持奥运会旺盛生命力并逐步扩大影响力的基础性工程和基本设计。对奥运会项目设置的研究已成长为一个重要的研究领域,有很多学者进行了详细地研究并进行总结,李玲蔚在其研究报告中就对夏季奥运会项目的规模变化和原因做出以下的总结。

一、项目设置的规模变化

(一) 大项的规模变化

如图7-16所示,现代夏季奥运大项规模的变化呈现出一定的阶段性特征,造成当今

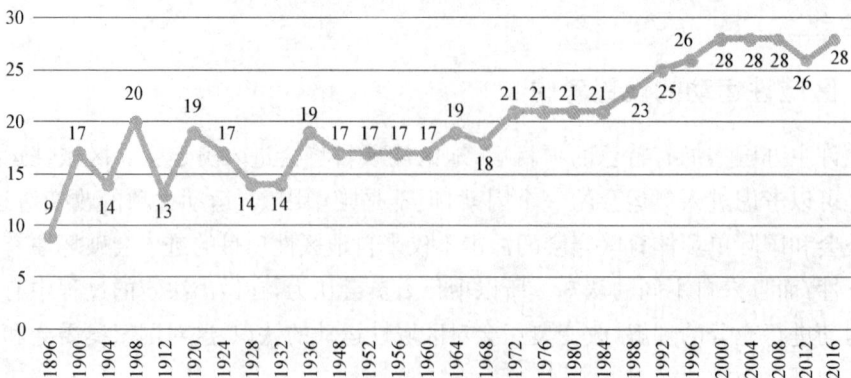

图7-16 历届奥运会大项规模变化趋势图

数据来源:国际奥委会官方网站,http://www.olympic.org/

奥运会规模扩大的主要原因在于 1948 年后的两次阶段性增长,特别是自 1988 年汉城奥运会以来的持续增长。

（二）小项的规模变化

与奥运大项数量的起伏波动性特征不同,小项数量总体上呈稳步增长的态势,仅在 1924 和 1928 年两届奥运会上出现过回落。自 1932 年奥运会开始,小项的数量一路攀升（图 7-17）。

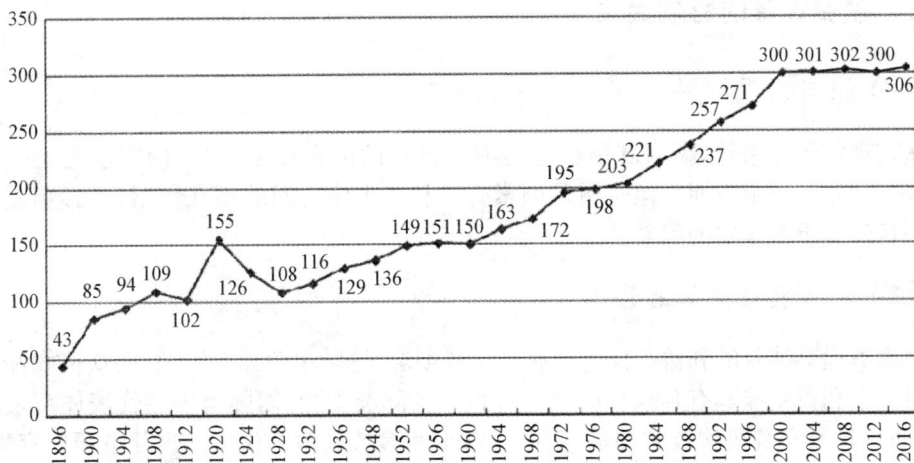

图 7-17 历届奥运会小项规模变化趋势图

数据来源:国际奥委会官方网站,http://www.olympic.org/

二、项目设置的内容变化

（一）大项的总体增减情况

在已经举行的奥运会中,除掉第一届,有大项变化（增加或减少）的就达到 17 届,占 70.8%。如果加上已经确定比赛大项的 2008 年北京和 2012 年伦敦奥运会,这一数字为 69.2%。到了 2016 年里约奥运会,大项的设置采用了固定 25 个大项+自选 3 个大项的形式。

（二）个人、双人、集体项目的基本特征

从项目构成比例（个人、双人、集体）来看,个人项目比例从第一届的 95% 发展至今,基本稳定在 75% 左右。双人项目的所占比例最低,从最初的 2.3% 到后来的 10% 左右。集体项目的比例基本稳定在 15%,但总的趋势稳中有降,尽管集体项目如球类等项目数量有所增长,但由于包含的小项类别少,占全部项目的比例却略有下降。

（三）男女项目的数量变化

根据相关数据,1988 年汉城奥运会以后的男子项目设置出现了增幅逐渐下降的态势。而从 1984 年的洛杉矶奥运会以后,现代奥运更加重视男女平等参与的意识,奥运会所设置的女子项目大幅扩张,其项目数量从 62 项猛增到了雅典奥运会的 125 项,增幅超过了 100%。女子项目占全部参赛项目的比重也从 28.1% 上升到了 41.5%。

（四）男女项目设置的基本特征

根据相关数据总结基本特征主要有:(1)男女项目数量总体稳步提高;(2)男子项目占总项的比重下降,女子项目比重逐渐增长;(3)男子项目增幅较缓,女子项目增幅较大;(4)项目总量饱和,男女分项比重基本相当。

三、项目设置的影响因素

（一）来自宏观的影响

从宏观的角度来看,影响夏季奥运会项目设置的因素很多,主要的因素还是来自经济、政治、文化这三个方面。但是微观因素——利益主体之间的相互作用,是影响夏季奥运会项目设置更为重要的因素。

（二）来自利益主体的影响

夏季奥运会涉及的利益主体主要有国际奥委会、国际单项体育组织、大众传媒和主办国。每一个利益主体都有其独特的利益考量。国际奥委会:国际奥委会代表体育发展整体的利益,具有自身机构权利和经济利益,起平衡多方利益的作用。国际单项体育组织:国际单项体育组织代表项目的发展利益,自身机构的权利与经济利益。大众传媒:大众传媒代表大众的社会利益以及媒体自身利益,代表大众意愿对奥运设项施加影响。主办国:主办国力求扩大自身的国际影响,并代表主办国的社会文化利益和经济利益。

（三）利益主体的利益竞争与利益平衡

利益主体在维护自身利益的同时,要保持它们之间利益的平衡,同时又不能规避利益的竞争。

融新知

国际奥运会。国际奥委会的全体大会对于奥运会比赛项目有着充分的决定权,而分项和小项的决定权则在国际奥委会执委会手中,相互不干涉。

国际单项体育联合会。在一定时期通过报告给予国际奥委会专业的意见。例如,在 2005 年 7 月新加坡国际奥委会全会结束之后,夏季奥林匹克项目国际体育联合会总会,收集和整理了各夏季奥林匹克项目国际体育联合会对 IOC 的项目评估程序和新加坡全会决议的反馈意见递交给国际奥委会。这一行为不仅保护了各联合会会员的利益,也为奥运会项目的设置给出了建议和修改意见。

大众传媒——电视转播。多年以来电视转播公司在国际奥委会和各国电视台的协调下,朝着持续性、稳定的方向发展。

主办国。主办国利用举办奥运会的优势试图增加本国优势项目的做法在以往屡见不鲜。例如北京申请奥运会为国家留下了丰富的文化和精神遗产。

作为奥运会赛事中最受欢迎、关注度最高的夏季奥运会,在项目设置中要考虑项目自身的发展和影响发展的因素。在不断发展过程中,夏季奥运会的项目设置逐渐形成了自己的独特风格。

第七节　奥林匹克赛事的特点

奥运赛事中体现出的超越自我的拼搏精神;开放、包容的文化;促进全世界人们沟通与交流等特点是任何一个赛事不能比的。

一、超越自我的体育精神

体育赛事可激发人们去拼搏和超越的勇气,让人们找到自己的差距和弱点,更直接地了解自己,并奋力拼搏达到自己的目标。体育提倡超越自我和拼搏精神,它告诉人们,只有奋斗才能超越,才能变革或优化人体各要素的功能,只有奋斗才能体验变革的乐趣。

名人谈

环法自行车冠军兰斯·阿姆斯特朗

1996 年,当阿姆斯特朗被查出身患睾丸癌时,大多数人认为阿姆斯特朗能够活下去就算幸运,但是出乎大多数人的意料之外,两年后摆脱了病痛折磨的阿姆斯特朗又一次踏上了环法征途,并由此开创了自己七连冠的历史传奇,成为百年来环法自行车大赛历史上的第一位连续 7 次捧得车手总冠军的车手。

名人谈

为子而战的丘索维金娜

体操女运动员丘索维金娜在 1992 年的奥运会上就已摘取过金牌。10 年后,这位已成为两个孩子妈妈的运动员又出现在体操世锦赛中,并在三个项目上都进入了决赛。每当这位妈妈选手出场,观众总会报以热烈的掌声,向这位妈妈选手的不幸遭遇表示同情。她三岁的儿子患了白血病。在乌兹别克斯坦,一名教练的工资仅有 50 美元,而医治自己孩子的疾病所需的医药费对于丘索维金娜和她那曾当过摔跤运动员的丈夫来说,简直是一个天文数字。为了给自己的孩子治病,她不得不奔波在世界各地的体操赛场上去挣奖金。为了儿子,她坚持训练,参加了 2004 年奥运会的比赛。

图7-18　兰斯·阿姆斯特朗

图7-19　丘索维金娜

二、竞争规则的公平精神

公平的竞争要有公平的规则和遵守规则的精神。所以要求竞赛规则必须清晰明确，以避免不同解释、习惯做法和因文化差异而产生的误解。

现代体育项目的竞赛规则是随着时间的推移、运动技术的发展、器材设施的变化和市场需求的不同在不断地变化、更新和完善。虽然说新技术（重点拍摄器、秒表等）在一定程度上辅助了规则的公正，但是根据赛事的发展制定更加公平的规则更加重要。例如排球从只许手触球到允许身体甚至脚触球、乒乓球发球从任意姿势到必须台上发球等。最显著的变化是竞技体操放弃了长达一个多世纪的10分制评分的规定。而这一变化与雅典奥运会的令人难以忘怀的一幕有着直接的关系。

👤 名人谈

向观众致意的挥臂

雅典奥运会男子单杠决赛中，俄罗斯体操名将涅莫夫用一套近乎完美的高难度动作彻底征服了观众，得分却只有9.725分。这引起了现场观众强烈不满，来自不同国家的观众纷纷起立发出密集的嘘声，比赛不得不中断，裁判被迫重新评定。尽管再次显示的涅莫夫的成绩比原来有所提高，为9.762分，但观众对这个结果仍不满意嘘声再度响起。此时，涅莫夫主动站了起来，十分感动地示意观众安静，比赛这才得以正常进行下去。尽管涅莫夫最终与奖牌无缘，但他赢得了观众最高的褒奖，虽败犹荣。

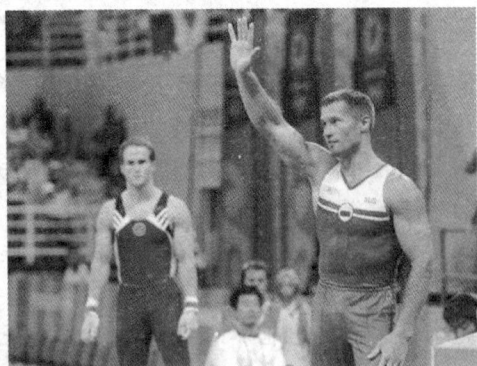

图7-20　涅莫夫向观众致意挥手

三、普世性的价值精神

当今世界,没有哪项活动能像体育这样,让参与者抛除歧见,为了共同的目标汇聚在同一条跑道上。所以说,体育具有超越国界、种族、性别、阶层、宗教或意识形态的力量,是一种国际语言。作为一种文化精神,体育以竞技的形式,将不同肤色、不同文化背景的人们聚集在一起。

四、多元的文化精神

从现代奥运会于 1896 年诞生到现在的 100 多年中,它经历了不断地壮大、发展和变化,从以欧洲为主的地域性比赛发展成有 200 多个国家参加的包括夏季、冬季奥运会以及青少年奥运会的综合性的体育赛事互动,从欧洲国家间的文化传播到今天的全球化文化传播,这一切都反映出奥林匹克文化是一种多元的文化精神。

融新知

> 北京奥运会在中国文化走向世界、世界文化走入中国,对两种文化互动和交流方面起到了其他活动难以替代的作用。

五、促进人才流动的精神

奥运会是一场世界范围的体育人才和技术的流动活动。北京奥运会美国队 600 名选手中,36 位选手的出生地不是美国,涉及 28 个国家;男女各 77 名乒乓球参赛选手中,中国"海外兵团"人数达 39 人;中国代表团教练中 38 位外籍教练员。

图 7 - 21 郎平指导外籍女排选手作战

第八节 奥运词典与奥运之最

一、奥运词典

1. 奥林匹克五环标志

它由 5 个奥林匹克环套接组成,有蓝、黑、红、黄、绿 5 种颜色。对五环颜色的解释存在着歧义,并不能说一种颜色代表一个洲。但是,五环的含义确是象征五大洲的团结以及全世界的运动员以公正、坦率的比赛和友好的精神在奥林匹克运动会上相见。

1914 年在巴黎召开的庆祝奥运会复兴 20 周年的奥林匹克全会上,顾拜旦先生解释了他对标志的设计思想:"五环——蓝、黄、绿、红和黑环,象征世界上承认奥林匹克运动,并准备参加奥林匹克竞赛的五大洲,第六种颜色白色——旗帜的底色,意指所有国家都毫无例外地能在自己的旗帜下参加比赛。"因此,作为奥运会象征、相互环扣一起的5个圆环,便体现了顾拜旦提出的可以吸收殖民地民族参加奥运会,为各民族间的和平事业服务的思想。

2. 奥林匹克会旗

于 1913 年由顾拜旦亲自设计,长 3 米,宽 2 米。1914 年为庆祝现代奥林匹克运动恢复 20 周年,在巴黎举行的奥林匹克代表大会上首次升起。1920 年安特卫普奥运会正式采用。奥林匹克会旗上面是蓝黑红三环,下面是黄绿两环。

图 7-22 奥运会旗

3. 奥林匹克会歌

该歌在 1896 年第一届夏季奥林匹克运动会开幕式上首次演唱,但当时并未确定其为奥运会会歌。20 世纪 50 年代后有人建议重新创作新曲,作为永久性的会歌,但几经尝试都不能令人满意。国际奥委会在1958 年于东京举行的第 55 次奥林匹克全会上最后确定还是用《奥林匹克圣歌》(《撒马拉斯颂歌》)作为奥林匹克会歌。其乐谱存放于国际奥委会总部。从此以后,在每届奥运会的开、闭幕式上都能听到这首悠扬的古希腊乐曲。

4. 奥运圣火

圣火首次出现是在 1928 年阿姆斯特丹奥运会。当时是顾拜旦提出了这一想法,但仅限于在体育场附近的一个喷泉盛水盘上点燃圣火。1920 年,安特卫普奥运会为了纪念大战结束,点燃了象征和平的火焰;1928 年,阿姆斯特丹奥运会期间在一座高塔上燃烧着火焰,而且火种由奥林匹克以聚光镜取得。1934 年,国际奥委会确认燃点圣火仪式并于1936 年 07 月 20 日在奥林匹亚举行了取火仪式(1936 年柏林奥运会)。

5. 吉祥物

吉祥物第一次出现在 1972 年慕尼黑奥运会上。此后吉祥物就成为构成一届奥运会形象特征的主要成分。国际奥委会和历届奥运会组委会对吉祥物的设计要求都很高,每 1 届奥运会吉祥物的揭晓都吸引了世界的关注,成为当届奥运会的亮点。

6. 奥林匹克格言(Olympic Motto)

亦称奥林匹克口号。奥林匹克运动有一句著名的格言:"更快、更高、更强(Citius,Altius,Fortius)"。这一格言是顾拜旦的好友、巴黎阿奎埃尔修道院院长迪东(Henri Didon)

图 7-23 2016 年里约奥运会吉祥物毛绒公仔

在他的学生举行的一次户外运动会上,鼓励学生们时说过的一句话,他说:"在这里,你们的口号是:更快、更高、更强。"

名人谈

顾拜旦借用过来将这句话用于奥林匹克运动。他曾经对此做出自己的理解,这或许是对奥林匹克精神最好的阐释:"奥运会最重要的不是胜利,而是参与;正如在生活中最重要的事情不是成功,而是奋斗;但最本质的事情并不是征服,而是奋力拼搏。"

7. 奥林匹克宣言

1892 年 11 月 25 日,顾拜旦男爵在巴黎索邦大学举行的庆祝法国田径运动联盟成立 5 周年大会上发表了一篇精彩演讲。他号召人们"坚持不懈地追求、实现一个以现代生活条件为基础的伟大而有益的事业。"这个内容极其丰富、热情四溢的历史性演讲,后来被人们称为《奥林匹克宣言》。

8. 奥运会誓词

于 1913 年由国际奥委会通过,1920 年正式实施(1916 年奥运会因一战停办)。

查资料

运动员:"我以全体运动员的名义,保证为了体育的光荣和我们运动队的荣誉,以真正的体育道德精神参加本届奥林匹克运动会,承诺不使用兴奋剂,尊重并遵守指导运动会的各项规则。"

裁判员:"我以全体裁判员和官员的名义,保证以真正的体育道德精神,完全公开地执行本届奥林匹克运动会的职务,尊重并遵守指导运动会的各项规则。"

9. 仪式

查资料

开幕式

(1) 奥运会组委会主席宣布开幕式开始,国际奥委会主席和奥运会组委会主席在运动场入口迎接东道国国家元首,并引导他到专席就座。

(2) 演奏或演唱主办国国歌。

(3) 开幕式文艺表演,东道主引以为傲的历史文化、生活风貌都会充分展示。如北京奥运会对四大发明、丝绸之路、武术的展示,伦敦奥运会对工业革命、英国民主运动和流行音乐的展示。一般开幕式的成败,很大程度上取决于大型体育文艺表演的效果。

(4) 各代表团按主办国语言的字母顺序列队入场(但希腊和东道国代表团例外,按惯例希腊代表团最先入场,东道国最后;2008 年北京奥运会则是按照简体汉字笔画顺序排列入场、2014 年南京青奥会则是按照法语字母顺序排列入场)。

（5）奥运会组委会主席讲话。

（6）国际奥委会主席讲话。

（7）东道国国家元首宣布奥运会开幕。

（8）升奥林匹克会旗，奏《奥林匹克圣歌》。

（9）各代表团旗手绕主席台形成半圆形，主办国的一名运动员登上讲台，他左手执奥林匹克旗的一角，举右手宣誓。

（10）主办国的一名裁判员登上讲台，以同样的方式宣誓。

（11）奥林匹克火炬接力跑进入运动场，最后一名接力运动员沿跑道绕场一周后点燃奥林匹克圣火，放飞白鸽。

🔍 查资料

闭幕式

（1）奥运会闭幕式首先是国际奥委会主席和东道国国家元首的欢迎仪式。

（2）升东道国国旗，一般在中央旗杆左起第三杆，第二杆为奥林匹克会旗。

（3）文艺表演。

（4）各代表团的旗手按开幕式的顺序1列纵队进场，在他们后面是不分国籍的运动员队伍，旗手在讲台后形成半圆形。

（5）男子马拉松金银铜牌颁奖，由国际奥委会主席担任颁奖嘉宾。该仪式是2004年雅典奥运会首创，寓意男子马拉松作为人类坚强意志和毅力象征，在所有奥运会项目中赋予最崇高的荣誉和地位。

（6）奥运会志愿者致谢仪式，有运动员代表向志愿者献花，表达对他们为奥运会做出贡献的表彰和致敬，此仪式为北京奥运会闭幕式首创。

（7）升希腊国旗，奏希腊国歌，一般在中央旗杆左起第一杆。

（8）奥运会组委会主席致辞。

（9）国际奥委会主席致闭幕辞，按照惯例，他会以一句话对本届奥运会做出评价，并宣布奥运会闭幕，邀请全球青年参加下一届奥运会。奥林匹克会旗徐徐降下，奥林匹克会歌奏响。

（10）奥运会旗交接。下届奥运会主办国的国旗从右侧旗杆升起。主办城市市长登上讲台，国际奥委会主席把旗交给下届奥运会主办城市的市长。

（11）下届奥运会东道主8分钟文艺表演，该仪式由1976年蒙特利尔奥运会首创。

（12）奥林匹克圣火熄灭。

（13）运动员狂欢。

查资料

颁奖仪式

　　在奥运会期间,奖章应由国际奥委会主席(或由他选定的委员)在有关的国际单项体育联合会主席(或其代表)陪同下颁发。通常情况下,在每项比赛结束后,立即在举行比赛的场地以下述方式颁奖:获得前三名的运动员身着正式服装或运动服登上领奖台,面向官员席。冠军所站的位置稍高,然后宣布他们的名字。冠军代表团的旗帜应从中央旗杆升起,第二名和第三名代表团的旗帜分别从紧靠中央旗杆右和左侧的旗杆升起。奏冠军代表团的国歌时,所有奖章获得者都应面向旗帜。

图 7-24　里约奥运会女排颁奖仪式

二、奥运之最

微历史

　　1. 最混乱的奥运会

　　1900 年在法国巴黎,第 2 届奥运会与法国 1900 年巴黎世界博览会同时举行。除赛会安排失当外,大多数选手在比赛结束后才获悉自己参加的是奥运会而不是博览会,奇怪的是射击冠军甚至在比赛结束后也不知道自己是冠军。

　　2. 最漫长的奥运会

　　1908 年在英国伦敦举办的第 4 届奥运会的比赛哨声早在 4 月 27 日就巳吹响,直到 10 月 31 日才闭幕,前后 6 个多月时间,是历届奥运会时间最长的一次。

3. 最浪费的主办国

1976年在加拿大蒙特利尔举办的第21届奥运会全部经费约为15亿美元。主办方规划出的奢华场馆最终为城市带来8亿美元以上的斥资,在奥运会开幕时这座体育馆还未完工。因造价猛增开支过大,原计划尚未实现已造成了八亿美元以上的赤字,市政府不得不让市民缴纳"奥运税"。蒙特利尔奥运会是最浪费的一次奥运会,也是首次出现市民缴纳"奥运税"的奥运会。

4. 最小规模的奥运会

规模最小的奥运会是1904年7月1日—10月29日在美国圣路易城举办的第3届奥运会。参加比赛的只有来自12个国家的625名运动员,其中女运动员8名。而东道主美国队就占了533人。这是因为前往圣路易城的交通不便,旅费昂贵,因此,法国及其他几个欧洲国家都没有派人参加。即便是派队参加的英国、澳大利亚、德国、瑞士、匈牙利、希腊等几国,也只派了几名代表,加在一起只有39名运动员。由于上述原因,导致了一些项目如拳击、自由式摔跤、射箭、水球等,成为美国选手内部之间的竞争。这次奥运会是参赛国家和参赛人数最少的一次。

5. 花费最多的奥运会

花费最多的是1980年在苏联莫斯科举办的第22届奥运会。据报道,苏联为主办这届奥运会,总耗费92亿美元。这是奥运会史上的创纪录数字。这届奥运会使菲科体育场馆有了极大的发展。据统计,大型体育场从原先50多个增到近70个,人工游泳池从30多个发展到60多个,体育馆由1 300多个增加到了1 600多个……与此同时,还整合了城市建筑,改善了交通运输网。

6. 举办奥运会最多的国家美国,共举办过四届,圣路易斯一届:1904年第3届;洛杉矶两届:1932年第10届、1984年第23届;亚特兰大一届:1996年第26届。

7. 举办奥运会最多的城市:伦敦,1908年第4届、1948年第14届、2012年第30届。

8. 纬度最高的城市:芬兰赫尔辛基,1952年第15届。

9. 纬度最低的城市:墨西哥城,1968年第19届。

10. 海拔最高的城市:墨西哥城,1968年第19届。

11. 最不成功的一届奥运会:美国圣路易斯,1904年第3届。

12. 最年青的奥运冠军:1900年巴黎奥运会1位7岁少年成为男子双人有舵手比赛冠军队的舵手,可惜他在合影后忘记留下名字就离开了。

第八章
奥林匹克文化活动

人文精神是"人文奥运"的核心理念,而以"和谐"为核心理念的"人文奥运"则是对奥林匹克人文精神的复归与扬弃。有学者认为,"人文精神"是指对人的生命存在和人的尊严、价值、意义的理解和把握,以及对价值理想或终极理想的执着追求的总和。(周传志,2002)从理论角度解读,就是通过人文精神对奥林匹克运动会从人的生存和发展两方面予以聚焦,并且更加关注作为主体的"人"在奥林匹克运动中的状态、地位和处境。熊晓正认为,从实践层面进行定义,"人文奥运"被定义为一个坚持以人为本的价值导向,以维护人的尊严、促进人的全面发展与社会和谐为宗旨,是各种文化交汇、各种利益共存,和而不同、和睦共处、互补共济、共同发展的奥运运作模式。奥林匹克运动走可持续发展道路的核心理念是奥林匹克运动自身实现和谐。

《奥林匹克宪章》明确记载:现代奥林匹克运动来源于顾拜旦先生提出的奥林匹克主义。虽然顾拜旦从未以文字或者语言等形式提出过"人文奥运"的概念,但其倡导的奥林匹克主义实际上是充满人文关怀和人文精神的,其内涵和外延体现在各个方面。现代奥林匹克运动之所以得到全世界人民广泛认同,就在于它的根基是建立在具有普适性的人文精神的基础上。有学者认为,奥林匹克运动的理念中无一不是反映了人类共同的愿景与对生活的憧憬,反映了世界最广大人民追求奥林匹克主义的理想:"增强人的体质、意志和精神并使之全面发展;体育运动与文化教育相结合,创造乐于付出努力、发挥良好榜样的教育价值并尊重基本公德原则为基础的生活方式;通过没有任何歧视,以友谊、团结和公平精神互相理解的体育活动,为人类的和谐发展和促进建立一个维护人的尊严的、和平的社会做出贡献。"

在奥运会期间举办奥林匹克文化节是现代奥林匹克运动会"体育加文化"的宗旨的本质需求和价值体现。文化活动在奥运会举办期间所有活动的占比、作用和效果越来越重要,成了奥运会中的一项传统活动。

第一节　北京奥林匹克文化节

作为北京奥运会三大理念之一,"人文奥运"旨在通过举办奥林匹克文化节将促进奥林匹克精神在中国的传播,将向世界更加全面地展示中国悠久灿烂的文化,深入挖掘人文奥运的内涵。在宋明恢的报道中,北京奥组委新闻发言人孙维维指出:"随着奥林匹克文化节的逐年举办,将会使占世界 1/4 人口的 13 亿中国人更加深刻理解奥林匹克精神和文化,对奥林匹克文化传播有重大贡献。"

📷 微历史

　　北京2008首届奥林匹克文化节于2003年9月29日圆满结束。在这次文化节中,活动主要有奥林匹克论坛、文化广场、会徽展览等群众文化体育活动,淋漓尽致展现了奥林匹克运动在中国普及发展的良好基础。

　　第二届"北京2008"奥林匹克文化节于2004年6月23日盛大开幕。文化节强调人文理念、以人为本,强调群众广泛参与积极体验。在为期三周的文化节时间里,举办了奥林匹克知识大赛、奥运展览、奥运论坛、奥运文化广场和市民日等专项文化体育活动。特别是以"活力北京、青春奥运"为主题的市民日活动举办期间,广大市民冒着暑热在各大公园和街心广场参与各项文体活动,把文化节活动推向高潮。另外,青岛奥帆委也在青岛全市范围内组织了内容丰富、形式多彩的文化节活动,呼应配合了第二届"北京2008"奥林匹克文化节的开展。在2004年7月13日晚纪念北京申奥成功三周年之际,欢乐场景在中华世纪坛广场精彩重现。北京2008年残奥会会徽发布仪式暨第二届"北京2008"奥林匹克文化节闭幕式隆重举行。由中国残疾人艺术团和北京电视台组织的演出团体在闭幕式上的精彩文艺节目,充分表达了全国各族人民对残疾群体兄弟般的关爱之情及对2008北京奥运会、北京残奥会的热切期盼。

　　第三届"北京2008"奥林匹克文化节于2005年6月23日拉开帷幕。在为期三周的时间里,奥运文化广场、奥运节拍、国际体育电影节、奥运主题艺术展、奥运论坛等众多的文化体育活动精彩纷呈、交相辉映。

　　第四届奥林匹克文化节由文化部、国家广电总局、国家体育总局、中国文联、中国残联、北京市人民政府和北京奥组委联合主办,是北京奥运筹办工作全面展开后的一次大型奥林匹克文化活动盛典。以"体验文明,共享奥运"为主题的活动特色鲜明,共举办了群众文化体育活动、奥运文化广场、影视、论坛、展览、文艺演出、知识竞赛、残疾人艺术、青少年和儿童活动等28个大型奥运文化活动。文化节为盛夏的北京增添斑斓璀璨的色彩,充分体现体育与文化紧密结合,面向社会、贴近群众、广泛参与的特点。2006年6月23日,文化节在八达岭长城盛装开幕。活动期间,"奥运节拍"露天音乐会、"奥运文化广场"让广大市民体验奥运,分享奥运。国际奥委会奥林匹克电视资料馆馆藏体育电影和30多部海内外体育电影与观众见面也在中国电影博物馆开幕。文化节期间,作为是第四届文化节的最大亮点高潮活动,7月15日的闭幕式异彩纷呈。观众在闭幕式中欣赏了第三届"北京2008"奥运歌曲征集评选活动评选产生的10多首佳作。

　　标志着第五届北京2008奥林匹克文化节圆满落幕的"迎奥运、讲文明、树新风"文艺演出在北京天桥剧场举行。第五届北京2008奥林匹克文化节自2007年6月23日开幕,开展了群众文化体育活动、奥运文化广场、残疾人文化、青少年活动、影视、论坛等70余项丰富多彩的奥运文化活动项目。这届文化节中,北京国际体育电影周夺人眼球:一方面通过7家电影院呈现精彩体育大片,另一方面通过315辆数字电影放映车走进全市1 500多个社区,让广大市民过足"体育电影瘾"。接连20场的奥运节拍露天音乐会为广大市民带来了实实在在的生活陶醉和艺术享受。音乐会中还穿插安排现场英语教学和文明观赛培训活动,成了北京数万市民业余休闲纳凉、接受文明熏陶的优先选择。据不完全统计,多达数百万人次市民直接或间接参与体验了第五届北京奥林匹克文化节。

第六届"北京2008"奥林匹克文化节的主题为"四海一家 和谐共融"。据奥组委文化活动部官员介绍,这是在国际奥委会倡议下,2008年北京奥运会举办的"压轴"奥运文化活动。报道指出,在第六届奥林匹克文化节中,来自中国和来自五大洲80多个国家的334台经典和优秀剧目将在北京各大剧院推出1 747场演出;涵盖文物、美术、书法、影像艺术、服饰、收藏等365项各类展览在北京各类展览场所展出;北京18个区县还举办872场奥运文化广场演出;同时,10余个国家的40余部体育影片也在期间参与展映。

图8-1 北京奥林匹克文化节的广场演出

第二节 南京青年奥林匹克文化节

在2011年南京日报中,对首届南京青年奥林匹克文化节的开幕做了详细的报道。首届南京青年奥林匹克文化节暨青少年户外嘉年华活动于2011年11月20日上午在南京绿博园拉开帷幕。青年奥林匹克文化节是实现青奥会"体育竞技与文化教育同样重要"理念的重要载体,这一活动的开展,更深入地宣传奥林匹克精神、宣传南京青奥会、宣传南京,为迎接青奥会营造更好的氛围。根据国际奥委会的要求,按照总体计划表和时间节点,以"青春活力、参与共享,文化融合、智慧创意,绿色低碳、平安勤廉"的办会理念,全面实施、有效推进筹办工作,把南京青奥会办成一个留下财富、普惠于民,同时也让全世界青年人感到惊喜、让中国人感到骄傲的运动会。参加开幕式的相关领导饶有兴趣地加入青少年户外嘉年华的活动中,与年轻人一起开展体育运动、进行趣味游戏,还到嘉年华展示区观看了青少年的书画、手工和"青奥会创意体育馆"设计作品等。据官方介绍,青年奥林匹克文化节从 2011 年到 2014 年 7 月每年举办一届,连续呈现四届精彩活动。

🗓 微历史

2012 年 9 月 9 日,"激扬的脚步"——第五届名城会青奥主题嘉年华暨第二届南京青年奥林匹克文化节在玄武湖公园开幕。作为名城会'青春激扬日'的主题活动之一,该届青奥文化节凸显"奥林匹克主义""技能发展""幸福与健康的生活方式""社会责任"和"表达"五大文化教育主题,引导青少年全程参与活动的策划、设计和组织,凸显青少年在青奥会中的主体地位。在第二届青奥文化节开幕式中,有舞台表演、互动体验、展示推广等多种形式的各类文化体验活动。旨在用一场青少年自己表演、自己体验、自己狂欢的活动为此次青奥文化节拉开序幕。在开幕式的舞台表演区上,以"青春狂欢秀"为主题的三场精彩演出分别是:青奥 CEP(文化教育项目)达人秀、环保服装秀、校园音乐秀;在互动娱乐区,青少年参与者们亲身感受传统与时尚两种不同的文化体验。他们既可以学剪纸、练书法、抖空竹、滚铁环,也能够玩攀岩、骑小轮车、充分体验青奥会比赛项目体感游戏,让每一个参与者都乐在其中;向广大青少年宣传南京青奥会赛事及文化教育活动在展示推广区中展开,主要是以推介"青奥 DNA"为主题的活动。现场的活动增强了青少年间的沟通与交流。
(农博网,2012)

图 8-2 第五届名城会青奥主题嘉年华暨第二届南京青年奥林匹克文化节

微历史

2013年5月11日,由南京青奥组委主办,南京青奥组委文化教育部、共青团南京市委承办的"梦想之旅"——第三届南京青年奥林匹克文化节开幕式暨青奥嘉年华活动在南京科技馆隆重举行。这次文化节以"美丽亚青梦想"为主线贯穿整个活动,活动共持续一周时间。除了开幕式及青奥嘉年华活动内容外,在活动期间还陆续举行征集美丽亚青梦想活动、"童心迎青奥、巧手扮南京"——第四节南京市民间艺术小巧手大赛、迎青奥家庭体育法律知识大赛启动仪式、南京青奥会主题形象片创意剧本征集启动仪式、墨彩青奥——南京青少年书画精品展等一系列活动。(南报网,2013)

2014年3月22日,第四届南京青年奥林匹克文化节开幕式暨2014青少年青春嘉年华在南京绿博园举行,几千名南京学生和300多名海外留学生参与。继前几届文化节"青春的约定、青春的脚步、青春的亚洲"主题后,第四届青奥文化节以"青春的呼唤"为主题,突出了青少年的主体地位,也凸显了青奥会开幕之前最后一届文化节的意义。青年朋友们在这里共同感受浓烈的青奥会文化精神、感受美丽南京的风采,尽情体验和分享青春的快乐,尽情为青春呐喊欢呼。(中新网。2014)

图8-3 第四届南京青年奥林匹克文化节开幕式

随着人类社会的发展,奥林匹克运动的人文内涵也不断得到延续、补充和丰富。虽然在奥运会期间举办奥林匹克文化节是出于宣传现代奥林匹克体育与文化的本质要求,但是在现代奥林匹克运动会的不断发展和完善中,奥林匹克文化节已经成为不可或缺的精彩品牌,也是衡量一届奥运会是否成功圆满举办的重要评价标准之一。

总结近几届世界各地举办奥运会的成功经验,可以发现,通过开展丰富多彩的奥林匹克文化活动,向世界各地的人民展示主办国和举办城市独具特色的文化风貌,已然成为奥运会的主办国和组织者的重要抓手和价值回归。无论是北京奥林匹克文化节还是南京青年奥林匹克文化节,都是在向世界人民传达中国人民对奥林匹克精神的深刻理解和人文认知,宣传和推广源远流长的中国文化。

第九章
奥林匹克运动与政治

《奥林匹克宪章》明确规定:"奥林匹克运动是个人或团体竞赛项目中运动员之间的比赛,不是国家间的比赛","反对将运动和运动员滥用于任何政治目的"。国际奥委会委员在就职誓词中都要表明:"我绝不接受任何政治的或商业的影响和掺杂任何种族的或宗教的考虑……"但是这些原则与誓言很难在现实中兑现,奥林匹克运动的历史表明它无法超脱于政治之外,它与政治总是有着剪不断理还乱的联系。

第一节　奥林匹克和政治紧密联系的原因

政治,它指对社会治理的行为,亦指维护统治的行为。"政"指的是正确的领导,"治"指的是正确的管理。政治在人类的社会生活中起着中枢调控作用,并影响社会生活的方方面面,奥林匹克运动自然也不能例外,无论是古代奥运会还是现代奥林匹克运动都不曾摆脱政治的影响。

一、奥林匹克运动和政治同属于上层建筑

众所周知,政治和文化同属于上层建筑,一定的社会文化是为一定的政治服务的,政治又通过社会舆论引导文化的方向,通过国家机器规范文化的走向,二者是不可分割的。二者的区别主要表现在:文化是人类在社会历史发展过程中所创造的物质财富和精神财富的总和,尤指精神财富,如文学、艺术、教育、体育、科学等;政治是经济的集中表现,是阶级之间的相互关系和相互斗争,其核心是国家政权问题。

因此,奥林匹克运动属于文化范畴,而文化和政治同属于上层建筑,所以政治与奥林匹克运动同属于上层建筑和意识形态,这一属性决定了它们两者之间必然会发生各种联系。奥林匹克运动诞生于阶级社会,是社会生活的一个重要组成部分,必然与不同阶级、不同社会集团发生千丝万缕的联系。各种政治的观念和行为,也会影响奥林匹克运动。

奥林匹克和政治作为社会的上层建筑,其表现既有物质形态,如政治组织或体育锻炼所造就的健康人体,但更多的是精神形态,是理念的传播或控制。奥林匹克运动不仅包括体育运动本身,还包括奥林匹克精神、理念、格言、口号等精神层面的元素。政治作为阶级治理社会的手段,必然要将自己的意志贯彻到各种社会活动之中,尤其是意识形态的各个组成部分。各种政治的观念和行为,始终影响着奥林匹克运动。同时,奥林匹克并不是由

"神"来运作的,奥林匹克的参与者也是社会中现实的人,他们的文化习俗和精神观念无不打上政治的烙印。百余年来,奥林匹克占统治地位的精神观念、游戏规则和决策人物,始终产生于西方,一些西方通行的表面上看来是超越政治的理念,在向世界其他地方推行时,事实上难以摆脱政治的含义和目的。

二、奥林匹克运动的特征决定了它无法脱离政治

1. 奥林匹克运动具有宏大的规模和巨大的影响力

现代奥运会已成为世界上容量最大的国际体育盛会。2016 年巴西里约第 31 届奥运会上,世界上 205 个国家和地区的 11 303 名运动员参加,共设立比赛项目 28 个大项 306 个小项。除此之外,冬奥会、青奥会残奥会等都具备较大的规模和影响力。

查资料

调查显示,体育运动在全世界范围内的发展和繁荣是 20 世纪对人类社会影响最深远的三件大事之一。奥林匹克的宏大的规模和巨大的影响力,使得世界上各种政治势力都想通过奥运会展示自身的力量,表明自己的政治态度,引起人们的关注。

2. 奥林匹克运动会程序复杂、耗资巨大

奥林匹克运动会程序复杂、耗资巨大,需要得到各个国家的支持。国际奥委会规定申办城市在提交申办报告时,必须提交本国政府的承诺书。奥运会要实现"更快、更高、更强",也需要各国政府推动全民体育事业的发展。奥运会举办期间,恐怖袭击已对奥运会形成威胁,如果没有各国政府参与,将是十分危险的。

微历史

以第 28 届雅典奥运会为例,为了保证安全和防止恐怖袭击,雅典投入的安全防务费用是 15 亿欧元,有七个国家参与协防。古代奥运会在竞技期间,全希腊所有的战争都必须终止,人称"神圣休战",现代"奥林匹克运动促进人类和平"的宗旨亦源于此。

3. 奥林匹克运动员实际上都是代表国家参赛

虽然奥林匹克章程明确指出奥运会是运动员之间的比赛,不是国家之间的比赛,但奥运会参加者的资格规定,使得运动员又是作为自己国家的代表来参加比赛。奥运会上国旗的悬挂、国歌的演奏、奥运金牌统计按国家为单位等等无不为国家政治创造了机会。当先进的电视通信网络将各场比赛激烈竞争的实况展现在世界几十亿观众的面前时,更使人们感觉到运动场上的竞争就是国家之间的竞争。体育比赛的高投入和运动员的高素质,又直接体现了国家的综合实力。各国运动员奋力拼搏,朝着"更快、更高、更强"的目标迈进的同时,也在向全世界展示本国、本民族的复兴和强大。

第二节　政治对奥林匹克运动的影响

奥林匹克研究专家、北京体育大学教授任海认为奥运会本身已经不再单纯是一个体育比赛,它对文化、政治、经济等多方面都有辐射作用,同时,奥运会的申办、组织等工作又会反过来受到来自文化、政治、经济等方面的影响。政治对奥林匹克运动有促进、制约、破坏等作用,同时奥林匹克运动对政治也会产生促进、制约等反作用。

在奥林匹克运动历史上,国际奥委会的领导人就奥林匹克运动与政治的关系问题存在不同看法。一种观点认为两者没有关系,如第五任国际奥委会主席布伦戴奇认为:"我们不应介入政治事务,也不能允许奥运会被当作工具或武器从事与其本身无关的事,当你把一只脚跨进奥林匹克大门时,就把政治留在了门外。"而另一种观点认为两者密不可分,如第六任国际奥委会主席基拉宁曾说:"我作为国际奥委会主席,95%的问题都与国内和国际政治有关。"第七任奥委会主席萨马兰奇也强调他"每天处理的问题90%是政治问题,10%才是体育问题"。

在奥林匹克运动一百多年的发展过程中,政治无处不在,如影随形的伴随着奥林匹克运动的历史和发展。下面从正反两个方面探讨一下政治对奥林匹克运动的影响。

一、政治对奥林匹克运动的负面影响

1. 奥林匹克的竞赛仪式具有政治色彩

顾拜旦在奥运会的庆典中有意识地设计了一些仪式,如在开幕式上,运动员按国别入场,比赛中为获胜者升国旗、奏国歌,而且在运动员的比赛服装上还印有本国的国徽。在1920年安特卫普奥运会上,由顾拜旦倡议的运动员宣誓第一次出现在奥运会上时,其"以我的祖国的荣誉和体育的光荣"的誓词,有相当的民族主义色彩(后来改为"以体育的光荣和我们队伍的荣誉")。1896—1914年期间的奥林匹克规则允许按照每个国家运动员的奖牌排列国家的名字。1908年伦敦奥运会首次公布了各国获得奖牌的统计表。而大众传媒也一再将人们的注意力集中在运动员所代表的国家。这样,运动员在奥运赛场上的表现必然与其国家和民族的形象联系在一起,具有代表一个国家、民族或地区的象征意义。如今,奥运会在社会生活中的影响越来越大,为国争光,展示国家的实力和水平,维护国家的形象和尊严,这些都与奥林匹克运动紧密相关。

🏠 看文化

尽管《奥林匹克宪章》中明确规定,奥运会是运动员之间的比赛,不是国家间的比赛,但在现实社会生活中,脱离于民族属性和游离于国家政府管辖之外的个人,不仅无法存在,也不可能存在。实际上,早在1894年在巴黎索邦举行的恢复奥运会的体育代表大会上,在确定奥运会的指导原则时,顾拜旦就提出"政府的支持"是奥运会取得成功的必要条件,并要求由国家选派参加奥运会比赛的运动员,从而清楚地表明运动员是国家的代表。

2. 种族主义对奥林匹克运动的影响

种族主义是一种自我中心的态度,认为种族差异决定人类社会历史和文化发展,认为自己所属的团体,例如人种、民族或国家,优越于其他的团体。

奥林匹克运动中出现种族歧视的现象,可追溯到在1904年圣路易斯奥运会上,组织者别出心裁地搞了一个所谓的"人类学日",其实是拿有色人种做实验,验证他们"不如白人"。这件事是赤裸裸的种族歧视表现,这种种族歧视行动引起人们的强烈不满,成为该届奥运会的最大败笔。顾拜旦得悉这一举动后愤怒地斥责说,搞"人类学日"严重违反奥林匹克精神,今后奥运会中绝不允许有类似情况发生。

🗓 微历史

1936年的第11届柏林奥运会,被已上台的纳粹政权利用,纳粹党徒上台后,对奥运会的态度来了一个180度大转变,其目的是想利用奥运会,给法西斯德国蒙上一层和平的面纱。他们印了成吨宣传德国"繁荣与昌盛"的材料,耗费了巨额资金,用花岗石、大理石等兴建了一座能容10万人的大型运动场,一个有两万个看台的游泳池,以及体操馆、篮球场等,还修建了一个比洛杉矶奥运会更豪华的奥运会村。当国际奥委会要希特勒保证能让犹太人参加奥运会时,希特勒也被迫同意了,并故作姿态,邀请了侨居美国的德国犹太女击剑手、1928年奥运会金牌获得者海伦娜·迈尔回国参赛。迈尔曾犹豫不决。但顾及她留在德的母亲和两个兄弟的安全,毅然踏上了征途。后来她在击剑赛中,得了1枚银牌。但是,德国法西斯所玩弄的蒙骗手腕,仍被许多正直人士所识破。1936年6月,在法国巴黎召开了"保卫奥林匹克思想大会",与会的有法国、西班牙、美国、英国、捷克斯洛伐克、比利时、瑞典、丹麦、荷兰等国人士。大会号召人们反对在柏林举行奥运会,积极争取将会址改在巴塞罗那。抗议浪潮席卷世界各地,纽约成立了一个斗争委员会,欧洲一些国家明确表态,不参加柏林奥运会,并积极支持筹办巴塞罗那奥运会。7月,法、英、美、瑞士、瑞典、希腊等20个国家的运动员,云集巴塞罗那,准备参加7月18日举行的运动会,可惜,由于开幕前夕法西斯分子捣乱,运动会流产了。令人遗憾的是,这一切未能使国际奥委会改变初衷,运动会仍如期在柏林举行。大会于1936年8月1日正式开幕,16日结束。参加比赛的来自49个国家的4 066名运动员,其中女选手328人。德国人数最多,共406名运动员,美国次之,330人,匈牙利列第三,211人。首次参赛的国家有阿富汗、百慕大群岛、玻利维亚、哥斯达黎加、列支敦士登和秘鲁。中国共派出69名运动员,参加了田径、游泳、举重、拳击、自行车、篮球和足球6个大项的比赛,均在预赛中遭淘汰。另外还派了一个武术表演队和一个体育考察团。这个考察团曾赴包括德国在内的一些欧洲国家考察。

这届奥运会虽然组织得比较成功,但整个奥运会的全过程始终被纳粹所控制,客观上为希特勒做了粉饰和宣传,同时为日耳曼种族的所谓"优越性"制造证据,严重违反了奥林匹克运动的宗旨,被后人称为"纳粹奥运会"。

图 9 - 1　1936 年柏林奥运会开幕式

20 世纪 60 年代以后，反对种族歧视的斗争开始登上奥林匹克舞台，核心问题是南非的种族隔离政策。直到 90 年代，奥林匹克运动中的南非问题终于得到解决。在奥林匹克运动中所出现的反对种族歧视的斗争，是国际社会反种族歧视斗争的缩影，因此，具有积极的意义。

3. 国际政治冲突对奥林匹克运动的影响

近代百年，国际社会纷争不已，各种类型的国际冲突从来就没有停止过。处于纷繁复杂的国际政治关系中的奥林匹克运动也难免受到波及，形形色色的政治矛盾与冲突不可避免地渗透到这一领域，影响着奥林匹克运动的进程。

国际社会政治冲突对奥林匹克运动干预和影响有很多，例如两次世界大战的发生，导致中断了 3 届奥运会(即：1916 年的第 6 届、1940 年和 1944 年的第 12、13 届)的召开；1980 年第 22 届莫斯科奥运会，因苏联入侵阿富汗，违背了国际公法，践踏了奥林匹克精神，遭到了爱好和平的人民的强烈谴责，导致美国等 60 多个国家对本届奥运会的大规模抵制，在国际奥委会当时承认的 140 多个国家奥委会中，约占五分之二，成为奥运史上最大的一次抵制行动，最后只有 80 个国家参加了本届奥运会，是自 1960 年罗马奥运会以来参加国最少的一次；还有 1956 年的墨尔本奥运会和 1984 年的洛杉矶奥运会都有一些国家予以抵制。这些抵制行为都不同程度地影响了奥林匹克运动的正常开展。

微历史

1992 年，南斯拉夫内部发生冲突，战火不熄，联合国决定实行制裁，不允许以南斯拉夫的名义参加任何国际活动，各国际单项体育联合会纷纷禁止南斯拉夫参赛，国际奥委会经过反复协调，在联合国的支持下，最终使前南斯拉夫运动员以个人名义参加了第 25 届巴塞罗那奥运会个人项目的比赛。

时间（年）	届次	事件	原因
1908	4	开幕式上，美国队旗手拒绝向英王致敬	政治原因
1912	5	英国奥委会委员退出	抗议国际奥委会未在第一次世界大战开始后清除国际奥委会的德国委员
1916	6	原定在德国柏林举办的奥运会未能举行	第一次世界大战
1920	7	举办地比利时的安特利普拒绝邀请德国及其同盟国奥地利和土耳其参加奥运会	这几个国家曾在第一次世界大战中围困过举办地
1940	12	原定在日本东京举办的奥运会未能举行	第二次世界大战
1944	13	原定在英国伦敦举办的奥运会未能举行	第二次世界大战
1948	14	英国伦敦奥运会拒绝德国、日本参加奥运会	这两个国家为第二次世界大战的侵略国
1952	15	美国强烈反对苏联参加奥运会	政治原因
1956	16	澳大利亚墨尔本奥运会上，6个阿拉伯国家退出；苏联队与匈牙利队在水球比赛中发生流血事件	苏伊士运河冲突；匈牙利事件
1968	10（冬奥会）	冬季奥运会主办国法国拒绝给民主德国签证，民主德国与联邦德国共同组队	法国作为北大西洋公约组织成员，不承认民主德国
1972	20	德国慕尼黑奥运会上发生"黑九月"政治恐怖主义事件	巴勒斯坦与以色列之间的民族问题
1976	21	奥运会主办国加拿大拒绝给"台湾"运动员签证；20多个非洲国家退出奥运会，7个已注册参赛的国家宣布不派团参加奥运会	与中国台湾无外交关系；抗议奥委会允许与实行种族隔离制度的南非保持交往的新西兰参加奥运会
1980	22	苏联莫斯科奥运会，60多个国家抵制参加。参赛国仅80个。16个国家在入场式中用五环旗代替本国旗；10个国家只有旗手1人参加入场式	苏联入侵阿富汗
1984	23	美国洛杉矶奥运会，苏联等国抵制参加	以安全得不到保障为由
1988	24	韩国奥运会，古巴和朝鲜抵制参加	政治原因
1992	25	联合国决定制裁南斯拉夫，不允许其参加任何国际政治活动。各国际单项体育联合会禁止南斯拉夫参赛。经协调，国际奥委会同意南斯拉夫运动员参加个人项目比赛	南斯拉夫战火不熄

资料来源：郭明强：《人文奥运——2008年北京奥运会盛事全方位解读》，体育科学出版社2007年版。

4. 国际恐怖主义对奥林匹克运动的影响

1972年的第20届慕尼黑奥运会，正值比赛进入高潮之际，发生了意外的"黑九月"事件（也被称为"慕尼黑惨案"）。9月5日凌晨，8名巴勒斯坦恐怖分子袭击奥运村，枪杀了9名以色列运动员。奥运会被迫停赛一天。以色列和一些阿拉伯国家代表团因担心安全问题，提前离开了慕尼黑。这次恐怖袭击事件，使象征和平、友谊的奥运会蒙上了阴影，在之后的几天里，比赛是在紧张、恐怖的气氛中进行的。从此，恐怖主义一直是笼罩在奥运会上空的阴影。1996年的亚特兰大奥运会上，又出现了奥林匹克百年纪念公园的爆炸事件。2004年雅典奥运会前夕，著名的"基地"恐怖组织领导人本·拉登扬言要袭击美国代表团，结果希腊政府在安全方面投入了空前规模的力量，出动了现代化装备的军队，在奥运会期间严密保卫从领土、领空到领海的全部区域，如临大敌。2008年北京奥运会出动了大量警力，奥运安保成了一项繁重的政治任务。近年来，各届奥运会都加大了反恐怖袭击的安全保卫工作。

二、政治对奥林匹克运动的正面影响

关于政治与奥林匹克运动的关系，长期以来人们更多提到的是政治对奥林匹克运动的干扰、制约等负面的影响。那么，政治对奥林匹克运动的介入和影响有没有积极的一面呢？答案是肯定的。

1. 各国政府对奥林匹克运动的支持

自1896年第1届现代奥运会起，每一届奥运会都是在有关政府的同意和积极参与下筹办的，无论其国家的政治制度如何，奥运会在各国都受到了热烈地欢迎。从东方到西方，百年来奥林匹克的思想和规则得到了国际社会广泛的尊重和接受。

2. 联合国对奥林匹克运动的重视

不仅如此，多年来奥林匹克运动一直受到联合国特别重视，前任秘书长布特罗斯·加利清楚地阐明了联合国的立场："奥林匹克理想是对全人类和各种文化的宽容和理解的赞歌，它主张在互相尊敬的前提下开展竞赛。奥林匹克是一座民主的学校，奥林匹克运动精神和联合国的根本宗旨之间有着天然的联系……"

🏛 微历史

1993年10月25日，联合国第48届大会第36次全体会议上，全体会员一致通过了由国际奥委会倡议、奥林匹克运动全体成员签署的奥林匹克休战提案，即在奥运会期间和奥运会前后各一周，"就像古希腊一样，让友爱和理解的精神重新回到人间，停止一切武力对抗"，让全世界人民在和平的气氛中，欢度四年一度的奥林匹克节日。大会还一致通过了将1994年定为"国际体育和奥林匹克理想年"的决定。此后每次夏季和冬季奥运会开幕前一年，联合国大会都要审议同"奥林匹克休战"有关的议题。2007年10月31日，在距离2008年北京奥运会还有282天的时候，第62届联合国大会通过了由中国提出、186个会员国联署的《奥林匹克休战决议》。这是自1993年以来，联合国大会第八次通过《奥林匹克休战决议》。联合国所做出的这些具有历史性的决定赋予奥林匹克运动很高的荣誉，必将对奥林匹克运动的发展产生积极的促进作用。

在1995年的第50届联合国大会上，国际奥委会经历了重要的历史时刻，当时的国际奥委会主席萨马兰奇站在联合国大会的演讲台上，面对联合国各成员发表演说，这在国际奥委会的百年岁月中是第一次。国际奥委会主席能够受到世界上最大的、拥有189个成员国(地区)的政治大会的尊敬,是国际政治赋予奥林匹克运动前所未有的荣誉。这份来自联合国各成员国的敬意,是为了感谢国际奥委会为全世界青少年提供的帮助和通过体育运动及奥林匹克精神为社会做出的贡献。正如萨马兰奇所说:"我们必须牢记,奥林匹克运动精神是社会不可分割的一部分,因此,它注定要和政治力量相互理解。"

实际上,奥林匹克运动自20世纪80年代以来的大发展,某种程度上可以说是国际政治对奥林匹克的不断介入、推动以及各国政府对奥林匹克运动给予重视的结果。如果没有各国的奥运战略及相关的体系和保障系统的支持,现代奥林匹克运动不可能有今天的发展与辉煌。

第三节　奥林匹克运动在国际社会的政治作用

《奥林匹克宪章》中对奥林匹克运动的宗旨进行了这样的描述:"奥林匹克运动的宗旨是,通过组织符合奥林匹克主义及其价值观的体育活动来教育青年,从而为建立一个和平的更美好的世界作出贡献。"维护世界和平,原本就是政治活动。实际上,奥林匹克运动从不曾脱离政治,它在国际社会发挥的政治作用主要体现在以下几个方面。

一、维护世界和平和促进国际交流与合作

微历史

当顾拜旦创立现代奥运会的时候,他希望体育运动能够改善国家间的关系。1894年1月,在他给各国际体育组织的信中,表示希望在四年一度的奥运会上,来自世界各地的代表通过和平的竞赛促进国际的团结。从历史上看,现代奥林匹克运动是作为国际和平运动的一个部分而出现的。奥林匹克运动之所以有这种作用,恰恰是因为奥林匹克运动的组织体系是非政治性的。

现代奥林匹克运动的创始人从一开始就把不与政府打交道、独立于政治工作之外作为奉行的原则之一,使现代奥林匹克运动具有了一个特性:政治色彩比较淡薄。在奥林匹克运动中强调的是各个民族间的共同联系、共同利益、求同存异,它寻求的是人类社会的整体利益。今天,这种特性同样使奥林匹克运动在参与国际交流方面获得了有利的、特有的方式和手段,成为当今国际交流与合作的一个重要而有效的载体。这一载体已经成为各国人民之间团结合作的重要纽带,成为推动国际政治领域的各国关系向和谐、友好方向发展的重要力量。一方面,奥林匹克运动能够促进世界各国友好合作关系的巩固和发展——具有民间或半官方色彩的国际体育交流可以成为外交的重要补充,在特定情况下还能成为官方外交的缓冲和过渡;另一方面,这种交流能够增进各国人民之间的相互了解和友谊——通过国际体育活动这个载体将本国的政治局面、经济形势和人民的精神面貌展现在世人面前,既使别国了解自己,又增进了自己对别国的了解。

历史上,奥林匹克运动多次成为解决许多长期难以解决的政治难题的先导。如促使中美关系走上解冻和正常化道路的"乒乓外交";中华人民共和国与中国台北参加洛杉矶奥运会,为"一国两制"条件下参加国际活动提供了切实可行的模式;2000年悉尼奥运会开幕式上,对峙已久的朝鲜和韩国双方共组一个代表团,在同一面旗帜——代表朝鲜半岛的旗帜下列队行进,并通过这一契机开始了直接的对话等。这些事例证明:奥林匹克运动是促进世界各国和平、友谊、增强合作交流的重要手段,它能够促进国家与国家之间、人民与人民之间的相互理解,有益于人类社会的"团结、友谊、进步";以国际体育交流为切入点的"体育外交"能够促进各国之间关系的和谐发展。

二、增进世界各国民族平等和相互尊重

奥林匹克精神是奥林匹克运动的实质内容,《奥林匹克宪章》指出,奥林匹克精神就是相互了解、友谊、团结和公平竞争的精神。在促进世界各国民族平等方面,奥林匹克运动的作用越发明显,并通过国际奥委会这一非政府组织表现出来。在20世纪国际奥委会作为特殊的非政府组织在促进民族和解方面确实做出了贡献,但这些作用方式都是隐性的、不明显的。近年来,随着全球化的深入发展,奥林匹克运动也在逐渐显示它的政治功能,国际奥委会利用这个平台频繁地访问许多国家,并且和国家奥委会以及国际组织加强合作和交流,通过这些方式促使奥林匹克精神得到各国认同和了解,扩大影响力。自20世纪80年代,奥林匹克运动的领导层在反对种族歧视的斗争中立场鲜明、态度积极,并及时地采取了一系列具体措施,如成立了专门的组织机构——反对种族歧视委员会等,从而有力地维护了国际公正事业,促进了国际民族的平等。它领导下的奥林匹克运动通过不同民族传统文化和宗教信仰的交汇与碰撞,在世界竞技运动中实现民族平等与和谐。正如顾拜旦所说:"让世界各国人民相互热爱是天真幼稚的,但是让人民相互尊重却并非乌托邦式的幻想。"

三、推动爱国主义与国际主义的统一

体育竞赛尤其是国际体育竞赛,是和平时期最能激起爱国热情和振奋民族精神的一项活动。运动员在奥运赛场的表现必然与其国家和民族的形象联系在一起,奥运赛场上为获胜者升国旗、奏国歌的仪式成为运动员奋力拼搏、为国争光的巨大动力;奥林匹克提倡的"参与比取胜更重要"的理念使各国更看重参与的重大意义。在每届奥运会隆重举行的开幕式和闭幕式上,运动员身着印有国徽或国名的服装,在相应国名或地区名的引导牌后面,按国别依次入场;在奥运会的主赛场高高飘扬着参赛国(地区)的国旗(区旗),等等。这些都有助于增强以国家为单位的民族认同感,引发人们的爱国主义意识,增强民族凝聚力。

同时,现代奥林匹克运动的创建,与顾拜旦等先驱者们希望通过四年1届的奥运会来促进国际的团结是分不开的。从古奥运会期间的"神圣休战"中得到启迪,顾拜旦在恢复

现代奥林匹克运动之初就希望体育运动能够为改善国家间的关系、维护世界和平做出贡献。

名人谈

随着奥林匹克运动在世界各国的蓬勃发展,奥林匹克主义逐渐深入人心,参与世界性竞技比赛和大众健身体育的民众与日俱增,汇成了当代社会最壮观、最活跃的体育文化洪流,形成了奥林匹克运动全球化的趋势。来自五大洲各个国家和地区的优秀运动员相聚在运动场上公平竞赛与交流友谊,他们出类拔萃的竞技水平和高尚的精神风貌,打开了人们的眼界,教育人们懂得自己的祖国固然可爱,其他国家也同样值得尊敬,从而避免让自己的爱国主义激情盲目地走向极端,发展为夜郎自大的、狭隘的民族中心主义。正如顾拜旦所说的:"国际主义,这是各民族的互相尊重和崇高的欢乐之情二者的体现。"在奥运会的仪式中也体现了这种爱国主义与国际主义融为一体的含义,如果说为优胜者奏国歌、升国旗,激发了人们的爱国主义,那么在闭幕式上,所有运动员不分国家,联袂携手而行,在奥运圣火的辉映下,载歌载舞,亲如手足,又使人们感到世界是一个家庭。

四、推进国际关系准则的确立

在以民族国家为基本单位的现代社会中,国家之间应当根据什么标准来确定它们的关系,国家之间的交往应当依据什么原则,是人们长期争论的问题。随着国际关系民主化进程的推进,《联合国宪章》等一系列国际法文件相继出台,规定了国家间的平等、民主、合作与和平相处的基本准则,如主权平等原则、和平共处五项原则、民族自决原则、反对霸权主义原则等。可以说,国际关系基本准则凝聚了现代条件下公认的世界民主、平等、正义和国际道德,但是如何遵守这些准则,还缺乏具体的实例。奥林匹克运动强调在规则面前人人平等,强调尊重对手,肯定每个个体都有平等的、自由发展的条件和机会,提倡公平竞争,并以一系列措施来保证这一原则的贯彻。这为世界提供了一个范例,给人以多方面的启迪,对推进国际关系准则的确立发挥着积极的作用。

第十章
奥林匹克运动与经济

经济是价值的创造、转化与实现;人类经济活动就是创造、转化、实现价值,满足人类物质文化生活需要的活动。简单地说,经济就是对物资的管理;是对人们生产、使用、处理、分配一切物资的整体动态现象的总称。微观上指一个家庭的家务管理,宏观上指一个国家的国民经济。在这一动态整体中,包括人类的生产、储蓄、交换、分配的各项活动。

"非商业化"是奥林匹克运动曾长期奉行的一大原则,国际奥委会成立之初就声明自己是一个"国际性、非政府、非营利、无限期的组织"。但举办体育运动会是需要花费资金,特别是像奥林匹克运动会这样的大型运动会,更需要花费巨额资金。1896 年希腊第 1 届奥运会主要依靠希腊富翁捐款才得以兴建体育场并举办了运动会。在很长的时间里,奥林匹克运动并没有可靠的资金来源,在经济上一直捉襟见肘。奥运会的举办很大程度上是依靠各举办国政府财政支持和企业赞助。在一个经济社会里,总是依靠施舍,只有消费而没有产出,任何一项事业都容易陷入困境或难以持久,奥林匹克运动也不例外。

1976 年加拿大蒙特利尔举办的第 21 届奥运会竟成为经济陷阱,出现巨额财政亏空,给市民带来十几年的超额税率负担,以至于许多国家都对举办奥运会失去兴趣。1980 年莫斯科奥运会后,奥运史上最伟大的改革家萨马兰奇走上决策舞台,着手围绕政治、经济、职业运动员参赛等要害问题展开改革。他断言:"没有商业的帮助,奥林匹克运动将走向死亡。"很快,1984 年洛杉矶奥运会(只有洛杉矶一个城市申办)就找到了符合体育市场规律的运作方式,成为奥运史上的一个转折点。这次奥运会由个人向奥委会承包,实行商业化运作,首创盈利 2.227 亿美元的先例,一举使奥林匹克运动走出困境,打开了局面。从此,奥林匹克与经济紧密结合在一起,《奥林匹克宪章》中也频频出现转播权、专用标志使用权、广告、基金等与经济利益有关的条款。

第一节　奥林匹克运动以社会经济为基础

体育是以社会的经济基础为依托的,推行现代奥林匹克运动和举办奥运会都需要一定的社会经济基础和大量资金。随着社会经济的发展,奥林匹克运动所需的社会经济支持也随之增长。例如 1960 年罗马奥运会耗资 5 亿美元,1972 年慕尼黑增加到 7.5 亿美元,到 1980 年莫斯科则高达 20 亿美元。承办奥林匹克运动会,整个过程是在政府主导下进行的,并按照市场经济体制运作,这样做不但可以减少政府投资,而且还可以吸收大量的民间投资从而获得更大的利益回报。

一、对奥林匹克运动的经济投入

奥林匹克运动发展至今,经历的是"赞助经济——市场经济""非商业化——商业化"的过程。社会对奥林匹克运动经济投入的主要对象是奥运会。这种经济投入主要有两种方式:一种是非商业性的,如政府拨款、社会捐赠等;另一种是商业性的,即通过商业手段进行集资。

1. 非商业性投入方式

1984年洛杉矶奥运会之前,奥运会的经济来源主要是依靠政府拨款和社会捐助等非商业性投入。而推行现代奥林匹克运动和举办奥运会都需要大量资金,特别是奥运会规模越来越大,这对主办国来说是一项沉重的经济负担。早在1896年第1届奥运会,主办者就为筹措资金费尽心思,最初是通过私人捐助和发行捐资邮票等形式筹集,奉行的是"赞助经济"。从1900年到1908年连续3届奥运会与贸易博览会交织在一起,成为博览会的组成部分,以获得必要的经济支持,但奥林匹克组织和奥运会本身并没有融入更多的商业性。从20世纪70年代中期开始,这种传统的非商业性经济投入方式的局限性越来越明显。首先,它难以满足奥运会对巨额资金的需要。如蒙特利尔奥运会,尽管政府给予大量拨款,也尝试了其他一些方式,如出售电视转播权、彩票和纪念币,但主办方仍然负债累累。其次,这种方式使奥林匹克运动容易受到外界特别是主办国政治经济因素的干扰。再次,这种筹资方式不可能使奥林匹克运动建立独立的经济基础,积累雄厚的经济储备,从而促进自身的发展。此外,这种方式大大降低了奥林匹克组织的管理效率,使它难以适应变化迅速的国际市场。这些局限性严重妨碍了现代奥林匹克运动的发展。在20世纪70年代后期,这种传统的经济投入方式逐渐开始被商业性投入为主的方式所取代。

2. 商业性投入方式

奥运会商业化实际上是体育商业化的产物。商业性投入为主的方式是将奥运会纳入国际市场经济,对奥运会的经济投入以商业经营的方式为主,辅之以政府拨款和社会捐赠的经济投入方式。在这种方式中,政府拨款也与以往有所不同,它是以获得将来经济收益为目标的经济行为,而不再仅仅是一种社会福利行为。这种以商业性手段为主的经济投入方式,使奥林匹克运动从奥运会的经营活动中获得了丰厚的、稳定的经济回报,大大提高了奥林匹克组织在经济方面的独立性。

📅 微历史

奥运会真正商业化的分水岭是1984年的洛杉矶奥运会。鉴于1976年蒙特利尔奥运会负债累累的教训,当时的洛杉矶居民反对使用税收款项资助奥运会,洛杉矶所在的加利福尼亚州又不允许发行彩票。在传统的筹资方式已无法使奥运会正常进行的困境中,1984年第23届洛杉矶奥运会组委会主席、42岁的尤伯罗斯(Peter Ueberroth)完全依靠民间力量,采用了以商业性投入为主的筹资方式,将奥运会纳入国际市场经济,以商业经营手段为主,辅之以政府拨款和社会捐助。一方面,他竭力压缩各项开支,尽量利用原有场馆,租借大学宿舍作奥运村,先后招募 7 万多名志愿者为大会义务服务。另一方面,将商业手段用于奥运会电视转播权出售和赞助商选择等方面,广开资金来源。这届奥运会结束后,组委会宣布盈利 2.227 亿美元。

洛杉矶奥运会标志着奥林匹克运动经济运行机制的转变,商业化手段在奥运会的经济运行中开始占主导地位。除了商业手段以外,1988 年汉城奥运会和后来的各届奥运会,政府也都给予了资金投入。但这些投入从性质上来说,已不是一种社会福利行为,而成为以将来经济收益为目标的政府经济行为。

二、奥林匹克运动的主要经济来源

在奥运会各项收入中,出售奥运会转播权和奥运会门票收入,是两项重要的经济来源。此外,奥林匹克特许经营、奥林匹克赞助和合作伙伴、奥林匹克标志、发售奥林匹克纪念币和邮票等也都是奥林匹克运动的重要经济来源。

现代奥林匹克运动在发展过程中历尽艰辛,终于走上了一定程度的商业化道路,这是在商品经济社会所不能避免的。正如前国际奥委会主席萨马兰奇所说:"我们并不想阻止商业化,因为我们认为商业化对体育界有非常重要的作用。我们所要避免的是将商业化利益置于体育之上。"

1. 电视转播权的出售

夏季奥运会和冬季奥运会的电视转播,是在全世界传播奥林匹克理想的最重要工具。奥林匹克运动电视转播的基本目标是为了确保所有的电视观众都有机会体验奥运会。为了实现这个目的,一直以来,奥运会的新闻报道,都在不断地延伸至全世界更多的国家、地区和市场。从表 10-1、10-2 的数据可以看出,无论是夏季奥运会的电视转播,还是冬季奥运会的电视转播,国家和地区数目都是逐届递增的,尤其是 20 世纪 80 年代以来,奥运会得到了长足的普及和传播。

表 10-1　夏季奥运会国家电视转播情况

夏季奥运会	转播的国家/地区数	夏季奥运会	转播的国家/地区数
1936 年柏林	1	1976 年蒙特利尔	124
1948 年伦敦	1	1980 年莫斯科	111
1952 年赫尔辛基	2	1984 年洛杉矶	156
1956 年墨尔本	1	1988 年汉城	160
1960 年罗马	21	1992 年巴塞罗那	193
1964 年东京	40	1996 年亚特兰大	214
1968 年墨西哥城	—	2000 年悉尼	220
1972 年慕尼黑	98	2004 年雅典	220

表 10－2　冬季奥运会国家电视转播情况

冬季奥运会	转播的国家/地区数	冬季奥运会	转播的国家/地区数
1956 年科蒂纳	22	1984 年萨拉热窝	100
1960 年斯阔谷	27	1988 年卡尔加里	64
1964 年因斯布鲁克	30	1992 年阿尔贝维尔	86
1968 年格勒诺布尔	32	1994 年利勒哈默尔	120
1972 年札幌	41	1998 年长野	160
1976 年因斯布鲁克	38	2002 年盐湖城	160
1980 年普莱西德湖	40		

资料来源　邱招义:《奥林匹克营销》,人民体育出版社 2005 年版,第 237—238 页。

随着电视的出现和普及,出售电视转播权成为奥运会营销的主要内容。其途径是国际奥委会将奥运会电视转播权出售给广播公司获得经济效益,广播公司通过赚取企业的广告费获利,企业则由于广告提高了其品牌效应,从观众(消费者)身上获得利润。

微历史

　　对奥运会进行电视转播始于 1936 年的柏林奥运会,当时共播出 138 小时,有 16.2 万观众。关于电视转播费用的谈判可以追溯到 1948 年伦敦奥运会。当时,英国广播公司曾付给组委会 1 000 几尼(英国金币,相当于 3 000 美元)获得电视版权,共播出 64 小时,伦敦周围 50 英里范围内约 50 万人观看了转播。但后来该广播公司声称经济困难,有君子之风的奥运会组委会没有兑换该公司开出的支票。尽管如此,"奥运会电视版权"的概念从此确立。

　　1958 年,电视版权列入《奥林匹克宪章》。宪章第 49 款写道:"经国际奥委会批准,该权力由组委会出售,并依照国际奥委会的指示对收入进行分配。"

　　1960 年罗马奥运会首次对欧洲 18 国现场直播夏季奥运会,并且几小时后就在美国、加拿大和日本进行了转播,1964 年东京奥运会开始卫星全球实况转播,从此改变了人们观看奥运会的方式,电视逐渐成为报道奥运会的重要传媒。电视转播权的合约也逐步成为国际奥委会一项重要的收入来源。自 1960 年以 5 万美元出售了冬季奥运会电视转播权、66 万美元出售了夏季奥运会电视转播权,奥运会电视转播权的价格迅速上涨。但到 1984 年洛杉矶奥运会以前,奥运会电视转播权的价格没有突破过 1 亿美元。洛杉矶奥运会不但创造了奥运会盈利的壮举,也将电视转播权价格一下子飙升到了 2.25 亿美元,有 156 个国家获取了电视转播权,从而奥运会的观众数量创造了历史记录。2000 年悉尼奥运会的电视转播达到了 220 个国家,37 亿观众,比四年前的亚特兰大奥运会增加了 20%,地球上有电视人口的 90% 观看了这届奥运会的部分内容。2004 年雅典奥运会实况转播达到 4 000 小时,覆盖了 220 个国家和地区。1994 年利勒哈默尔冬季奥运会电视转播覆盖面达到 120 个国家和地区,并首次正式在非洲转播。2002 年盐湖城冬奥会的电视观众人数达到创冬奥会记录的 21 亿。

　　伴随着奥运会电视观众人数的增长,近 20 年来奥运会电视版权收入呈上升态势,成为奥林匹克运动最重要的经济来源。

表 10-3　夏季奥运会电视转播权收入(单位:百万美元)

年　　代	收　入	年　　代	收　入
1960 年罗马	1	1988 年汉城	403
1964 年东京	0.9	1992 年巴塞罗那	636
1968 年墨西哥城	0.05	1996 年亚特兰大	898.2
1972 年慕尼黑	17.8	2000 年悉尼	1 331.5
1976 年蒙特利尔	32	2004 年雅典	1 476.9
1980 年莫斯科	101	2008 年北京	1 697
1984 年洛杉矶	287		

在 2004 年奥运会之前,国际奥委会 60％的奥运会电视转播收入被提供给奥运会组委会用于支持奥运会的举办。40％的奥运会电视转播收入在奥林匹克大家庭里进行分配,以支持全世界的奥林匹克运动。这部分收入在国家奥委会、国际单项体育运动联合会和国际奥委会之间分享。从 2004 年开始,电视转播收入有了新的分配方案,49％的奥运会电视转播收入提供给奥运会组委会,即 7.23 亿给雅典奥运会组委会用于举办这届奥运会,51％的奥运会电视转播收入在奥林匹克大家庭里进行分配,以支持全世界的奥林匹克运动。

表 10-4　冬季奥运会电视转播权收入(单位:百万美元)

冬季奥运会	收入	年代	收入
1960 年斯阔谷	0.05	1988 年卡尔加里	325
1964 年因斯布鲁克	0.9	1992 年阿尔贝维尔	292
1968 年格勒诺布尔	0.18	1994 年利勒哈默尔	353
1972 年札幌	/	1998 年长野	513.5
1976 年因斯布鲁克	11.6	2002 年盐湖城	738
1980 年普莱西德湖	21	2006 年都灵	831
1984 年萨拉热窝	103	2010 年温哥华	1 279.5

资料来源:邱招义:《奥林匹克营销》,人民体育出版社 2005 年版,第 254—255 页。

国际奥委会从电视转播权收入中拨出专款建立了"奥林匹克团结基金会",对各国家奥委会给以援助。《奥林匹克宪章》规定:"奥林匹克团结基金会是国际奥委会的一个部门,其任务是援助国家奥委会,特别是那些最需要支持的国家奥委会。"奥林匹克团结基金援助有固定的分配渠道,即团结基金会—各大洲奥委会—各国家奥委会—各国家单项体育协会。团结基金会每四年制订一次援助计划,其援助分为世界项目和大洲项目两个类别。世界援助项目包括运动员援助、教练员援助、国家奥委会管理援助及专项援助(表10-5);大洲援助项目包括对大洲奥协管理的援助、对大洲及地区运动会的援助和对国家奥委会的援助等。

表 10‐5　2001—2004 年奥林匹克团结基金"世界援助项目"的资金分配

援助项目	占比(%)	金额(万美元)
运动员援助	43.59	4 350
教练员援助	23.05	2 300
国家奥委会管理	20.54	2 050
专项援助	12.82	1 280
共计	100	9 980

奥林匹克运动的商业营销,取之于奥运,用之于奥运,使参与奥运的各方共同受益、共同发展。

2. 奥运会门票收入

出售奥运会门票的目标主要有两个,基本目标是为了使尽可能多的人能够亲身体验奥运会的仪式和比赛。第二个目标是为支持奥运会的举办创造必要的财政收入。奥运会门票出售是主办奥运会重要的收入之一,但从近些年的统计结果看,其在奥运会总收入中所占比例在逐渐减小。

奥运会门票出售往往提前两三年进行。奥运会门票所创造的收入的 95% 由奥运会组委会保留,用于支持奥运会的举办。剩下的 5% 作为版税交给国际奥委会,用于支持奥林匹克运动的运转。表 10‐6 显示了 7 届奥运会门票销售的相关数据。

表 10‐6　7 届夏季奥运会门票销售数量统计表

奥运会	可用门票(百万张)	销售门票(百万张)	出售率(%)	奥委会收入(百万美元)
洛杉矶(1984 年)	6.9	5.7	82.6	156
汉城(1988 年)	4.4	3.3	75	35
巴塞罗那(1992 年)	3.9	3.02	80	79
亚特兰大(1996 年)	11	8.32	82.3	425
悉尼(2000 年)	7.6	6.7	88	551
雅典(2004 年)	5.3	3.8	72	228
北京(2008 年)	9	7	77	140(估计)

资料来源　老爹:《奥运会门票收入的"北京经验"》,《环球体育市场》。

由于比赛场地的设施条件、观众的观赏兴趣和比赛的激烈程度等因素不同,各项比赛门票价格有所差别。同时价格高低还要考虑举办国观众的承受能力,所以,近几届奥运会门票价格起起伏伏。

微历史

1984 年洛杉矶奥运会门票的平均价格为 32 美元,总收入为 1.23 亿美元,占该届奥运会全部收入的近四分之一;1992 年巴塞罗那奥运会,门票的平均价格降为 20 美元;1996 年亚特兰大奥运会又升至 40 美元,其中最贵的开幕式门票为 600 美元。2000 年悉尼奥运会,门票销售创奥运会历史最高水平,平均门票价格为 55 美元,售出率为 87%,总收入达到 3.56 亿美元。雅典奥运会组委会提出"平民化"思路,即要让更多希腊人能够走进奥运会赛场,门票的平均价格为 43.75 美元。2008 年北京奥运会为了让更多的国内民众获得现场参与奥运会的机会,进一步实行了低票价政策,门票的平均价格水平相当于雅典奥运会的 43%,大大低于以往历届奥运会,其中定价等于或低于 100 元的票数占到 58%。另外还推行了"青少年奥林匹克教育计划",为青少年学生提供特价门票。

3. 奥林匹克特许经营

奥林匹克特许计划由奥运会组委会在国际奥委会的指导下进行管理。特许计划是一种在可操控的商业环境中,推广奥林匹克形象和宣传主办国地区文化的品牌推广活动。奥林匹克特许计划可细分为奥林匹克特许商品销售计划、奥林匹克纪念币计划和奥林匹克集邮计划。

(1)奥林匹克特许商品计划

国家奥委会和奥运会组委会发放给商家营销许可证,准许其在产品上使用奥林匹克标志。获得该证的商家需将其产品 10%—15% 的营销额上交国家奥委会和奥运会组委会。营销许可证主要用于纪念品领域,如钥匙链、装饰品、汗衫、遮阳帽等。历史上,奥运会标志特许商品计划仅限于奥运会主办国。在筹备 2000 年悉尼奥运会期间,国际奥委会和悉尼奥运会组委会决定将获准的各种产品推向世界市场,在 100 多个国家销售,从而使这一商业活动国际化,收益大增。

表 10‑7　夏季奥运会组委会营销许可收入状况

奥运会	持营销许可证的商家数量	组委会收入(亿美元)
1988 年汉城	62	0.188
1992 年巴塞罗那	61	0.172
1996 年亚特兰大	125	0.91
2000 年悉尼	100	0.52

表 10‑8　冬季奥运会组委会营销许可收入状况

奥运会	持营销许可证的商家数量	组委会收入(亿美元)
1994 年利勒哈默尔	36	0.24
1998 年长野	190	0.14
2002 年盐湖城	70	0.25

(2) 奥林匹克纪念邮品(票)

100 多年前,雅典奥组委在筹备 1896 年的首届奥运会时,遇到资金困难。在两位集邮家季米特里奥斯(Demetrius)和萨科拉弗斯(John Sacoraphos)建议下,希腊政府以古奥林匹克竞技为题,设计了 8 种图案、共 12 枚一套的奥林匹克纪念邮票。这套最早的奥运会邮票,设计新颖,颇具特色,深受大众欢迎。这届奥运会有两个运动场是靠集邮计划所得收入修建的。

⑰ 微历史

第 2—6 届奥运会的主办国没有发行纪念邮票。从 1920 年安特卫普奥运会开始,发行奥运纪念邮票成为惯例,并成为奥运会举办国的一项稳定收入。从这年开始,奥组委从集邮和邮票的额外费用或邮票总销售的邮政服务中,获取收入。1928 年阿姆斯特丹奥运会开支的 1.5％来自纪念邮票,奥林匹克邮票是修建奥林匹克体育馆的一大资金来源。一些不举办奥运会的国家也通过这种方式集资,如 1928 年葡萄牙通过强制在国内发行纪念邮票 3 天的办法,取得其代表团参加奥运会的经费。1992 年有 137 个国家发行了印有奥运五环标志的 123 万枚邮票。当今世界各国发行的奥林匹克纪念邮票已达数千种之多,为全球 1 亿多集邮爱好者提供了一种邮票收藏类型。

奥林匹克纪念邮票在设计上强调举办国的风土人情及本国优秀运动员的动作造型,同时介绍奥运知识。常见的有会旗、会徽、吉祥物、火炬、比赛场馆、运动项目等图案,内容丰富,意味深长。1997 年 9 月 2 日,国际奥委会与国际邮联签署合作协议,决定在完善奥林匹克邮票及与体育运动有关的邮票方面进行密切合作。2000 年悉尼奥运会发行邮票的

图 10 - 1　邮票:2004—16 奥运会从雅典到北京
(中国与希腊联合发行)

国家和地区达到 100 个以上,发行总数在 300 种以上。

(3) 奥运会纪念币

纪念币是指为纪念奥运会而发行的一种金属币,具有收藏意义。在古代奥运会上即有纪念币发行活动。奥林匹克纪念币可追溯到公元前 425 年古希腊奥林匹克竞技会,那时的纪念币铸有比赛获胜者的形象,以纪念其在古代奥运会中的成就。现代的奥运会纪念币始于 1951 年,当时的芬兰政府为次年举办的赫尔辛基奥运会发行了面值为 500 芬兰马克的银币,该银币 1951 年发行了 1.85 万枚,1952 年又发行了 58.65 万枚。此后,1964 年东京奥运会、同年的冬季奥运会都发行了纪念币。20 世纪 70 年代中期以来,奥运会举办国更加重视对奥林匹克纪念币这一重要财源的开发,并产生了巨大收益,成为各主办国为奥运集资的手段之一。1972 年慕尼黑奥运会从每枚银合金纪念币中获得 7 马克收入,总计达 2.06 亿美元。该届奥运会三分之一的资金来自纪念币的发行收入。

此后纪念币的筹资功能逐步淡化,宣传奥林匹克运动和国家形象成为主要目的。1976年蒙特利尔奥运会,加拿大发行了100万枚金币和2 500万枚银币,收入1.25亿美元。1980年莫斯科奥运会和1984年洛杉矶奥运会由于贵金属市场价格不稳以及一些国家抵制奥运会,发行奥林匹克纪念币的计划受挫。1988年汉城奥运会纪念币重新成为热销货。同年,加拿大卡尔加里冬奥会发行14万枚金币、340万枚银币。1990年国际奥委会决定实施国际性的"奥林匹克纪念币计划"以庆祝奥林匹克运动会举办一百周年。参与该计划的有加拿大、澳大利亚、法国、奥地利和希腊5个国家。在1992—1996年期间,这5个国家依次发行一种金币和两种银币:1992年加拿大首先发行纪念币,题为"更快、更高、更强";1993年澳大利亚纪念币的标题是"参加、友谊、平等";1994年法国以"首届奥林匹克大会"为题发行纪念币;1995年奥地利纪念币的标题是"美术、音乐、体育";最后是希腊1996年发行的题为"古代奥运会"的纪念币。这样,以奥林匹克运动的重大事件、主题或思想为线索,组成一个完整的纪念币系列。该项目在1996年12月结束时在世界各地售出9万枚金币和50万枚银币,销售额为4 800万美元。

> **📅 微历史**
>
> 悉尼奥运会实施了颇具新意的纪念币计划。该计划包括28种价值5澳元的铝铜合金币,表示参与悉尼奥运会的28个国际单项体育联合会。24种贵金属纪念币,其中8种为价值100澳元的金币,表示体育精神;16种价值5澳元的银币,象征着奥运会所代表的和平、文化、和谐及澳大利亚自然环境的种种特点。金银币由国际著名硬币设计师德夫林(Stuart Devlin)设计,1997年10月至2000年5月分8次在50个国家发行,每次发行一种金币和两种银币。

自1951年以来,全世界共发行了3.5亿枚奥运纪念币,集资11亿美元。其中6.5亿用于组委会,2 000万援助国家奥委会,1 000万用于国际奥委会。

图10-2 北京奥运会纪念币

4. 奥林匹克赞助

奥林匹克运动会为赞助商提供了强有力的营销平台,赞助商可以借助奥林匹克运动会提高知名度,树立品牌形象。当然,赞助商对奥林匹克运动的贡献也十分广泛,包括对奥运比赛队伍和特定运动员的支持、对举办奥运会的支持和对每年在世界各地举办的文化、青年及体育活动的支持。

奥林匹克赞助由国际奥委会赞助计划、奥运会组委会赞助计划、国家奥委会(奥运代表团)赞助计划等几个部分组成。

> 📖**融新知**
>
> 　　国际奥委会的全球赞助计划即 TOP 计划,向整个奥林匹克运动提供支持,每四年为一个运作周期。TOP 合作伙伴在全球范围内享有奥林匹克营销特权,并且是奥运会、国际奥委会以及 200 多个国家(地区)奥委会和奥运代表团的官方赞助商。国际奥委会于 1985 年 2 月通过了"国际奥林匹克营销计划"的实施目标与原则。1985 年 3 月 28 日,国际奥委会与设在瑞士的 ISL 公司签订协议,开始实施著名的"奥林匹克合作伙伴"计划,即 TOP 计划,将世界上所有最负盛名的企业招到了奥林匹克旗帜下。

　　TOP 计划为夏季奥运会和冬季奥运会的组委会、全世界 201 个国家(地区)奥委会和国际奥委会提供支持,使得奥运会基本收入来源趋于多样化。

　　国际奥委会全球合作伙伴计划是国际奥委会最高级别的商业合作计划。加入该计划的企业将获得"国际奥委会全球合作伙伴"的称谓,是奥运会举办城市以及 200 多个国家和地区奥委会和奥运代表团的合作伙伴。

　　TOP 计划出台以前,绝大多数收入归奥运会组委会和主办国的组委会。新计划推出了在奥林匹克大家庭内分配赞助收入的方法。国家奥委会将每一期 TOP 计划收入的大约 50%提供给冬季和夏季奥运组委会和主办国的国家奥委会,40%提供给所有参与进来的国家奥委会,10%给国际奥委会。因此,1985 年以前,只有 20 个国家奥委会通过赞助计划获取收入,而在 1996 年,有 197 个国家奥委会受益于 TOP 计划。TOP 计划的具体情况可参见表 10-9。

表 10-9　1985—2004 年的 TOP 计划

计划	TOP Ⅰ	TOP Ⅱ	TOP Ⅲ	TOP Ⅳ	TOP Ⅴ
周期	1985—1988	1989—1992	1993—1996	1997—2000	2001—2004
合作伙伴	9	12	10	11	11
参与的国家	159	169	197	199	201
总收入(万美元)	9 500	17 500	27 900	57 900	60 300

资料来源:邱招义:《奥林匹克营销》,人民体育出版社 2005 年版,第 206 页。

　　TOP 合作伙伴计划为奥林匹克运动提供了重要的财政支持和实物贡献,使国际奥委会有能力提高对奥运会组委会的资助水平,从而支持奥运会的举办。同时对于帮助那些缺少资金的国家和地区未来体育的发展具有非常重大的意义。

　　20 世纪 80 年代以来的商业化运作为奥林匹克运动带来了巨大的经济收益,它使现代奥林匹克运动的经济状况大为改善。这不仅使国际奥委会和一些单项体育联合会有了足够的经济实力来保证自身运转和进一步发展,而且通过奥林匹克团结基金有力地援助了各国的奥委会特别是发展中国家的奥委会,推动了奥林匹克运动在第三世界的传播和发展。

　　通过多渠道的创收,来自电视转播的收入在总收入中的比例明显降低,由原来的约90%下降到雅典奥运会的 50%左右。奥林匹克运动开始有了多元而稳定的经济来源。

第二节　奥林匹克运动对社会经济发展的促进作用

奥林匹克运动作为一种特殊的社会文化现象,其本身具有规模大、参与广、程序复杂、关注度高、影响深远等特点,因此,奥林匹克运动也会对社会经济本身产生了不容忽视的直接和间接的促进作用。奥林匹克运动对社会经济的直接促进作用主要表现在促进体育及相关产业发展、提高举办国和举办城市的社会经济收益、创造就业机会等方面,间接促进作用主要表现在推动举办城市的市政建设、提高国际形象和举办国知名度等。

奥林匹克运动对社会经济的直接促进作用,主要是指举办奥运会对举办国家和城市经济发展的促进,以及由此而带来的连锁经济效应。这种对国家及地区经济建设的促进是广泛、深入且持久的,它的实际价值是很难做出具体计量的。主要体现在以下几个方面。

一、促进体育及相关产业发展

奥林匹克在相当长的时间里一直奉行非商业化和业余原则,自从萨马兰奇当选国际奥委会主席后,允许职业运动员参加奥运会,鼓励企业家对奥运会进行商业化运作,推动了竞技运动的职业化,使奥林匹克在全世界的影响达到空前规模。"更快、更高、更强"的口号成为越来越多的人努力拼搏的目标,精明的商家看到了此中蕴含的巨大市场,将可以带来经济利益的体育项目实行商业化运作,加速体育产业的形成和发展,在许多国家体育产业已成为新的经济增长点。有需求,有市场,就有效益。近二十年的奥运史证明,奥林匹克可以与经济结合,能够推动体育产业的发展,创造社会财富,获取经济效益。

奥林匹克运动的发展,对体育相关产业的发展也能起到很大的促进作用。每届奥运会主办国不仅要有先进的体育设施,而且要具备现代化的综合市政供给网络,包括交通运输、城市环境、通讯邮电、饮食住宿和商业旅游等等,这些行业无疑会随着奥运会的举办得到飞速的发展。奥运会还拥有自身的特殊资源,通过赛事报道、转播权的转让出卖,可获得可观的收益,并促进传媒业的发展。

📀 查资料

巴塞罗那奥运会

巴塞罗那奥运会被公认为奥运史上的成功典范,使巴塞罗那从一个普通的中等城市一跃为欧洲第七大城市和国际著名旅游城市。巴塞罗那奥运会的成功,不仅在于奥运会本身,更重要的是通过筹办和举办奥运会,给城市的持续发展注入了动力和活力,并带来了长期的积极影响。

巴塞罗那奥运会的投资在奥运历史上是规模空前的,直接及间接投资达到67.28亿欧元。大规模的城市改造和各类设施建设的投资,有力地拉动了经济增长,为巴塞罗那市经济持续增长创造了条件。据估算,1987年至1992年6月,仅仅由于奥运会因素的影响,巴塞罗那GDP年均多增长1.8个百分点。同时,1987年至1992年间巴塞罗那的引致需求为166亿美元,加上94.48亿美元的直接需求,1992年巴塞罗那奥运会共产生了264.48亿美元的需求。目前,巴塞罗那的经济增长率高于全国和欧洲的水平,被誉为欧洲经济的发动机之一,人均GDP已达到2万美元,超过全国和欧洲平均水平。

奥运会前,巴塞罗那市企业规模小,没有明显的支柱产业,行业结构缺乏自己的特点。通过举办奥运会,在体育产业发展的同时,旅游、电子、通讯、港口等部门都获得迅速发展,成为巴塞罗那市的支柱产业,为当下和未来经济发展奠定了坚实基础。同时,通过七年大规模的城市改造和各类设施建设,巴塞罗那城市面貌发生了根本性的变化,特别是奥运会提出将"城市向海洋开放"以来,通过对滨海地区实施的道路改造、铁路改造、工厂搬迁、海滩改造等措施,将数公里长的海滩向市民开放,成为旅游、休闲胜地,加之奥运会对城市产生的巨大"广告效应",使这个过去在世界上知名度不高的城市一跃成为国际著名旅游城市。

图10-3　1992年巴塞罗那奥运会主体育场

二、提高奥运会举办国和举办城市的经济效益

1984年洛杉矶奥运会以来,奥运经济的直接经济效益主要包括:电视转播权出售,门票出售;奥林匹克专用标识营销;企业赞助和广告等。奥运会间接经济效益是指通过主办奥运会对该国、该地经济发展的作用,以及由此而带来的连锁经济效益。举办奥运会可以促进关联产业,如通讯、交通、旅游、餐饮等行业的发展,从而产生出巨大的间接经济效益。与直接经济效益相比,奥运会的间接经济效益更广泛、更深远、价值更大。

查资料

1964 年第 18 届东京奥运会，使日本的国民生产总值由奥运会前的每年增长10.1‰，猛增到26.1‰。日本人称之为"东京奥林匹克景气"，经济学家认为东京奥运会是日本进入世界工业强国的里程碑。20 世纪 50 年代的日本，由于第二次世界大战的失败，在国际舞台上形单影孤，国民情绪沮丧，承办第 18 届奥运会极大地激发了国内的生产热情，实现了经济的飞速发展。本届奥运会共接待了 93 个国家和地区的 5 000 多名运动员，首次使用卫星向全世界转播实况，日本的新形象开始被世界接受。

1984 年洛杉矶奥运会在南加利福尼亚地区的全部效益高达 32.9 亿美元，远远超过 1962 年西雅图的世界博览会和 1982 年克诺科斯维里的世界博览会。这两次博览会各历时 6 个月，总经济效益分别为 10 亿和 15 亿美元。该届奥运会的直接经济效益的主要来源是：来自世界各地的观众及参加奥运会的各种人员的参观和商业活动；赞助商的广告；各种通信、电子媒介的运行；文化项目、展览等活动；奥林匹克运动纪念品的零售；奥运场馆、奥运村的运行等。

图 10 - 4 1984 年洛杉矶奥运会不仅带来荣誉还带来经济效益

1988 年汉城奥运会的目标之一就是带动"经济起飞"。据韩国官方宣布，7 年中，筹备奥运会共带来了相当于 70 亿美元的生产诱发效果和 27 亿美元的国民收入诱发效果。经济专家在分析日本和韩国经济起飞原因时，高度评价奥运会对国民情绪的激发作用以及由此带来的经济景气，并称之为"奥林匹克生产效应"。

1992 年巴塞罗那奥运会对西班牙经济的直接影响为 96 亿美元，相当于 1992 年西班牙 GDP 的 1.7‰，年均 GDP 效应为 0.28‰，间接经济影响为 160 亿美元，大大延缓了 20 世纪 90 年代初期西欧经济衰退对巴塞罗那的冲击。

以上所举,是奥运会举办国家及城市的几个比较典型的例子。但近年来,由于奥运会的超大规模及安保费用的上升等,也给举办奥运的一些中小国家造成了财政负担。

三、创造了就业机会

众所周知,在筹备奥运会历时 7 年的时间里,需要大量修建各种体育场馆、交通、通信、服务等设施,需要投入大量的劳动力。因此,从某种程度上讲,举办奥运会缓解了举办国特别是举办城市失业人口的压力,可为社会创造大量的就业机会。如 1984 年洛杉矶奥运会,共创造就业机会 2.5 万余个。而且,在需要人力的高峰期(奥运会及其前夕),创造就业高达 3.7 万余个,同时还增加了他们的收入。1988 年汉城奥运会给 3.4 万人提供了就业机会,特别是制造业、建筑业和服务行业。1992 年巴塞罗那奥运会创造了近 6 万个就业机会,1996 年亚特兰大奥运会创造了 7.7 万个就业机会,到 2000 年悉尼奥运会时达到近 10 万个就业机会。伦敦筹备奥运会时经济低迷,仍创造了 6.22 万个就业机会。

四、对社会经济的间接促进作用

奥林匹克运动对社会经济的间接促进作用主要表现在加强举办城市的市政建设、提高举办国的知名度、树立良好的国际形象等方面。奥运会要求举办城市不仅要有世界一流的综合体育设施,而且还要有具备现代化水平的综合市政供给网络,包括通信邮电、交通运输、饮食住宿和商业旅游等,所以举办奥运会往往使举办城市在短时期内达到国际一流城市的水平。

◎ 查资料

1964 年东京奥运会,投资 30 亿美元,扩建了城市公用设施和体育场馆,当时兴建的成田机场和许多高速公路至今仍然是现代东京交通的典范。

汉城为举办 1988 年奥运会扩建了国际机场、整修了高速公路、促进了汉江综合开发、改善了城市环境、下水道及水质管理以及开展了防治公害等工作。在申办、筹办特别是举办奥运会期间,为举办国和举办城市树立良好的国际形象提供了难得的机会。韩国由于成功地举办了奥运会,它的国际形象得到前所未有地改善,随之而来的是进出口贸易的扩大,经济、技术交流的加速发展,国际信用评价部门对韩国的信用评价指数也相应提高。汉城奥运会后,每次申办奥运的城市都在不断增加。从一定意义上讲,与奥林匹克对提高举办国(城市)知名度有重要的关系。

巴塞罗那奥运会耗资约 362 亿比塞塔,建成了 5 公里长的海滨沙滩,改造了港口,修建了两条环形公路、两条隧道,改建了飞机场,改建了城市的排水系统,建成了提供水、电、气和电话服务的网络。1989 年至 1992 年,巴塞罗那的道路设施增加了15%,绿化带和海滨旅游区增加了 78%,人工湖和喷泉增加了 268%。

亚特兰大共投入 10 亿美元进行基础设施建设,对国际机场升级,增加新的电信设施,使该市在有线通信普及率方面居全国第二。电信设施投资又在奥运会后吸引了众多高科技公司落户亚特兰大,佐治亚州与奥运会相关的电信基础设施形成了奥运会史上最大的光纤通信网络,铺设了超过 45 万英里的光缆,将 9 个城市的 36 个通信站与亚特兰大的国际传播中心相连。

悉尼奥运会使悉尼的城市交通和电信基础设施升级,奥运期间的电信运营不仅提高了本国电信供应商的国际知名度,而且通过城市光纤网络的扩展和升级创造了长期性利益。悉尼的交通设施也因奥运会而改善:投入5亿美元建设新的机场铁路连线,连接中心商务区和机场的东部公路;投资3亿5千万亿美元扩建悉尼机场;投资2亿2千万美元建设新停车场,拓宽人行道和进行街道美化。

总体来说,奥林匹克运动与社会经济有着密切的双向驱动关系,一方面它大量地吸收社会的经济投入,以满足自己的生存和发展的需要,另一方面又通过自己特殊的方式,产生巨大的经济效益,推动了社会的发展。然而,任何事物都具有双重性,奥林匹克运动的商业化犹如一把双刃剑,在给奥林匹克运动带来经济效益的同时,也为奥林匹克运动的发展带来了一系列问题。尤伯罗斯的伟大创举使商业的力量在1984年洛杉矶奥运会上创造了奇迹。但1988年汉城奥运会出现了为满足美国NBC公司的电视转播要求,不得不以损害体育自身利益为代价,把部分比赛提前到上午进行。1996亚特兰大奥运会由于一味追求商业利益,被人们戏称为"最有商业味"的奥运会。此时人们已经意识到从奥运会的申办到举办,甚至有关奥运会的一切问题,商业的力量都已经触及了,并且产生着巨大的影响力。这是奥林匹克运动在未来发展中仍需要面对、需要解决的问题。如何令商业化服务于高尚的奥林匹克理想,是时代赋予奥林匹克运动的一项新挑战。

第三节 社会经济对奥林匹克运动的制约作用

无论承认与否,物质生产和经济活动在社会发展和人类活动中始终处于支配地位,发挥主导性的制约作用。体育运动的产生和发展,也必然受到经济的种种制约,奥林匹克运动自然也是如此。

一、经济基础性质的制约

奥林匹克是传播体育精神的运动,体育是人类社会特殊的文化现象,和其他文化现象一样在本质上属于上层建筑。马克思主义认为,任何上层建筑都建立在一定的经济基础之上,并受经济基础的制约。体育作为上层建筑的一部分,不能脱离经济基础独立产生和发展。体育发展的历史和众多体育学者的研究成果表明,体育是伴随着生产劳动和带有明显经济利益驱动的军事活动而产生的,体育运动的许多项目至今仍保留着明显的劳动色彩。现代奥林匹克运动则是伴随着资本主义社会化生产和市场经济而诞生的,虽然它的创始人和一些继任者出于对资本主义战争和经济掠夺的厌恶,努力使奥林匹克运动远离政治、远离金钱,但事实证明,奥林匹克运动仍然无法摆脱经济的制约。从根本上讲,这是由于经济活动和体育运动的本质属性所决定的。

二、社会经济发展水平的制约

奥林匹克运动有一句著名的口号是"重在参与"。但事实上体育并不是人人都能够参与的活动,时间、金钱、器材、场馆等诸多因素都制约着人们的行为和体育的普及程度,现代竞技运动中的许多项目曾经是欧洲贵族和有钱人的运动,当时贫困的工人甚至可能连去观看的时间都没有,更不要说拥有消费体育和接受教育所需的金钱。对于国家也是如此,2008 年北京奥运会之前,还没有一个发展中国家有能力举办奥运会。这说明一个社会、一个国家的经济发展水平最终制约着体育运动包括奥林匹克运动的普及与提高。同时,100 年来奥运会的举办,从英美、欧洲到东京、汉城无疑都展示着一个国家乃至一个地区的经济腾飞。

三、科学技术水平的制约

在当今世界,科学技术是第一生产力,标志着一个国家经济的发展水平和方向。在奥运赛场上,大至赛车和帆船,小至泳衣和鞋帽,无不凝聚着当代科学技术的智慧。科学技术的发展,有力地促进了奥林匹克的发展。随着运动训练理论和方法的不断改进,场地、器材、服装的科技含量不断提高,运动员在奥运赛场上的成绩也得以不断地提高,科学技术已成为人类向自我挑战的强大动力。有关专家指出,当玻璃纤维没有问世前,人类撑竿跳的高度很难超过极限 4.8 米,而运用新型材料的撑竿后,已越过 6 米的高度。随着现代通信技术在奥运会上的广泛应用,世界各国的观众不仅可以坐在家中直接收看奥运会的现场直播,而且还可以通过因特网进行观看和聊天。现代信息技术已经使奥林匹克走进千家万户,走向世界各个角落。可以说,今天科学技术对奥林匹克运动的影响是全方位的。

图 10-5　科技进步使撑竿跳水平大幅提高

第十一章
奥林匹克运动与教育

《奥林匹克宪章》阐明："奥林匹克运动的宗旨是，通过开展没有任何形式的歧视并按照奥林匹克精神——以互相理解、友谊、团结和公平比赛的体育活动来教育青年，从而为建立一个和平而更美好的世界做出贡献。"因此，通过教育青年而为世界和平做出贡献是奥林匹克运动的目的所在。奥林匹克的教育功能是奥林匹克运动的重要组成部分。

现代奥林匹克运动奠基人皮埃尔·德·顾拜旦是一位伟大的教育家，从一定意义上说，他创立奥林匹克主义和复兴古代奥运会的基本理念是从教育出发的，是他推行教育改革的继续。在他的心目中，奥林匹克运动不仅是体育与文化运动，更重要的是教育运动。因此他竭力主张体育必须与文化教育相结合才是奥林匹克运动。国际顾拜旦委员会主席诺伯特·米勒在我国出版的顾拜旦《奥林匹克回忆录》中谈道："奥林匹克主义是一种道德理念，肩负着对世界青少年的教育使命。这是顾拜旦最基本、最核心的理念，是留给后世的宝贵精神财富。"

名人谈

顾拜旦在他创建和推行奥林匹克主义过程中，曾多次在他的演说和论著中强调体育的教育作用。例如1908年，他在伦敦奥运会期间英国政府的宴会上说："体育具有高度的教育价值，是人类追求完美的最重要的因素之一"1920年，他在比利时《体育画刊》上发表文章说："第7届奥运会的贡献在于，它向世界表明现代奥运会在加强教育、道德及社会朝气方面所显示出来的勃勃生机。"1927年在他的《告世界青年书》中，语重心长地告诫说："在我们这个充满如此多的机会，但也遭受如此多的堕落危险的当今世界中，奥林匹克主义是可以培养道德高尚和心灵纯洁以及锻炼身体耐力和力量的学校。"顾拜旦的这些教育理念最终体现在他亲手制定的《奥林匹克宪章》之中。《宪章》第4章第31条"国家奥委会的使命和职责"第2款明确规定："在全国体育活动范围内，宣传奥林匹克主义的基本原则，尤其是在中小学校和大学的体育教学计划中促进传播奥林匹克主义。负责建立致力于奥林匹克教育的机构，特别要关心国家奥林匹克学院和奥林匹克博物馆的建立和活动以及与奥林匹克运动有关的文化活动。"

目前，我国已经是奥林匹克大家庭的重要成员，北京奥运会的圣火虽然熄灭，但奥林匹克运动仍方兴未艾。它将随着中华民族的伟大复兴而发挥积极的教育作用，奥林匹克理想和奥林匹克精神将为我所用,成为实现中华民族伟大复兴的促进因素,也是提高青少年思想品质和国民素质的教育内容。因此,努力使奥林匹克运动扎根中华大地是我们的神圣使命。

第一节　奥林匹克运动的核心价值是社会教育

奥林匹克教育有广义和狭义之分。所谓广义的奥林匹克教育是一种广泛的社会教育,是指奥林匹克活动中所包含的一切教育元素。现代奥林匹克运动创始人顾拜旦在恢复奥运会的设计中,一方面传承古代奥运会的宗教祭祀的传统,一方面要符合时代潮流,他十分强调奥运会要体现美与尊严,他认为这是奥运会不同于其他国际体育竞赛的最大区别。我们可以把奥运会理解为一个进行奥林匹克教育的大课堂,它的一切礼仪安排都体现国际主义与爱国主义,体现奥林匹克理想和奥林匹克精神。

🏠 看文化

北京奥运会圣火的点燃和传递不仅在五大洲和各省市、自治区起到宣传作用,而且使人们感受到奥林匹克圣火是光明、和平与团结的象征;开幕浩浩荡荡的入场式就体现了重在参与和团结友爱;运动员和教练员的宣誓体现了奥运会的公平竞赛和遵守规则;开闭幕式的大型文艺体育表演显示了奥林匹克文化与举办国文化的融合与交流以及现代科技的发展;运动场上对优胜者升国旗、奏国歌便是运动员代表国家取得的荣誉,这对运动员和观众都是激动人心的爱国主义教育。顾拜旦曾经说过,古代奥运会的运动员是向诸神膜拜致敬,现代运动员是向祖国和各国的国旗致敬。运动员在比赛中所表现的那种顽强拼搏、争分夺秒的竞赛精神和胜不骄、败不馁的坚强意志,充分体现了"更快、更高、更强"的不断向上的精神对全体观众、特别是青少年会有一种感染和鼓励。此外,每一个成功的运动员刻苦训练的奋斗历程也是每一个青少年学习和追求的榜样。不仅这些,北京奥运会提出的许多响亮的口号都曾起到动员和教育作用。如"新奥运、新北京"、"人文奥运、科技奥运、绿色奥运"、"同一个世界、同一个梦想"、"迎奥运、讲文明、树新风"等等。这些口号家喻户晓,起到较好的教育效果。

狭义的奥林匹克教育才是奥林匹克教育的主体,也就是奥林匹克主义知识体系的教育,一般是在课堂进行。进行奥林匹克教育绝非是为了举办奥运会的权宜之计,而是一个国家或地区奥委会的职责和经常性任务。早在100年前,顾拜旦就预言:"也许某个时候,巴黎大学会把奥林匹克主义的课程列入它的教学大纲。"今天这个预言不仅已经实现,而且大大超过他的愿望。《宪章》第一条就开宗明义地宣称:"现代奥林匹克主义是皮埃尔·德·顾拜旦创立的。"严格地说,奥林匹克教育就是奥林匹克主义的教育。

看文化

奥林匹克主义（Olympism），在国际上有人称之为"奥林匹克学"（Olympic-cience），是奥林匹克运动的理论基础和指导思想。从学科的角度讲它是一门综合性人文社会科学，它涉及历史学、社会学、文化学、体育学、教育学、政治学、经济学、伦理学、法学、美学和心理学等学科群。因此在教学上有相当的难度，对教师有较高的知识要求，这是奥林匹克教育不可忽视的难点。顾拜旦在生前并没有就奥林匹克主义写成专门的著作，在他亲手制定的《宪章》中也仅仅原则性地给奥林匹克主义下了定义，即"奥林匹克主义是增强体质、意志和精神并使之全面均衡发展的一种人生哲学。"

奥林匹克运动是以体育运动为载体，以社会教育为核心的国际文化现象。自1896年现代奥林匹克运动诞生，它就与社会教育紧密联系，息息相关，教育功能也一直被视为奥林匹克的精髓和主要功能之一。现代奥林匹克的创始人，被誉为现代奥林匹克之父的皮埃尔·顾拜旦，复兴奥运会的目的就是为了推进法国社会教育改革，顾拜旦认为自己首先是教育家，他的大量文稿和著作也是谈教育的。因此，皮埃尔·顾拜旦同时也被称作为奥林匹克教育的奠基人。顾拜旦创立奥林匹克运动是为了造就时代新人，促进社会改革。这些决定了顾拜旦把奥林匹克教育作为奥林匹克思想的核心内容。顾拜旦在他所创建的奥林匹克环境中集中体现了他以教育为核心的思想，奥林匹克的环境就是一个教育的环境，其中奥林匹克的仪式、文化艺术、发展大众体育等都是为了体现它的教育目标。顾拜旦奥林匹克教育思想有两个意义，一个是通过奥林匹克主义教育和影响青年，另一个是通过教育传播奥林匹克主义。

《奥林匹克宪章》明确指出，奥林匹克宗旨的核心是通过赋予奥林匹克精神的体育活动来教育青少年。同时，整个奥林匹克的思想体系中也蕴涵着丰富的教育思想。奥林匹克的创始人顾拜旦认为，在加强道德修养和增强信心的同时，锻炼身体，培养勇敢精神和坚强的个性，形成一种充满活力的新教育体系。原国际奥委会主席萨马兰奇在为中国出版的一本《奥林匹克运动》教材作序中说："离开了教育，奥林匹克主义就不可能达到其崇高的目标。"因此，完全可以认为，奥林匹克的精髓是教育，教育是奥林匹克运动的出发点和归宿。它通过奥林匹克运动在世界范围的推广和普及，通过奥运会的成功举办，推行和传播奥林匹克的精神、思想及价值观，把体育运动的元素融入教育，完成教育的目的，以此建立更加和谐、更加美好的世界。这不仅是一种理想和信念，也是一种实实在在的行动和实践。

奥林匹克运动不仅致力于传播奥林匹克文化，还担负着使青少年的健康成长、加强不同文化的交流、增进国家间友谊和促进世界和平的使命。原中国奥委会名誉主席、国际奥委会文化与教育委员会主席何振梁先生曾表示，奥林匹克主义是体育与文化的融合，他说："为确保奥林匹克运动的健康发展，加强奥林匹克教育，在年轻一代心中培养奥林匹克精神是非常关键的。""忽视教育功能的奥林匹克是毫无意义的，没有文化和教育的体育，就像是失去了灵魂的身体。"

第二节　奥林匹克教育的基本原则

根据中国教育现状,进行奥林匹克教育应遵循的原则主要是:身心和谐、全面发展、道德准则等。

一、身心和谐发展

奥林匹克教育关注的重点是人的平衡发展,也就是身、心、智的统一与和谐,因此,奥林匹克教育不主张以严格的说教式的课程实现教育目标,奥林匹克教育的效果更强调以活动的形式实现,从而培养学生的自信、从容、开明、和责任的品质。

奥林匹克教育正好可以弥补中国教育当前的不足。中国的教育节奏失衡,违背了身心和谐发展的教育规律。在中国人的传统中,勤奋不仅是一种励志的精神,还有伦理美的色彩。中国人信奉天道酬勤,认为勤劳符合天理人道的自然规律。传统的中国人讲求"鞠躬尽瘁,死而后已",中国人常常向世界自豪地宣布"中华民族是世界上勤劳伟大的民族",中国人不知疲倦地在现代化之路上狂奔。而在这狂奔中每年导致许多人的过劳死,中小学生体质连年下降。中华民族是崇尚"唯有读书高""读书至上"的民族,北京晚报曾报道,在中国小学生近视率为 28%,初中为 60%,高中 85%,大学生为 90%。中国已从自行车王国转为了眼镜王国,真是"三人行必有眼镜"。中国的祖先有四大发明:火药、指南针、印刷术和造纸。历来中国人很刻苦,特别是现在中国很多中小学生,从礼拜一到礼拜日披星戴月,超负荷学习,有人形容中国的教育是四苦教育"校长苦管、老师苦教、学生苦学、家长苦陪",如果形象一点比喻,当今中国中小学的教育是让孩子们用跑一百米的速度冲击马拉松。身心和谐发展,调整教育节奏,转观念,育人才,奥林匹克教育应为此做出贡献。

二、追求全面发展

奥林匹克理想要鼓励人们发扬竭尽全力追求自身完美的精神,古希腊通过体育与艺术的结合培养合格公民,追求身、心、智、德、才、思的全面发展,奥林匹克所指的自身完美就是全面发展。

名人谈

在三千年前,古希腊有一段文字对希腊人的描述:"男人留着漂亮胡须、身体健壮、动作协调、态度从容、谈吐得体、目光中闪烁着仁慈与智慧的光芒,具有整体与雕塑感。"希腊文化的结晶不是人的完美,而是人的灵与肉并具。先肉后灵,希腊人认为真就是美,美是精神的宁静。古希腊体育教育渗透到教育领域,亚里士多德认为:"立法者的首要任务是使这个城市的男人变得强壮,立法者从一开始就应该明白,年轻男人的身体必须是强壮的。"

从希腊文化着眼,人的均衡发展,不只是他们的重要工作,而是至高目标。有人形容希腊是美的世界,这种荣誉往往被人们理解为就艺术而言。但它的艺术特质亦是形式的、精神的乃至数学的。希腊人表现的人体,线条简朴,修饰合度,不是部分的,而是整体的,不是人造的,而是自然的。这种形式表达了向上的情绪,宁静而和谐,满足与情感的需求。实现自身完美与生活方式密切相关,中国经济的发展导致了中国人的生活方式失衡。古希腊哲学家亚里士多德说:"科学与哲学来自闲暇。"顾拜旦认为:"匀称、规范、和谐是交织在一起的状态,是人类理想、自然和谐的状态,这种状态是人的多种素质协调配合而构成的韵律美,也就是说幸福、快乐、热爱、完美、生存、权利、自由、匀称、秩序、规范应和谐于一身才构成美"。

在国内我们需要更多创造能让勤奋学习的学生们喘口气的条件,而不是拼命为学生们想法子增加压力。由于学习的压力,导致学生心理疾病非常普遍。学习的步伐放慢一点有时不是一件坏事,对于长期发展而言,这样更多意味着力量的调整和积蓄。我们帮助学生建立"周末意识、疲劳意识","Healthy Spirit in Healthy in Body","健康的身体才能孕育出健康的精神"的意识,也就是说均衡的生活方式是实现自身完美和全面发展的基础。

奥林匹克运动员训练是一种不断进取、追求卓越、自我完善的体验过程,这种追求不只是限于体能,而是全面发展。这种追求是奥林匹克格言"更快、更高、更强"的具体体现。

三、道德准则

众所周知,公平竞争是社会道德准则之一,有了这一准则,才可使比赛继续和文明。这一准则不应只是在体育场上体现,应在社会各领域竞争中得以体现,公平竞争在当今社会受到挑战,弘扬和维护这一准则任重而道远。顾拜旦复兴奥运会的初衷是试图利用奥林匹克的美学理念实现激活道德准则这一目的。对于顾拜旦来说,"体育教育的价值具有社会教育的迁移性价值,强求身体去完成不可完成的目标,不是体育的本质,鲁莽的勇敢可能带有动物的本能,运动应该是高贵的而富有诗一般的韵律,它的本质和目标应孕育着道德的价值,从而培养合格的公民,弘扬公平竞争精神"。奥林匹克主义对于顾拜旦来说"是他心中道德的殿堂、圣洁的乌托邦",现代奥运会采用古奥运会的誓言方式是为了"使体育成为无私、快乐、圣洁和高尚道德的一所学校,使人们能通过体育锻炼增强体质的同时,净化心灵,陶冶情操,感受道德"。顾拜旦相信,体育应培养带有中世纪骑士风格的人,杜绝体育中粗俗和粗野的行为、商业化、功利化的倾向,以此保证奥林匹克运动道德价值的说服力。

顾拜旦将民主、自由和国际主义等诸多概念纳入了他的奥林匹克主义美学,它反映了在19世纪欧洲工业革命时期的社会焦虑,科学的进步和物质生活的改善并不能填补社会道德的空虚。顾拜旦倡导社会应该以道德为灵魂,道德讨论的话题应该是被关注的话题,人类应从焦虑、浮躁的生活中解放出来,享受富有道德准则和韵律的和谐生活。顾拜旦作为社会活动家试图用文化的力量,而不是政府或政治力量来解决当时法国的社会问题。当时法国政府也试图通过建立一项既不带有宗教色彩,也不是传统的经验作法的政府资助的美学教育项目来改善社会道德的衰败。但顾拜旦是想通过复兴奥运会的方法来竖起以运动员为榜样力量的奥林匹克主义道德之美的丰碑,来影响社会。

名人谈

席勒,德国剧作家、诗人(Schiller 1759—1805)写道:"人类品格的最高境界表现的是道德之美"。德国18世纪叶洛可文学的主要代表,启蒙运动发起人之一维兰特(Weiland),也写道:"道德的力量是人类活动各种力量最具说服力的力量,当某人的美德被人们认识到时,那么,这个人看起来真的很美。"萨夫得斯布利认为:"道德之美就是灵魂的净化,可见得的道德之美,例如顾拜旦的奥林匹克运动员,他们锤炼他们的意志和性格。"对于心灵美萨夫得斯布利是这样解释的:"快乐应源于美德。"顾拜旦试图通过奥运会的视觉、听觉和运动员行为等美学效果将那些抽象的道德概念演绎出来,树立道德榜样,激活人类善良本性。

第三节　奥林匹克教育的价值

认真审视当代奥林匹克教育的文化价值和社会价值,有助于奥林匹克教育在世界的普及和传播,也有助于实现奥林匹克运动的教育功能。

一、当代奥林匹克教育文化价值

(一)传承世界文化的价值

奥林匹克运动本质是一种文化活动,作为一个通过体育活动推广人类"共同的价值和力量"的文化教育运动,奥林匹克运动体现着全球不同国家、民族、文化和文明间的共同理想,它所倡导的理念,诸如公平、奋斗、团结、和平、友谊、进步等,都是人类文明的普世价值,体现着人类对文明与进步的共同追求,是现代社会人们所必需的精神食粮。奥林匹克教育也正是对这些人类文明普世性价值的传承,它可以被看作现代社会教育的一个"模型",其中包含了道德规范、美学理想、法律标准等。奥林匹克教育在强调人类文明普世价值的同时,又充分肯定世界多元文化的和谐共存、相互包容,如均衡发展的身体观、奋斗进取的生活观、平等尊重的社会观、追求和平的世界观与公正诚信的价值观,对于个体的发展、社会的进步至关重要,因此,奥林匹克教育体现着人类共同追求的价值观念,蕴含着巨大的文化价值。

奥林匹克运动要不断发展,必然要把其价值理念向全世界推介,获得不同社会群体认同和响应。国际奥委会的职能第一条就是:在各个层次的学校、体育活动和体育教育的机构和大学推广奥林匹克教育计划,在本国尤其是体育和教育领域,宣传奥林匹克主义的基本原则和价值观。随着奥林匹克运动在世界各国的传承主办,国家与国家、民族与民族、人与人通过沟通与协作,使得奥林匹克教育获得源源不断的生命动力与广阔的发展前景。时至今日,奥林匹克教育已成为国际社会上影响最大、传播最广的一种文化教育,成为全球性体育教育改革与发展的重要议题。可见,奥林匹克教育传承当代世界文化发展的价值。

（二）创新世界文化的价值

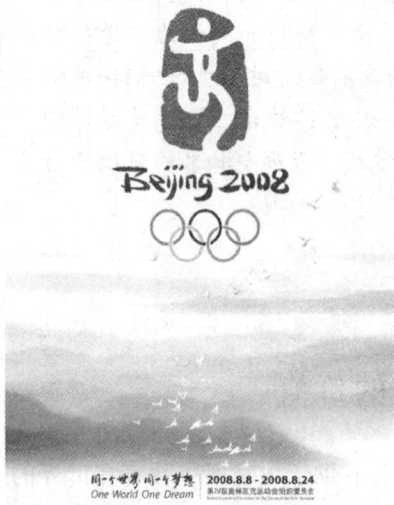

图 11 - 1　北京奥运会海报

奥林匹克教育是一个不断发展的、开放的世界性文化体系,奥林匹克运动会不断在世界各地举办的同时,也在大量地、不断地从世界各民族不同文化中汲取新的文化因子,丰富其内容。比如北京依托有着五千年悠久历史的中国文化的深厚底蕴,提出了"人文奥运"这一创意文化新理念,这是中国对奥林匹克教育文化的伟大贡献。当代奥林匹克运动中出现的问题无法仅靠西方文化去解决,需要从人文的视角重新审视其文化价值,需要从其他文化形态,特别是东方文化中寻求有益的成分来"清洗污染"。北京 2008"人文奥运",在这一背景下,为新世纪的奥林匹克运动迎来了"甘露",注入了新的人文内涵,中国传统教育的价值观念、文化观念、思维模式和行为方式,对西方片面追求肌肉强化、竞争取胜,而忽视精神与外形、人与自然的和谐,将是一种完善和补充。具有儒家色彩的中国传统体育伦理思想中所表现出的公正、诚实、仁爱、友善等观念,对兴奋剂浊流和赛场暴力,将是"净化剂"。

📍 看文化

北京"人文奥运"通过中国传统文化和世界文化的碰撞与交流,融合中西方运动文化的精髓来传承奥林匹克教育文化,展示中国对世界奥林匹克精神的开掘与发展,推动奥林匹克教育文化创新、中国当代奥林匹克教育相关的研究、网站的普及,以及带有浓郁中国特色文化的奥运吉祥物、奥运火炬、奥运宣传教育活动深入中国人生活;全国 500 余所奥林匹克教育示范学校全部挂牌;全国小、中、大学生奥林匹克教育读本的编写发行;专门从事奥林匹克研究的博士和硕士生的教育体系形成;北京市出台的《学校奥林匹克教育行动计划》,北京市奥林匹克教育研究中心成立等,都表明奥林匹克教育入驻中国后的创新和突破,奥林匹克教育在中国以创造性地转化,在普世性价值基础上接续本民族的文化内涵,生出中国特色、中国气派的奥林匹克教育体系,丰富了奥林匹克教育宝库,使奥林匹克教育真正成为跨文化、跨民族、跨国度的世界性文化体系。

（三）隐性教育的文化价值

奥林匹克教育还具有隐性教育的文化价值。如北京"人文奥运"的提出更是奥林匹克教育理念的创新,也是中国民族文化教育激活的催化剂。人文奥运教育的提出,蕴含创意文化教育的隐性价值。从理论上讲,人文奥运教育包含奥林匹克文化教育、中华民族传统文化和传统美德教育;从实践层面上来看,它主要是通过"参与—学习—参与"的路径来实现教育的目标。因此，人文奥运教育体现了当代教育的新理念：即重点突出人的主体性，强调以人为本。通过内隐的、间接的文化因素来发展人的非智力因素，培养人的体育态度、价值和规范等非理性文化。触及人的内心世界，通过体验式教育，来达到潜移默化的隐性教育实效。

🏠 看文化

北京 2008 年奥运会成功举办、中国女排 2016 年里约奥运会重回世界之巅、体现中国文化神韵的各种奥运标志物的诞生、中国各种奥林匹克教育实践活动的成功开展等，使身为中华民族子孙的人民自豪感、荣誉感和使命感油然而生，这种发自内心的激情之火化成巨大的力量，激荡国人的内心世界，催化他们理想信念的形成，这种精神激活的隐性默化教育，最能够达到人们所希冀的文化教育效果，也是其他教育途径无法比拟的。

图 11-2　女排精神已经是中国中小学的必修内容

二、当代奥林匹克教育的社会价值

（一）构建和谐社会的目标价值

奥林匹克教育是人类光辉的文化遗产，古代奥运会在古希腊延续 1169 年，举行了 293 届，说明它是社会的需要。它不仅对于希腊文化起到启蒙和促进作用，而且对欧洲甚至世界文明的发展也起到推动作用。现代奥林匹克运动的复兴意味着它在现代文明中不可替代的地位。人们都已经看到现代奥运经过 100 多年的发展，成为当今世界影响最深、规模最大的国际社会文化运动。这是顺乎世界人民需要的一项活动，它不仅是一场大规模的体育赛事，而且是寓人类理想于欢乐的体育竞赛之中，是人人都可以接受的教育方式。它是可以化解人类仇恨的活动,任何人在参与中会放弃政治、宗教和种族的偏见,大家握手言欢,热烈拥抱。"赛场上是对手,赛场外是朋友",这就给世界带来一种希望,人类的本性是爱好和平的,各国人民可以友好相处,共同建立一个和谐的大家庭,构建和谐的世界。顾拜旦的伟大就在于他看中了奥林匹克教育文化能通过社会运动来实现人类的伟大理想。

(二)倡导公平竞争的社会功能价值

奥林匹克教育是从现代奥林匹克运动中诞生的一种社会运动。它的吸引力和凝聚力不仅来自探索人类体能极限的奥运会赛场和它所追求的崇高目标,而且还来自它在社会政治、经济、文化、科学技术、教育、艺术等方面所表现的不可替代的社会功能。其基本构想是通过体育运动与教育、文化的结合,培养身心和谐发展的个体,建立一个公平的、互相尊重的社会,进而维护世界和平,构建美好世界。所以,通过人的全面发展,扩展到整个社会,实现改造社会、建立和平安定的世界是奥林匹克教育的理想和美好夙愿。为了实现这一理想,奥林匹克运动始终致力于在全世界人民之间建立互相理解、互相尊重的关系,促进各个国家运动员之间的友谊与交流,养成遵纪守法和公平竞争的社会公德。反对一切形式的政治、宗教或种族歧视。时至今日,不同种族、不同肤色、不同国家、不同文化背景、不同性别、不同年龄、不同政治见解的人们能够走到一起,参赛国家之间和参赛运动员之间享有完全平等的关系,这一切充分体现了一个充满和平主义理想的奥林匹克教育。在比赛中反对滥用药物,倡导公平竞争,坚决反对暴力,尊重文化的多元性和普遍性,对于不同民族体育文化的开放与包容态度;建立奥林匹克团结基金,对各国特别是发展中国家开展体育运动提供无偿援助;倡导提高妇女在各级体育领导机构中的地位,并促使奥运会比赛中妇女项目占到近半数;残障人的体育权益得到普遍的关注等。可以说,奥林匹克运动正在通过它特有的方式,表现着更多的人文关怀,它不仅适应了国际社会的发展需要,更成为一种促进世界和平和推动社会发展与进步的力量。

(三)实现体育发展的社会生活价值

奥林匹克教育不仅对现代体育的发展产生了重大影响,而且普及了一种新的体育观念——体育是一种生活方式。在奥林匹克运动的推动下,越来越多的人接受了"体育是健康生活方式的重要内容"。现代奥林匹克运动的创始者们认识到,要想使体育运动发挥其促进人类全面发展的功能,实现改造社会的目标,就必须使体育融入人们生活当中。奥林匹克教育激发了人们参与运动的兴趣,唤起了他们对体育的热爱和参与,人们在参与体育活动的过程中,知行结合、身体力行,体验体育运动的乐趣,获得健康的生活方式。我国体育一直背负着对内改善国民体质和"为国争光"改变民族形象的特殊使命,凸显极为强烈的体育的工具化和集体主义价值取向。长期以来,我国教育领域忽视体育功能的开发,轻视身体运动所蕴含的巨大教育价值和意义,多年的体育发展策略以为国家服务为目标,体育教育一直定位于技术和体质训练,学校体育和群众体育被弱化。

历史的使命、国家的任务固然重要,但人的生活更为重要,国家的强大、民族的振兴与社会的发展,其出发点和终极目标最终还是为了每一个活生生的人,提高社会成员的生活质量,指向社会个体的幸福,只有学校体育、群众体育发展了,奥林匹克教育才能通过个体终身健康发展,走向社会和谐发展。随着"以人为本"构建社会主义和谐社会理念的提出,人们对于中国群众体育、学校与竞技体育不均衡发展提出批评。学者胡小明指出,"我国体育将从政治旋涡回归到文化层面,实现以人为本,走向以国家利益为重、关注个体和人类发展的立体层次"。

第四节　奥林匹克带给我国教育的启示

目前,我国正处于教育发展战略的重要机遇期,国家经济社会发展保持良好的势头,但经济社会转型的同时,也带来一些前所未有的挑战。作为世界上人口最多的国家,中国的教育可谓重担在肩,奥林匹克的成功会给我国教育带来什么样的启示呢?

一、进行合理的教育体制改革

《奥林匹克宪章》作为国际奥委会制定的关于奥林匹克运动的最高法律文件,100 多年来,已经进行了多次修改。正是《奥林匹克宪章》的修订和完善,推动了奥林匹克运动在世界范围内广泛开展,弘扬了奥林匹克精神。

教育体制所特指的是一国教育的组织管理形式、管理权限划分、管理机构设置及决策、控制和调节的方式。它包括管理制度和管理方式,包括教育系统内的各构成要素。邓小平在总结我们党的历史教训时说:制度好可以使坏人无法任意横行,制度不好可以使好人无法充分做好事,甚至会走向反面。今天的世界,特别强调制度变革的重要性。国家教育发展中心兼职研究员杨东平谈到,国际经济竞争的背后是教育和人才的竞争,而教育竞争的背后,是不同教育制度、人才制度的竞争。无论是大国的崛起还是大学的崛起,都是制度文明的产物。因此,发展中国的教育,不仅在于增加教育经费的投入,还在于建立完善的制度框架,在于一种理性的、实质性的教育体制改革。

二、转变和创新教育理念

现代教育发展的一个重要特征是以理念的突破和更新为先导,再在教育实践上引起巨大的变革。正因为理念在现代教育发展中的重要地位和作用,人们非常重视理念的创新。

奥运会举办以及"奥林匹克教育计划"实施的历史告诉我们,教师和孩子们积极主动的创造精神才是奥林匹克教育的本质属性。近年来,中国教育事业的创新意识不断增强,高校科技创新能力已经成为国家创新体系的重要组成部分。但我们也必须清醒地看到,我国人均受教育水平仍然不高,创新型人才和高技能人才不足。能否培养和造就数以亿计的高素质劳动者、数以千万计的专门人才和一大批拔尖创新人才,关系我国社会主义现代化建设的全局,关系中华民族的前途命运。

因此,中国教育体制的改革,应把理念的转变放在核心地位,把素质教育、创新教育落到实处,努力提升学生的实践能力,为全面建成小康社会、实现建设创新型国家和人才强国的奋斗目标做出新的贡献。

三、广泛吸纳社会资源

西方教育发达国家办学主体多元化的模式清晰地表明,只有获得更多的社会资源,吸引更多以办教育回报社会为己任的企业家进入教育领域,才能增加全社会的教育总供给。给整个教育体系带来了多样性与活力,我们的教育才更有希望。要立足国情,提出完善多渠道筹措教育经费的措施,使教育资金来源进一步多样化。要加大税收优惠力度,鼓励社会各界投资、捐资教育,特别是激励企业家投资、捐资教育,扩大教育资源总量和丰富教育的供给。

教育吸纳社会资源能力的提升离不开教育体制的变革以及教育理念的更新。为此,政府与社会要实现良性互动,要把政府导向与社会需求、市场调节有机结合起来,广泛吸引公众参与,建立通畅的对话环境,集思广益,鼓励创新,最终形成完整的教育体制改革方案。

社会教育作为一项事业,有着其特殊的意义。人类社会发展已经证明,教育在社会进步和经济发展过程中起着决定性的作用。现阶段我们应该充分利用有利时机,将奥林匹克教育和我们的各项教育工作紧密结合起来,通过发挥奥林匹克文化的教育功能,弘扬奥林匹克精神,推广奥林匹克主义,深化全民健身理念。另外我们更应该充分借鉴奥林匹克运动在全球取得成功的宝贵经验,改革和完善我国的教育体系和教育实践活动,以实现人的身心和谐发展和社会文明进步。

第十二章
奥林匹克运动与大众媒体传播

第一节　现代奥林匹克运动的传播

现代奥林匹克运动源于欧洲,在百余年的发展中经历了跨越国家、种族、文化等方面的传播过程。有学者认为,这一传播活动大致分为三个阶段:"奥林匹克跨国传播阶段,从1894年巴黎国际体育代表大会到1908年第4届伦敦奥运会;奥林匹克跨文化传播阶段,从1912年第5届斯德哥尔摩奥运会至1936年第11届柏林奥运会;奥林匹克全球传播阶段,第二次世界大战结束后至今。"

(一)实现跨国传播的阶段

现代奥林匹克运动从产生到初期发展,其传播特征就是欧美国家之间的跨国性传播。从1894年的巴黎国际体育代表大会到1908年的第4届伦敦奥运会期间,属于跨国传播时期。

源头为古希腊的现代奥运会在一定程度上和欧美文化有天然的血缘关系。欧美各国之间都属于基督教文化圈,无论是文化上还是社会发展程度上都有相近之处。从19世纪下半叶开始,得益于一些在欧洲大陆和北美广泛传播的户外竞技运用,以顾拜旦为代表的一批具有世界意识的体育活动家开始在欧美各国频繁活动。这些因素导致了早期奥林匹克传播首先在欧美文化圈中实现跨国传播。

1894年,在具有历史意义的巴黎国际体育代表大会上,到会代表78人,代表49个体育组织,他们来自法国、英国、俄罗斯、意大利、希腊、比利时、瑞典、匈牙利、西班牙、波西米亚(捷克)、新西兰这12个欧美国家。在国际奥委会成立会议上,最初的13位国际奥委会委员,都由顾拜旦本人选定,来自信仰基督教的欧美白人上流社会和绅士阶层。

1896年第1届奥运会时期,欧洲占据统治地位,虽然13个国家(澳大利亚、奥地利、保加利亚、英国、匈牙利、德国、丹麦、美国、法国、智利、瑞典、瑞士、希腊)来自三大洲,但是大洋洲的新西兰仅是作为英国的殖民地而加入的。早期奥林匹克运动形成深受"体育政治地理板块"的影响。直到第4届伦敦奥运会,虽然参加国增加到22个,但这种由清一色欧美国家组成的奥林匹克格局却并没发生改变。这一时期奥林匹克传播表现出几点特征:一是现代奥林匹克运动以欧洲为文化源,并首先在欧美基督教文化圈国家中实现了跨国传播;二是从第1届奥运会到第4届奥运会,实际是欧美国家的奥运会而不是全世界的奥运会;三是早期委员的身份和社会地位决定了国际奥委会从一开始就具有鲜明阶级属性。这一点后来集中体现在由业余原则引起纷争和冲突上。

（二）实现跨文化传播的阶段

跨文化传播（Cross-Cultural Communication），又称为跨文化交流，是人类社会中不同文化之间的传播活动。萨默瓦等指出："在最一般的情况下，当一个文化的成员发出的信息为另一个文化的成员所接受，跨文化交流就产生了。确切地说，跨文化交流是指拥有不同文化感知和符号系统的人们之间进行的交流。"（萨默瓦·波特，2004）现代奥林匹克只有实现了跨越人种、民族和群体文化间的传播，也就是实现了跨文化传播才能成为真正意义上的世界性运动。现代奥林匹克运动的本源是西方文明，因此，它在同质文明内传播的障碍相对较少。但要将以欧洲文明为母体的奥运会传播到异质文化圈中去，实现跨文化传播就不那么简单了。正是因为这样的困难，现代奥林匹克运动实现跨文化传播用了将近 20 年时间。作为一项世界性的运动，奥运会实现了由跨国传播到跨文化传播的转变，这一转变具有深远的意义。

📅 微历史

18 世纪末 19 世纪初以来，北美基督教青年会在亚非地区为传播竞技运动做了大量工作，比如基督教青年会还为这些国家培养了大批体育专业人才，再加上竞技运动通过各种途径从欧美传播到亚洲和非洲一些国家，从而为这些亚非国家参加奥运会奠定了基础，在这一时期，电子技术的发展带来了大众传媒的改变。在发起举办第 1 届奥运会时，顾拜旦只能通过演说、会谈、期刊（他所创办的《通讯》杂志）以及希腊的《信使报》宣传奥林匹克运动。到了 20 世纪 30 年代，广播和报纸已经成为普及性的大众媒介，电影和电视也成了重要的传播媒介。这些均为宣传现代奥林匹克运动会奠定了基础。

跨文化时期的标志是 1912 年的斯德哥尔摩奥运会。有学者指出，在该届奥运会上，亚洲的日本、伊朗和非洲的埃及与南非运动员第一次出现在赛场上，从而首次实现了全世界五大洲都有运动员参加奥运会。该届奥运会的参加国中欧洲地区占了 21 国，美洲地区 3 国（美国、加拿大、智利），非洲地区 2 国（埃及、南非），大洋洲 1 国（澳洲），亚洲地区 2 国（日本、伊朗）。虽然欧洲国家占据了绝大多数，但奥林匹克运动毕竟由欧美国家间的国际性赛事向世界性赛事迈出了决定性的一步。至二战前 1936 年的第 11 届柏林奥运会，全世界有 49 个国家 3 936 名运动员参赛。亚洲的中国、日本、印度、菲律宾、阿富汗等国参加了比赛；非洲的埃及、南非、摩纳哥等国参加了比赛。虽然以欧美国家为主体的奥运格局仍未发生根本改变，全世界参加奥运会的国家和地区仍是少数，但奥林匹克运动已经在跨文化传播方面取得了决定性进展。

（三）实现全球化传播的阶段

第二次世界大战结束后，世界格局产生了深刻变化，直接影响了伦敦奥运会。有学者认为，奥林匹克实现全球化传播的原因有以下几个方面：二战后世界经济高速发展使各个地区和国家形成了彼此依赖的世界经济体系;冷战时期,虽然以苏联和美国为首的东西方两大阵营对奥运会进行政治干扰,但在一定程度上促进了奥林匹克的世界性传播。例如,在冷战高峰时期的 1972 年,第 19 届慕尼黑奥运会参赛国家和地区首次过百,达到了 112 个。冷战结束前的 1988 年第 24 届汉城奥运会有 160 个国家和地区的 9 581 名运动员参加了比赛;冷战后,全球经济发展主题使得奥林匹克终于能够按体育本身的规律发展。在伦敦奥运会上,共有 59 个国家和地区运动员参赛,首次参加的国家和地区却达到了 14 个,亚洲、非洲国家和地区就达到了 10 个。其中,属于伊斯兰文化圈的国家就有 5 个(伊拉克、伊朗、巴基斯坦、黎巴嫩、叙利亚)。至 1996 年第 26 届亚特兰大奥运会,有 197 个国家和地区的运动员参赛。这意味着全世界几乎所有国家和地区的运动员都聚集在了奥林匹克五环旗下,在奥林匹克国际化传播和跨文化传播的基础上,最终实现了全世界所有国家加入奥林匹克大家庭的伟大目标。奥运会进入了全球化传播时期。

20 世纪下半叶,大众传媒的发展,尤其是电视卫星通信技术和光纤通信技术以及后来出现的互联网为奥林匹克传播提供了前所未有的传播手段与技术平台。例如全世界大约 35 亿观众通过电视观看了第 26 节亚特兰大奥运会的开幕式。奥林匹克运动成为全人类共同的节日,成为全世界数十亿人共同参与和享受的盛典。

图 12 - 1　1948 年伦敦奥运会开幕式

图 12 - 2　1948 年伦敦奥运会的中国篮球队

1986 年，美国全国广播公司（NBC）与汉城奥运会组委会签署电视转播权协议。出售电视转播权不仅在经济上保障了奥运会的顺利开展，也让更多的人可以观看奥运会比赛。

图 12–3　跨国转播权的协议出售

　　奥林匹克实现全球化传播增加了国际奥委会的成员国数量，成为与联合国并列的世界上最大的国际性组织。奥林匹克运动已经成为全人类和平友谊与公平竞争的象征与旗帜；奥林匹克精神也成了全世界共同的文明价值。除了以上这些影响以外，最重要的影响是在全球化传播时期，国际奥委会进行了一系列的改革。如在萨马兰奇主席时代，国际奥委会在增加第三世界国家委员比例、增加妇女委员、与各国政府加强沟通和联系、加强国际奥委会内部廉洁与监督等方面采取了许多重要措施，有力地增强了国际奥委会的代表性与权威性。奥林匹克运动不仅成为世界上影响力最大的国际社会运动，而且关注如体育运动中的人权问题、环保问题、资源问题、教育问题等的全球性问题。从国际奥委会的权威性，到奥林匹克的受关注程度和国际地位，都得到了显著提高。

第二节　大众传媒与奥林匹克运动的历史关系

　　在众多奥林匹克研究者的研究课题中，大众传媒与奥林匹克运动的关系一直受到广泛的关注。有学者将历史进程中两者之间相互依赖，共同发展的关系划分为以下四个阶段。

（一）媒体主导的初期阶段

　　从 1894 年到 1932 年，奥林匹克运动处在初始阶段，从复兴到发展亟须公众的关注。在这一时期，新闻报道主要刊登在报纸和杂志上，通过报纸和杂志这类大众传媒的报道能够起到有效的宣传作用。作为"现代奥运之父"的顾拜旦本人充分意识到通过媒体的协助宣传奥运会的重要性。在 1896 年的第一届雅典奥运会上，他说服 12 名身份记者作为荣誉嘉宾对雅典奥运会进行了报道。此阶段媒体与奥运的关系中，媒体占据了主导地位，所以在宣传的过程中需要奥林匹克运动做出让步来迎合媒体的需要。例如，记者们只对赛事进行报道,不会对奥林匹克主义理想进行宣传。又如,在 1928 年的阿姆斯特丹夏奥会转播中,阿姆斯特丹组委会把对奥运会报道的权利独家给了平面媒体,所以不允许广播报道奥运会的比赛结果。虽然广播媒体在 1928 年圣莫里茨冬奥会的开幕式上就被使用了,但是直到 1936 年的冬奥会上,全面、完整的广播报道才被使用。根据相关记载,到 1932 年,有 56％的记者和编辑更愿意报道奥运会,意味着奥运会已经成为媒体情有独钟的对象。

(二)电视兴起的发展阶段

电视转播报道开始于 1936 年柏林奥运会,但是由于二战爆发,1940 年和 1944 年的奥运会转播被迫中止,这使得刚刚起步的奥运电视转播的发展受挫。

🗓 微历史

在电视转播过程中,奥运会面临的问题层出不穷。例如,BBC 只花了大约 4 000 美金购买了 1948 年伦敦奥运会的电视转播权。到了 1956 年墨尔本奥运会,美国电视公司以"奥运会是新闻性质的,应免费提供"的理由拒绝了组委会的 50 万美元电视转播权。虽然墨尔本奥组委决定每天给美国提供 3 分钟免费转播时间,但是由于无法满足 CBS、NBC 和加拿大广播公司要求每天提供 9 分钟的免费时间,世界各家电视机构声称抵制这届奥运会。茹秀英在研究中指出,在墨尔本奥运会抵制以前,奥林匹克的官员们就意识到了奥运会可以盈利。当时的国际奥委会主席布伦戴奇曾试图吸引美国电视公司购买 1948 和 1952 年奥运会的独家转播权,但没有成功。墨尔本奥运会结束后,国际奥委会在其宪章中增加了一条新条款:"电视转播权在国际奥委会得到批准的情况下,由奥组委进行招标,并根据规定对收入进行分配。"到 1960 年冬奥会和夏奥会,确定了如下基本原则,即奥运会是一种娱乐,可以出售。国际奥委会指导罗马奥组委以最高金额出售电视转播权。100 多家电视公司向全世界观众报道了该届奥运会。墨尔本奥运会也就成了新闻转向娱乐的"转折点"。出售电视转播权不仅使罗马奥运会受益,18 个国家的观众通过电视转播可以看到罗马奥运会的盛况,促进了奥运会的广泛普及,也为奥运会带来了可观的收入。

(三)互联网前的突破阶段

20 世纪 60 年代通信卫星的运用标志着电视和奥林匹克运动的关系出现了新的突破。在这一时期,卫星转播的技术带来了跨洋传播的实现。这一技术既增加了电视转播权的价值,同时也增加了奥运会比赛项目转播的时间和数量。由此,电视转播权费用迅速攀升。国际奥委会在此期间,从原先的与出售电视转播权划清界限到采纳了新的分配方式,在与大众媒体的关系中寻求更加有效的出路。电视收入的第一个 100 万在国际奥委会、国际奥委会和国际单项体育联合会之间平均分配,第二个 100 万的 1/3 归奥运会组委会,其余的在国际奥委会、国家奥委会和国际单项体育联合会之间平分。超出这 200 万美元的任何收入 2/3 归奥组委,1/3 归国际奥委会。到了 1971 年,国际奥组委在修改的宪章中明确出售电视转播权的收入是国际奥委会的专有财产,并将奥组委、国家奥委会和国际单项体育联合会之间的分配制度一并明确。

从 1972 年开始,奥林匹克运动的主要收入来自出售电视转播权。到 1974 年,国际奥委会收入的 98% 来源电视转播权收入。国际奥委会从 1984 年洛杉矶奥运会后对电视转播权实行更加严格地控制,其与国家奥组委一道进行电视转播权的谈判直接导致了国际奥委会与奥组委之间的矛盾。这一矛盾直到 1992 年巴塞罗那奥运会得到缓解:国际奥委会只是向国家奥组委会进行咨询,国际奥组委仍然有绝对的决定权。1985 年 5 月,国际奥委会出台的 TOP 赞助计划使国际奥委会对电视转播权的依赖性逐渐减少。在此阶段奥林匹克运动与大众传媒的关系从疏远逐渐到亲密。

(四)奥林匹克为主导的阶段

从 1992 年至今,国际奥委会市场营销战略的成功和全世界人们对奥运会的钟爱使得奥林匹克运动地位提升,进入了主导大众媒体的阶段。在这一阶段,奥林匹克的主导地位主要体现在以下几个方面:一是国际奥委会的新营销战略首次结出丰硕的果实,确保了奥林匹克运动和主办城市取得稳定的财政收入,加强了赞助商、转播商和奥林匹克大家庭成员的联系,建立了转播权费用的长期合同。二是在国际奥委会与电视公司的合同中加入了收入共享安排这一内容。有学者认为,收入共享安排协议是确保奥林匹克运动能分享规定的转播权费用或转播权以外的费用。

NBC 转播 1996 年亚特兰大奥运会的广告收入是 615 000 000 美元,根据收入共享安排,国际奥委会获得净收入 36 000 000 美元。尽管亚特兰大奥运会转播权收入创造了新的历史纪录,但广告收入创造了更高的纪录。奥林匹克占主导地位的第三个方面体现是世界各地城市竞相申办奥运会。申请城市数量从 1981 年有 5 个城市申办 1988 年汉城奥运会增长到 2004 年雅典奥运会城市达到 11 个。到 2018 年,申报城市的数量一直保持稳定。由此,奥运会已经成了拉动城市经济最大的活动,也逐渐形成了与大众传媒关系中的主导地位。

第三节   现代奥林匹克运动与大众传媒的相互的作用

大众传媒不仅对奥运会起着巨大的宣传作用,而且是国际奥委会与奥运会的主要的资金来源及营销市场。大众传媒与现代奥林匹克运动之间相辅相成,相互作用。

一、奥运会吸引了大众传媒积极宣传

据国际奥委会官方信息显示,对 2012 年伦敦奥运会进行了报道的国家达 200 多个,约有 48 亿人收看了该届奥运会。33 家大众传媒获得了转播权。报道时间超过了北京

2008 年奥运会的 61 700 小时。

奥运会成为全世界最重要、最有影响的活动之一,这同报刊、电视、网络等大众媒介的传播是分不开的。在整个 20 世纪中,奥林匹克主义及其精神、信仰、理想、价值传遍全世界得益于大众传媒强大的科技手段与技术优势,促使奥林匹克成为全人类所普遍承认与共同遵守的价值体系。与此同时,大众媒体还推动了奥林匹克运动的发展,例如 1894 年在巴黎成立了国际奥委会;1896 年召开了第一届现代奥运会;1964 年东京奥运会开始实现了全球卫星电视现场直播奥运会;1972 年全球观看慕尼黑开幕式的电视观众首次突破 10 亿 1992 年全球有 25 亿观众通过电视观看了巴塞罗那奥运会;到 2000 年的悉尼奥运会,全球通过电视观看奥运会观众多达 35 亿。全世界人民对奥运会的热情被大众媒体积极地调动起来,奥运会也成为民众热议的话题。

🗓 微历史

　　我国对奥运会的报道可以追溯到 1908 年,《天津青年》刊登了题为《竞技运动》的文章,向国人提出了著名的奥运三问:中国何时才能派一位选手参加奥运会? 中国何时才能派一支队伍参加奥运会? 中国何时才能举办奥运会? 有学者在研究中指出,在改革开放后越发重视对于历届奥运会的报道。20 世纪 80 年代,中国已有 80 余名记者亲赴奥运现场;90 年代,中国远赴国外的记者过百人;21 世纪以来,不仅是专业体育媒体,就连综合媒体、地方媒体都派出前方记者报道奥运,很多媒体组成联合体,以集体力量完成了个体难以完成的大量采访任务。

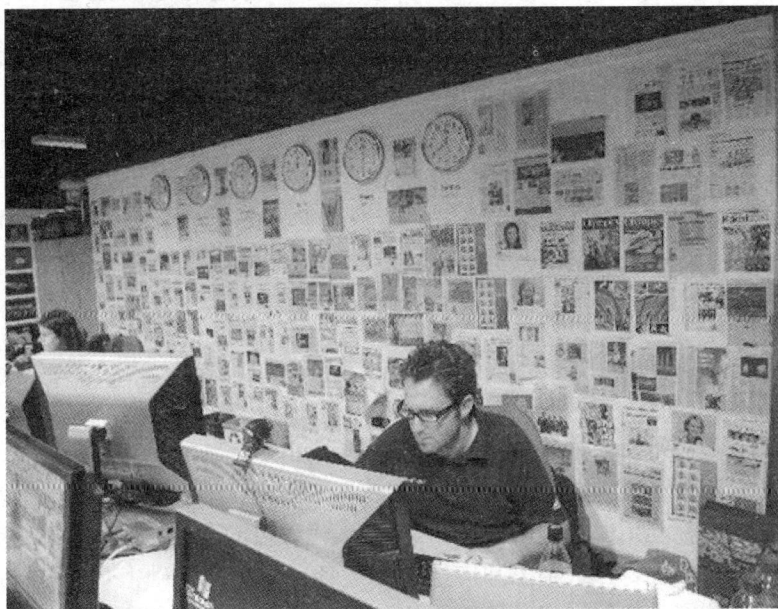

图 12-4　北京奥运会新闻中心各国记者

二、大众传媒使赛事更具观赏性,奥运会拓展报道的方式

在 2016 年里约奥运会中,摔跤由于观赏性较差等原因被投票选出常规比赛项目。这一源于古代奥运会的比赛项目在以收视率为主的今天,由于不能适应受众的需求而面临困境。在奥运会电视转播中,观众经常看到比赛精彩场面和人物特写,结合赛前录制的奥运明星生平介绍等,配以专业化的现场解说,这些在一定程度上给观众带来了极高的欣赏性。对于比赛过程的多镜头多角度拍摄、瞬间慢动作回放、电子图形分析等帮助观众在观看的同时及时了解赛事的进程,以更好地适应大众媒体的特殊需要,增加比赛的戏剧性和观赏性,吸引更多的观众,获得更高的收视率。孟林盛在其研究报告中指出,据有关资料表明,受电视媒介的影响,许多奥运会竞技项目对竞赛规则都进行了相应的修改和调整,以满足市场的需求。如篮球比赛从过去的上下半场改为分 4 节进行,以使电视在转播比赛中能有更多的时间插播广告;排球、乒乓球比赛改为用彩色球,以使观众收看转播时看清楚每球的移动,提高竞技精彩性和欣赏性。

从奥运会的发展历史中,传统的大众媒体——报纸、杂志、广播、电视是奥运会报道的主力军。四年一次的体育盛会,对于各个国家电视台来说,都是一场报道的硬仗。想要打好硬仗不仅要在内容上创新,还要在报道方式上多样化。

首先是电视传播方式的更新。四年一届的奥运会对于很多电视转播商来说,是检验成果、吸引新一轮受众和赞助商的契机。奥运会电视转播的历史就是电视转播技术的发展史,主要体现在收看人数和转播时长和转播技术几个方面。IOC 报告数据显示,1948 年,当奥运会第一次进入观众的电视机时,1 天内只能令伦敦方圆 50 英里的 50 万观众收看到比赛,总计时长也不过 64 场比赛;64 年后的 2012 年伦敦奥运会上,却有全球 48 亿人收看到奥运盛况,总计时长超过北京奥运会的 61 700 小时之多。

名人谈

有学者指出,无论是直播比赛还是制作相关节目,电视转播商都无不尽其所能地来吸引受众。3D 信号首次于 2012 年伦敦奥运上供用户选择,官方提供了 230 小时的现场报道以及每日 3D 集锦。此外一些设备上的进步也非常明显,1 000 架摄像机,33 个 3D 摄像机,40 个超慢动作摄像机,这在过去都是无法想象的设备,在当日为观众们带来了身临其境的体验。而且这样的趋势势不可挡,甚至可能引起体育转播的革命性事件发生。

其次是奥林匹克运动促进了报纸、杂志、广播的进步。报纸、杂志和广播在早期的奥林匹克宣传中发挥着至关重要的作用,当时占领着主导地位的大众传媒,无论从报道内容还是从报道形式上都延用惯例进行。然而,随着现代科技的发展,越来越多的技术被运用到传统的大众传媒中去,报纸、杂志和广播在延续各自特色的基础上,也在不断地寻求突破。无论是专业体育大众传媒还是传统的综合类传媒,为了与其他平台抢占受众,在报道中增派了记者直接参与奥运会的前方报道,发回第一手的资料。同时与后方的负责编辑、联络,形成一个战略纵深,力求更高效的报道。

查资料

　　以《中国体育报》为例,其在 1984 年的奥运稿件数量是 244 篇。到了 2000 年奥运会期间,该报刊发的奥运稿件数量翻了 3 倍之多,达到 813 篇。纸媒在竞争中则是把重心转移至报道内容的深度上,力求通过权威的体育报道,带给受众专业的赛事解读。

　　第三,新媒体为奥运会带来了全新的传播方式。新媒体是依靠互联网环境为载体的媒介,新媒体传播具有传播速度快、成本低、信息量大、内容丰富检索便捷的特点。根据中国互联网网络中心(CNNIC)发布的第 42 次《中国互联网络发展状况统计报告》,截至 2018 年 6 月 30 日,我国网民规模达 8.02 亿,我国手机网民规模达 7.88 亿,网民通过手机接入互联网的比例高达 98.3%。利用移动客户端获得信息的人也越来越多,所以体育赛事通过新媒体平台传播是目前传播方式中最具广泛性的。根据相关报道,2012 年伦敦奥运会上,国际奥委会首次将奥运会实况直播于 Youtube 这一世界知名的视频网站上,供亚非 64 个地区的受众观看。国际奥委会还承诺,数字大众传媒技术保证更多的奥运会报道在各个平台上的报道数量远超过去。奥运会可以通过门户网站、微博、微信公众号、体育APP 等新媒体方式来进行赛事传播。

融新知

　　全新的传播方式带来了全新的体验。观众通过门户网站观看赛事视频的转播、阅读精彩图文解说、短视频、精彩的赛事评论;在原来观看奥运会的过程中,不能进行实时的互动,而在微博中可以实现边看转播边互动。微博主要通过建立话题,让受众讨论赛事从而进行传播;而喜欢阅读体育新闻文字报道的受众,可以通过微信公众号的原创赛事内容的报道文章来了解奥运会。以新浪体育为代表的,作为普及程度最高的,深受体育爱好者喜欢的还是体育 APP。在体育 APP 中,大众可以通过实时推送、优质评论、精彩点评等方面多角度地了解奥运会。国内使用人数较多的体育类 APP 排名较前的有直播吧、腾讯体育、乐视体育、虎扑体育等。当然,奥运会官方也推出了自己的 APP,彰显了权威。在上下班、旅途中的人们能利用碎片化的时间在手机客户端来观摩比赛,浏览奥运资讯。还可以通过微博或微信发表评论,参与话题互动。区别于传统的大众媒体,新媒体更加注重赛事的图文资讯、独家采访、专家大咖分析等内容实时更新。内容上不仅有精彩赛事片段、赛事周边花絮还有在朋友圈中疯传的有创造力的奥运段子。新媒体的诞生带来了全球化的受众关注度,也给广大用户的视觉上带来了更丰富的新体验。

三、大众传媒促进奥林匹克市场化,促使奥运会独立

　　作为一项非政府性质的国际运动,其存在与发展的前提就是坚持独立性,避免因为各种因素的影响而沦为某些国家或政治集团的工具。为了维护奥林匹克运动的独立,国际奥委会一直在进行艰苦的非政治化斗争。大众传媒在国际奥林匹克运动为坚持其

自身独立而进行的艰苦斗争中给予了有力的支持。赵晓玲等学者认为,大众传媒是通过宣传奥林匹克主义与理想,使全世界人民充分理解国际合作、相互谅解、友好交流对人类文明进步和社会发展的重大意义,使世界各国人民支持奥林匹克运动,支持国际奥委会保持独立的决心。在慕尼黑奥运会发生恐怖主义袭击事件和80年代奥运会遭受大规模政治抵制时,国际舆论和大众传媒就大力谴责和反对将奥运会与体育作为政治斗争的工具。

而促使奥运会独立的另一个意愿是奥林匹克运动走向市场化。奥组委最早的经费来自馈赠,在发展过程中,通过电视转播权的出售,开启了走向市场化的新篇章。利用大众媒体,特别是出让电视转播权,在比赛中插播商业广告。一方面可以使举办方通过电视等媒体获得财政支持,另一方面各种传媒机构通过转播、报道奥运比赛也大大地提高了收视率和发行量,而这种高收视率和大发行量又成为巨额广告的重要筹码,为媒体带来了直接的经济效益和市场潜力。

查资料

从20世纪60年代开始,随着大众传媒尤其是电视转播技术的发展,逐渐形成了一个巨大的体育转播与广告市场。出售电视转播权成为奥运会的主要资金来源。20世纪70年代,出售电视转播权的收入已占到奥运会总收入的百分之七十以上。1984年洛杉矶奥运会出售电视转播费为2.28亿美元,1988年汉城奥运会达4.07亿美元。

在此期间,虽然国际奥委会实施了一系列如TOP计划为主的市场开发计划,但是奥运会收入构成中最大的一笔还是来自出售电视转播权。与此同时,大众传媒拥有的巨大商业广告市场为奥运会的商业赞助创造了条件。广告赞助商可以通过在电视转播中的曝光,提高产品知名度扩大销售以追求更大的利润。有学者认为,国际奥委会之所以能够从1984年洛杉矶奥运会开始实现其商业化改革,使其经济状况得到根本的改善,其前提正是有一个大众传媒所支撑的广告市场,例如制定出售包括五环标志在内的奥运会商标计划,使其成为一个商业品牌而带来滚滚财源。

因此,在把奥林匹克运动推向市场的过程中,无论是奥运赛事的经营方还是转播方都应当从长远利益出发,精诚合作,共同繁荣。大众传媒在奥林匹克运动市场化的过程中起着非常重要的作用,通过自身的各种方式给予了奥运会有力的经济支持。

奥林匹克运动在其发展中既具备了广泛的群众基础,又获得了雄厚的财力,使其具有了独立运作的经济前提与保证,并向纵深发展。

四、大众传媒监督奥林匹克运动的健康发展

大众传媒一方面可以使奥运成为大众焦点,另一方面可以通过客观、真实、准确和及时的报道,让大众知晓奥林匹克运动各方面的发展状况,并通过舆论来对其各方面的运作进行监督,从而起到净化奥林匹克运动环境的作用,保证奥林匹克运动的健康发展。

> 1998 年末国际奥委会发生了盐湖城冬奥会中办丑闻,引发了国际奥委会的大地震。在这一过程中,强大的舆论攻势迫使国际奥委会采取有力的行动,放弃暗箱操作式的内部处理方式,对涉及丑闻的委员展开调查,在此基础上清理门户,改革机制。在这一事件中,国际奥委会之所以能在不到一个月的时间里就平息了这场其成立以来最大的风波和最严重的危机,获得了世界舆论的理解,大众传媒起到了关键性的推动作用。

从奥林匹克进入市场化运作后,利用大众媒体对国际奥委会财务活动及商业运作进行有效的监督,可以防止腐败、贿赂、贪污等事件的发生。也就是说,大众传媒可以利用其自身特点,对奥林匹克商业化运作中的"黑幕"进行揭露,并引导大众对体育界的一切腐朽和黑暗尽情加以声讨。由此,大众传媒成了一个有效的监督机制和手段。

五、奥运会丰富报道素材,大众媒体制造明星效应

大众传媒对奥运会的报道中积累了丰富的报道素材。在奥运会的赛场上,不仅有风靡世界的足球、篮球这些单项体育比赛已经开展得非常成功的赛事;还有着射击、射箭、体操、划艇等一些在平时我们较少关注的赛事。2012 年伦敦奥运会,有 26 大项 302 个小项的赛事,基本涵盖了世界范围的主流体育比赛,来参加比赛的运动员都是来自全球各个单项赛事的最为优秀的运动员。无论是从体育明星自身魅力,还是高超的比赛,将如此之多的赛事在短短 16 天的时间内向受众呈现出来,都能丰富大众传媒报道的内容。除了丰富了竞技方面的内容,对于受众感兴趣的非竞技方面的内容,也带来了更多的素材。

👥 名人谈

> 有学者指出,聚焦于赛场外的人文、历史、趣事、争议,大众传媒完全可以报道出一个不亚于奥运会数量的"非奥运会"新闻。既然是非竞技的内容,就更容易受到政治、经济、环境等因素的影响。如 1972 年慕尼黑惨案,1996 年亚特兰大奥运会的恐怖事件,2004 年奥运会的回归希腊,都融合了一些政治问题。2012 年伦敦奥运会上,中央电视台推出的《静观英伦》,由央视记者柴静从人文等视角来看待奥运赛场外的人和事,可谓是从"非体育的角度看体育",更加深刻,别有风味。

大众传媒在丰富报道素材的同时,还可以塑造奥运明星。对于每个国家的观众来说,每一个奥运冠军都是民族英雄的隐形化身。许多奥运会冠军、运动员、教练员和裁判员成了大众关注的焦点,他们对大众的示范导向作用已经成了一种文化潮流。这种明星效应的产生归功于大众传媒的运作。尤其是在新媒体的时代,以奥运冠军为代表的意见领袖无时无刻不影响着网络受众的行为。例如孙杨锲而不舍拼搏的精神,成了大多数青少年们学习的榜样。

第四节　大众传媒与奥林匹克运动相互制约的挑战

奥运会在与大众传媒结合发展的过程中遇到了不少挑战。这些挑战不仅来自奥林匹克运动自身性质的改变,还来自对奥运会和主办国文化的宣传。主办国利用大众传播的教育功能,传播奥林匹克文化,以达到对全民进行奥林匹克教育,帮助大众树立正确的价值观和健康的精神追求的目的。虽然这些发展中的挑战无可避免,但是挑战也是奥林匹克运动留给主办国最珍贵的、无形的奥运财富。

一、传媒垄断带来的利益负面挑战

自从电视转播权的出售开始,奥林匹克运动的商业性逐渐加强,大众传媒往往根据自己的利益采取行动,为了追求更好的效果,到达利益最大化,过度的商业性操作也给奥林匹克运动带来不利的影响。最明显的表现是一些国际传媒巨鳄只考虑其商业利益,不顾及奥林匹克运动的发展。他们凭借其强大的经济和技术实力,垄断了奥运会的报道。比如在选择报道对象时,过分强调报道的新闻性和娱乐性,或在转播时间上只考虑大广告客户的要求与利益,迫使奥运会迎合它的需要。

名人谈

有学者指出,在 1984 年洛杉矶奥运会上,美国三大电视网为了增加一个周末的黄金广告时间,以价格作为向国际奥委会施加压力的工具,迫使这届奥运会从 5 天改为 6 天;到了 1988 年汉城奥运会,美国的媒体过度迎合美国人的黄金时间,将本应在下午或晚上的比赛项目移到早晨,严重影响参赛运动员正常水平的发挥。奥运会电视转播的垄断甚至迫使一些发展中国家失去了观看体育比赛的机会,奥运会也无法实现全球转播的愿景。在对奥运参赛选手的报道中,媒体过度地追求娱乐化报道,只关注选手的花边新闻不关注选手的比赛,影响了体育明星形象的塑造,也导致了奥运新闻报道的权威性丧失。

二、传媒带来的主办国的文化宣传挑战

国家文化认同又称为"软权力"(soft power)认同,它是一个国家存在的前提,对内产生内聚力,使国民有归属感、安全感和自豪感;对外产生吸引力,为本国发展赢得更大的生存空间,在国际竞争中拥有更多的竞争优势。国家软权力日益成为实现国家权力的重要途径,文化越是得到世界的广泛认同,越有利于这一国家的发展,尤其在当今全球化时代,国家文化认同更显得重要。举办奥运会是主办国文化得以全面展示的一次机会,奥运会主办国的文化可以通过大众媒体呈现在世界观众的面前,集中全球的注意力,被他国公众理解和接受,从而获得认同。所以,最终的实现这一行为还是要借助于奥运会相对集中的全球注意力资源,也就是大众媒体。别国绝大多数的民众不可能亲临奥运会感受主办国文化,而是更多地通过国际传媒来感知。有学者在其研究报告中

指出,奥运会主办国的大众传媒作为国际传媒的一部分,传播本国文化责无旁贷。主办国的大众传媒对本国文化的解读应当更准确,并对本国文化进行准确的编码之后进行对外传播,从而在鱼龙混杂的国际传媒中起到积极的引导作用。

三、传媒带来的精神宣传新挑战

大众传媒将奥林匹克主义及其精神、信仰、理想、价值传遍全世界,使其成为全人类普遍承认与共同遵守的价值体系。通过直播奥运会,培育了大众传媒自身的精神品格,也是净化和陶冶奥林匹克精神的过程。首先,奥林匹克的积极进取精神,对大众传媒具有极大的激励作用。在进行报道时,要时刻展现勇于向世界强手和世界先进水平挑战,不断超越自己,超越他人的奋斗精神,高举起"更快、更高、更强"的大旗。大众通过阅读此类报道获知奥林匹克的核心价值之一———积极进取的竞争精神。了解到只有保持这种奋斗精神,才能坚韧不拔、锲而不舍、处变不惊,才能体现人类的伟大、人性的伟大、人的伟大。其次,大众传媒是建立起沟通全世界爱好和平的人们之间桥梁、友爱的纽带的有效工具。通过对奥林匹克运动的宣传和对奥运会的报道,大众传媒将爱好和平这一高尚理想传遍世界的每个角落,促进人类社会与自然的和谐、人与人的关心和友好相处、互利互惠的美好追求和精神品质。这样的报道不仅代表了精神的体现,还能给大众传媒以熏陶和培养。第三,在奥林匹克运动中,竞争必须服从公平竞争、公正竞赛的原则,遵守规则,照章办事,决不作假。公正精神的背后,是奥林匹克运动建设一个维护人的尊严的公正的社会的追求。公正精神也是奥林匹克运动追求人的平等和尊严,崇尚公正和正义,追求世界的真、善、美。奥林匹克精神弘扬公正、和平、人性与友善,给所有的参与者以平等的态度。公正精神的表现也是大众传媒的本质追求。有学者在其研究中指出,北京 2008 年奥运会的口号"人文奥运、绿色奥运"就是对奥林匹克公平精神的很好阐释。通过对奥林匹克运动的参与,无疑,奥林匹克的公平、公正、公开精神,既与大众传媒的价值追求相通,同时也是对大众传媒精神品格的培育。最后,奥林匹克运动的有机整体包含了参与精神,积极进取和竞争精神,公正精神以及和平精神是奥林匹克运动的目标,它们组成奥林匹克精神的本质内容,也由大众媒体传播给全世界。

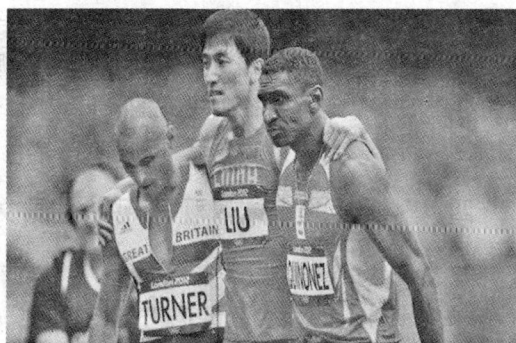

图 12-5 奥运会是不同民族、不同肤色人们沟通的最佳场所

第五节　奥林匹克运动给大众传媒带来的机遇

奥运会不仅是世界上规模最大的一项体育赛事,而且是全球性的文化活动。奥林匹克运动的发展离不开大众媒体的助力,大众传媒业也在伴随着奥林匹克运动成长的过程中面临着更多的机遇。

一、奥运会的发展改善了大众传媒的硬件

大众传媒在奥林匹克运动发展过程中所起的巨大推动作用越来越为国际奥委会所认识和重视,《奥林匹克宪章》为此拟定了专门的条款以保护充分的新闻报道和尽可能广泛的观众。大众传媒已经成为奥运会重要的组成部分。媒体接待能力、通信设备等就成为考量申办城市的一个指标,是主办城市必备的基本条件之一。由于国际奥委会的高度重视,主办城市一方面想方设法地为大众媒体创造优良的硬件环境,另一方面会在改善和提高通信设施方面加大投入,从而推动传播技术的发展。

二、奥运会的发展打造媒体品牌

奥林匹克是世界最著名的品牌之一。大众传媒不仅可以有效地传播奥林匹克文化,还可以通过官方的报道将"奥林匹克"这一著名的品牌和权威的形象结合在一起,获得全世界大多数受众的信任和认可,提升品牌自身的地位。奥林匹克的品牌打造不止体现在这一方面。举办奥运会也可以帮助主办国打造强势、优质的媒体,获得更多的媒体资源。大众媒体可以抓住这个机会赢得国际受众,树立媒体形象,打造媒体品牌,从而在国际传播格局中强化自己的影响力。例如各国的国家电视台,均通过转播或报道奥运会的方式得到全世界受众的认可和欢迎。

三、主办国的宣传扩展了大众传媒的空间

大众传媒在奥运会的发展过程中逐步由跨国传播发展至全球传播,其所面对的舞台也逐渐变大。主要体现在世界各国民众对奥运会主办国的信息需求。主办国和主办城市从申办成功的那一刻开始就被推到世界最前台,一直到奥运会结束都会成为全世界关注的焦点。虽然奥运会是相对集中的注意力资源,但是主办国和主办城市从申办成功奥运会主办国的大众媒体将面临更大的施展空间,受众范围从国内受众扩展到国际受众,传播范围也从国家之间上升为全球性的传播。

四、奥运会的媒体景观呈现举办国文化内涵

20 世纪 60 年代,法国学者居伊·德波在《景观社会》(*La societe duspectacle*)一书中指出:西方资本主义社会已经进入"景观社会"(the society of the spectacle)。景观原意为一种被展现出来的可视的客观景色、景象,也意指一种主体性的、有意识的表演和作秀。在大众媒体报道奥林匹克运动,通过报道塑造的大量媒体景观能够维护举办国的主流价值,在全球范围内实现价值整合和社会协同。也在一定程度程度上传播举办国对于奥林

匹克运动的理解,向全世界传播了举办国的文化内涵。在伦敦奥运会期间,英国政府、伦敦奥组委和各国媒体等机构,共同参与设计、制造了大量的媒介景观。强化了英国人的国家意识,同时也激发出英国人的爱国热情。

　　众多学者从大众媒体和奥林匹克运动的各个方面对两者的发展和关系进行了全面地研究。每一份研究都揭示了两者相互促进、相互影响、相互制约的协同发展过程。随着更多新技术被引用到大众媒体传播中,奥林匹克运动的发展将会步入一个全新的时代。

第十三章
奥林匹克运动与志愿者

"志愿者"的概念起源于欧洲。英文志愿者一词"volunteer"是由拉丁文"Voluntas"一词演变而来。"voluntas"一词的原意是"意愿",但是无论在英语中还是在法语中,"志愿者"一词的内涵都要远远大于"voluntas"的本意。"志愿、奉献"是社会进步的需求,志愿服务几乎是每个文明社会不可缺少的一部分。现在,志愿者一般是指基于良知、信念和责任,在不计物质报酬的前提下,自愿贡献个人时间和精力,为推动人类发展、社会进步和社会福利事业而提供服务活动的人。志愿者服务几乎是每个文明社会不可缺少的一部分。

2001年11月国际奥委会与美国奥委会(USOC)联合在纽约召开了世界奥林匹克与体育志愿主义研讨会,并宣告了《纽约宣言》,认为志愿者是不期待接受任何金钱或物质回报,自愿选择将其时间、精力、技能、经验、服务和支持奉献给一个组织的人。

志愿者在奥运会上的服务已经有相当长的历史。但是直到1992年巴塞罗那奥运会的正式报告中首次对"奥运会志愿者"的概念进了明确界定:奥运会志愿者是指在举办奥运会过程中,以个人的无私参与,尽其所能,通力合作,完成交给自己的任务,而不接受报酬或其他任何回报的人。

第一节　奥运会志愿者的历史形成过程

有着悠长历史的奥林匹克运动不是超然于世而独自存在的事物,它的发生、发展与其栖身的社会环境及时代背景有着密不可分的联系,风云多变的20世纪正是奥林匹克运动与社会政治、经济、文化错综交织的百年历程。尽管奥运会志愿者的概念在20世纪末期才得以明确界定,但其根源可以追溯到1896年的第1届现代奥运会——雅典奥运会。奥运会志愿者是在社会需求与奥运会发展需要的共同作用下逐步发展并趋于成熟的产物。志愿者作为奥运会必不可少的组成部分,其演进历程与奥林匹克运动的发展脉络相随相伴。因此,必须将奥运会志愿者放入一个宏大的、动态发展的社会与文化背景中,置于奥林匹克运动的整体框架内,才能较为准确地了解它的历史及其存在的价值。

一、奥运会志愿者的历史溯源

志愿者的产生与发展。追根溯源,志愿者服务最早可以追溯到19世纪初西方国家宗教性的慈善服务。一大批怀有慈善之心的各阶层人士是最早的志愿服务人员,较早的组织有在英国伦敦成立的"慈善组织会社"。到19世纪末20世纪初,欧美等国先后通过的一系列有关社会福利方面的法律法规,而这些社会福利方案的实施,除了要有专职社会工作者去实施之外,也需要动员和征募大量的志愿人员投身于有关的各项服务工作之中,志愿服务开始受到政府的重视和鼓励,志愿者组织形成雏形。第二次世界大战以后,志愿者组织蓬勃兴起,逐渐走向制度化、专业化,其重心不仅在于调整被救助者的社会关系和改善他们的社会生活,更在于调整整个社会结构与社会关系。

🔍查资料

日前,志愿者组织正以其突出的社会效益受到越来越多的国家、政府和社会的重视。许多国家的志愿者组织在国内有广泛的群众基础和良好的社会声誉,并形成了一套比较完整的运作机制和国际惯例,已步入组织化、规范化和系统化的轨道。尤其在发达国家,志愿服务开展得十分活跃。志愿者组织的活动几乎家喻户晓,大多数公民都具有志愿服务意识,参加志愿活动已成为其自觉行为。

有关数据表明,1998 年美国约有 1.09 亿成年人参与了志愿者活动,其中 49% 的男性每周奉献 3.6 个小时从事志愿服务活动。自 20 世纪 80 年代以来,发展中国家的志愿者组织发展也很快。据联合国开发计划署在 1993 年的《人文发展报告》中估计,90 年代初发展中国家志愿组织的服务对象达到了 2.5 亿人。

体育组织与志愿者的结合。近代体育是随着资本主义的发生、发展而逐渐兴起的。体育爱好者们利用闲暇自发组建了体育俱乐部。在近代体育由欧洲经北美传至亚洲、非洲、拉丁美洲、大洋洲等地的过程中,不少国家在俱乐部的基础上纷纷成立了单项体育组织。如早在 1845 年美国的纽约已成立了棒球组织,时称"灯笼裤垒球俱乐部",1858 年又成立了"全美棒球联合会"。又如 1862 年捷克斯洛伐克成立了世界闻名的体操组织"猎鹰"等。而这些近代体育组织的发展均源自业余人士的志愿奉献,这些组织与对体育充满热情的志愿者已密不可分。虽然当时没有对志愿者的明确界定,但从参与方式与工作性质上来讲,不管采取何种形式,参与体育仍是人们的一种自发的、主动的行为,是饱含无私奉献精神的。从一定意义上讲,志愿者已经介入体育领域,这些体育组织是体育与志愿者相结合的产物。总之,近代体育的世界传播加强了国际的交流,促进了体育组织的发展。而正是这种交流与发展为现代奥运会的诞生提供了前提与条件,这些也无疑为体育志愿者进入奥运会提供了机会。

奥运会发展的需要。法国教育家皮埃尔·德·顾拜旦基于志愿精神开创了现代奥林匹克运动这一宏伟事业,国际奥委会不仅是建立在志愿者的基础之上,而且越来越依赖于志愿者的支持,到目前为止,国际奥委会的所有成员均为志愿者。由于当时并没有对奥运会志愿者做出明确的界定,只是将那些基于志愿参与奥运会组织工作的人员笼统地称为奥运会志愿者,更确切地说,应当称之为奥林匹克志愿者。

现代奥林匹克运动诞生以来,就显示出一种特殊的文化魅力和强大的生命力。随着社会各阶层对奥林匹克运动认可程度的不断提高,奥运会的规模也越来越大。如 2004 年雅典奥运会共设立了 28 个运动大项、301 个运动小项,有 201 个国家和地区的 11 099 名运动员、5 500 名官员报名参赛,记者总数达到 20 000 人,规模及参加人数创历史之最。现代奥运会规模大、会期短的特点,对人力资源提出了一种非常态的需求——赛前迅速集聚数万工作者,赛中高负荷工作,赛后继而解散。普通的劳动力市场难以满足这种忽聚忽散的特殊需求,而志愿者动态灵活的工作特点却与奥运会对人力资源的需求高度契合。奥运会志愿者不仅为奥运会提供了充足的人力资源和全面人性化的服务,而且大大降低了举办奥运会的成本。许多学者甚至认为,奥运会志愿者的贡献可以与奥运会资金的主要来源相提并论。

弘扬奥林匹克文化的需要。奥林匹克运动是以《奥林匹克宪章》为依据,以体育运动和奥林匹克庆典为主要活动内容,通过体育与文化的结合,发挥良好榜样的教育价值,促进人的身、心和精神方面的全面发展,增进世界人民间的交流和友谊,令全世界普及奥林匹克主义,促进世界和平与美好的国际社会运动。奥林匹克运动不只是局限于体育,更不只是局限于奥运会的竞技比赛,而是一种超越体育和竞技运动的关于人的全面发展、人类完善和社会发展的思想、理论和运动。因此为了传播奥林匹克精神、普及奥林匹克教育,仅仅靠体育比赛和运动员的榜样作用显然是远远不够的。国际奥委会主席罗格说:"志愿者是奥林匹克运动的基石,是奥运会真正的形象大使。"奥运会志愿者是奥林匹克理想在现实中鲜活的代表,其本身就是奥林匹克主义的最好写照。一支致力于公益、无私奉献的志愿者队伍活跃在奥运会赛场内外,保证了奥运会的成功举办,张扬了人文精神,彰显了奥运会不同凡响的精神价值,保持和提高了奥运会的品位。志愿者精神与奥林匹克精神的高度契合使奥运会志愿者的作用得以凸显。

二、奥运会志愿者的历史回顾

奥运会志愿者的发展是伴随着现代奥林匹克运动的发展而发展的。奥运会志愿者的发展大致经历了萌芽、初具规模、规范管理和成熟发展等四个不同的发展阶段。

萌芽阶段(1896—1936年)。奥林匹克志愿者的历史最早可以追溯到1896年雅典首届奥运会。1896年首届现代奥运会举办时,虽然还没有"志愿者"这一称谓,甚至奥运会的官方报告也没有提及为奥运会做出无私贡献的人们,但是有一些不图物质回报的人参加了体育俱乐部和体育联合会的活动,以及与奥运会的组织有关的外围工作,协助组委会组织奥运会。在1896—1908年的这一时期.志愿者志愿服务的主要动机来自于家族关系和私人的友谊,同时志愿者的服务领域也极为狭窄,仅限于奥运会组织的外围工作。

1912年虽然欧洲已弥漫着战争气息,但是瑞典的斯德哥尔摩仍然成功地举办了第5届奥运会。参赛国的数量和参赛运动员数量比首届奥运会分别增长了1倍和7.5倍,奥运会已经初具规模。1912年,为奥运会志愿服务的童子军和军队第一次出现在奥运会正式报告书中,"童子军和护卫队在Messrs和windstorm的指挥下,为公众提供了必要的帮助"。此后几届奥运会的大部分服务工作均由童子军承担,直至1936年柏林奥运会时,童子军被纳粹青年营所取代。在1912—1936年的这一时期,奥运会志愿者多由童子军和军队等团体承担,并获得一定程度的认可。

📅 微历史

时任国际奥委会主席的顾拜旦在提及童子军所做的工作时说道:"一位瑞典女性——凡尔莎夫人和她的6个孩子都参与了奥运会中。最小的孩子参加了童子军,负责维护秩序和递送消息。这件事看似微不足道,但国际奥委会决定授予她一枚特别的奥林匹克勋章。"此外奥运会正式报告对童子军和军队服务的记录本身已说明了奥运会组委会对他们的认可。这一时期志愿者的工作种类依然单一,奥运会组委会分配给童子军和军队的任务也多为繁琐的体力劳动,他们的基本任务包括传递信息、维护秩序与治安、协助观众以及搬运器材等,其服务是零散和不全面的,缺乏系统性管理,仍处于边缘地位,尚未引起足够重视。

初具规模阶段(1948—1976 年)。第二次世界大战后,奥林匹克运动得到迅速发展,出现了一系列新变化。奥运会规模扩大,项目剧增,参与人数大幅度增加,给举办工作带来了巨大的压力。为了节省开支,奥运会组委会不得不动用大量志愿者来完成工作。志愿者数量迅速增多,志愿者组成更加多元化,同时其服务的内容和组织形式也发生了很大的变化。

📅 微历史

　　在 1952 年赫尔辛基奥运会的正式报告中首次出现了女性志愿者,她们志愿为奥运会充当引导员,这无疑成为女性平等参与奥运会的另一个有效途径。1952 年赫尔辛基奥组委还第一次对志愿者进行培训,这是奥运会志愿者演变过程中的里程碑,为以后的迅速发展奠定了基础。值得一提的是 1960 年罗马奥运,奥运会组委会将志愿者的选拔与培训融合在一起,即对招募来的志愿者进行初步培训,再根据规定的标准对其进行筛选,对于入选的志愿者再作进一步的强化培训。1976 年蒙特利尔奥运会组委会采取了一个创新的举动,将奥运会的服务与学校的部分课程结合起来,大胆的在学校课程体系中增加了有关奥运会服务的内容,从而使广大青年学子得到了比较专业的培训,促使大量的青年人参与了奥运会的组织工作。这种结合既满足了组委会的人力需求、丰富了学校的课程资源,而且促进了奥林匹克运动与教育相结合目标的实现。这一时期的奥运会志愿者参与者由童子军与军队扩展到青年组织、学生等,其服务内容更加多样化,活动的范围和空间几乎延展到与奥运会相关的各个领域,与以往的志愿者工作相比增加了一些技术性的工作。如奥运会赛场设施的维护、翻译等。

　　为了满足奥运会的需要,组委会逐渐扩大了志愿者招募渠道,并开始对其进行培训,但是这一阶段对志愿者的培训无论从形式上还是从内容上都不够系统,也缺乏一定的针对性。总之,由于这一时期志愿者尚未正式纳入组委会的工作范畴,使得对志愿者的委派与管理处于非正规的散乱状态。

　　规范管理阶段(1980—1988 年)。进入 20 世纪 80 年代,美国人第一次在冬季和夏季奥运会中规范了奥运会志愿者的选拔、培训、管理等工作,更加有机地将奥运会志愿者相关工作与奥运会紧密联系在一起。

📅 微历史

　　1980 年美国普莱西德湖冬奥会是奥运会志愿者历史演进过程中的又一个重要里程碑。6 703名志愿者组成了历史上第一支正规的奥运会志愿者团队。组委会在对志愿者们进行了周密的培训后，根据各自的特长和经验，将其派往奥运赛场的不同岗位。这说明奥组委已经开始把志愿者活动列入议事日程，并纳入组委会工作的整体规划中。在普莱西德湖冬奥会的正式报告中给予了志愿者极高的评价："如果没有6 700多名志愿者组成的队伍，第13届冬季奥运会的成功举办是不可能的。"

大众参与志愿者工作在1988年加拿大卡尔加里冬奥会中得到了巩固和体现，来自社会各个阶层各个行业的男女老少都投身志愿者队伍，这无疑体现了人们对奥运会的热情和协作的精神。

📅 微历史

1984年洛杉矶奥组委成立了专门的志愿者部，它标志着志愿者不仅在奥运会组委会中占有一席之地，而且在组织、管理上都有了长足的进步。在此期间奥组委制定了较为系统全面的培训计划。例如，1984年，洛杉矶与萨拉热窝联合对志愿者编制了一系列的培训课程；汉城奥运会志愿者的培训则由基础化课、任务与职责、实践三部分构成，这些培训课程旨在为奥运会的各个组织机构提供最佳的人选。

总之，在这一时期的志愿者工作已经进入了奥组委的议事日程，并成为其重要的一部分，奥运会志愿者的组织与管理也更加规范，并日趋成熟。

成熟发展阶段（1992年—至今）。1992年巴塞罗那奥运会的正式报告对"奥运会志愿者"概念的界定，明确了志愿者在奥运组委会不可或缺的重要地位，这成为奥运会志愿者的历史演进过程中最为重要的里程碑。虽然国际奥委会没有成立专门的委员会管理志愿者事务，但志愿者为奥运会所做出的贡献却得到了极大的认可与重视。奥运会志愿者正朝着专业化、组织化、科学化的方向发展。

随着信息时代的到来，奥运会对各个领域层次专业人才的需求增加，尤其是在新信息技术和语言领域。1998年长野冬奥会招募了一大批具备外语、科技和传媒技能的人才。从此以后每届奥运会志愿者中专业人才的比例在逐渐上升，以适应新形势下志愿者服务的新要求，保证奥运会志愿者服务工作的质量。由于奥运会需要的志愿者越来越多，导致招募培训及管理工作压力增大，仅靠奥组委自身的力量已无法胜任。因此奥组委加强了与许多非营利组织如学校、科研机构、志愿者协会以及其他社会团体的密切合作。

🔍 查资料

与此同时，奥运会志愿者问题已经引起了学术界的广泛关注，2001年11月IOC与USOC联合在纽约召开了世界奥林匹克与体育志愿主义研讨会，这次大会研究和探讨了志愿者对于运动、体育教育、奥运会的举办以及国家、地区和世界运动克赛的作用，并通过了《纽约宣言》，认为志愿者主义是奥林匹克运动的基础，要促进发展和巩固志愿者主义的文化。

2002年盐湖城冬奥会在招募志愿者时，通过互联网建立一个国际人才搜索和数据库管理系统，同时还利用项目管理软件，对本届冬奥会及残疾人冬奥会期间的

46 个赛场、288 个工种 4 343 个活动进行跟踪。科学的策略与新科技的应用为奥运会志愿者的管理注入新鲜血液,促进了科学、高效的志愿者管理体系的建立。

总之,这一时期的奥运会志愿者工作得到了高度的重视、奥运会志愿者的招募与培训日益规范,科学、专业、高效的奥运会志愿者组织与管理体系的建立、标志着奥运会志愿者事业正步入成熟发展的新时期。

第二节　奥运会志愿者的特征

认识奥运会志愿者的特征,始终不能离开它与奥运会之间互动共生的各种因素。奥运会志愿者的特征是以其服务对象——奥运会涉及的各种群体为依托,在各种服务实施的过程中形成并反映出来。奥运会志愿者的特性,是由奥运会的组织管理对人力资源的特殊需求来决定的。

一、奥运会的特殊性

1. 管理系统的庞杂性

奥运会作为一项庞大而复杂的系统工程,涉及社会的方方面面。这种庞杂性不仅体现在数量之巨大与规模之宏大上,更体现在它纷繁复杂的管理工作中。

融新知

第一,参赛人员及观众数量巨大。由于奥林匹克运动本身的发展和商业化的冲击,奥运会的参赛国家与运动员数量有了飞速地增长。第 1 届夏季奥运会参赛队仅为 13 个,运动员 311 个,到 2000 年第 27 届奥运会,参赛队达到 199 个,运动员人数为 10 651 名,参赛总人数增长了 33 倍。据统计,近年来每届奥运会直接涉及的人员包括运动员、裁判员、教练员、政府官员、新闻记者等一般会达到 7 万人左右。此外,奥运会吸引的现场观众与境内外游客也与日俱增。

第二,项目设置与各种仪式及文化活动繁多。奥运会竞赛项目的设置经历了一个增删、演变的发展过程、但总数量一直呈上升趋势。夏季奥运会发展到 27 届时,已由第一届的 43 个小项增加到 300 个小项,冬季奥运会也由最初的 14 个小项增加到第 19 届的 78 个小项。虽然国际奥委会正采取各种措施为奥运会"消肿",但由于发展的惯性,短期内难以有较大改观。奥运会的各种庆典仪式及文化活动越来越受到东道国的重视,组织者精心设计各种文化艺术活动来充分展示本国的优秀文化,尽可能将本民族的历史发展过程、目前取得的巨大成就以及对未来的展望通过开、闭幕式的大型演出展示给全世界。为了形成视觉上的冲击,为世人留下深刻的印象,需要方方面面大量人员的参与。

第三，涉及领域广泛。奥运会的申办、筹备到举办，是一个复杂的系统工程，不是一两个部门或行业可以胜任的。整个系统涉及集资、新闻、竞赛、通讯、安全、卫生、交通、公共关系等各个方面，每一个环节都是向世界展示举办国综合实力的窗口，需要经济、法律、文化艺术、教育、传媒、科技、建筑、环境等领域在人力、物力、财力上的精诚合作。

如此庞杂的管理系统对于工作人员的需求也是巨大的，组委会要募集数万名工作人员来满足各部门的需求，无论是从人力储备上还是从成本投入上来看，仅仅依赖招聘正式员工是不现实的，因此，志愿者成为工作人员中的主力军。

2. 组织机构具有临时性与波动性

作为级别最高的一项国际大型体育赛事，奥运会按照四年一届的周期在世界各地轮流举行。奥运会举行周期长以及"轮流坐庄"的规则决定了为筹办奥运会而组建的组织机构具有临时性，为备战奥运会而募集的工作人员数量根据奥运会的需要随时增减。同时，奥运会的会期短而集中，日程安排极为紧凑，因此，奥运会筹办工作的分段与工作安排错综复杂。为了确保奥运会举办成功，前奥运阶段将成立分管各项工作的组织机构，并调动各个领域的大量精英人物与专业人员，通力合作完成前期的筹备工作；奥运会召开期间，要迅速召集数万名工作人员，大强度、全负荷地服务于各个部门、场馆及驻地；后奥运阶段，根据实际需要，逐渐解散这些人员。此外，在不同阶段，根据工作与实际情况的需要，随时要增设及削减一些机构，因此，为筹办奥运会而组建的组织机构具有临时性与波动性。

融新知

从人力资源管理的角度看，奥运会的组织机构需要的工作人员要符合快速聚集、快速解散的特点。因此，为了避免奥运会结束后带给劳动力市场的压力，为了减少奥运会的巨大开支，除了分批借调一些正式员工，还必须招募大量的志愿者来完成这种短期的、高强度的工作。

3. 内外环境的复杂性

奥运会的筹办工作是一个巨大的开放系统，整个运作过程始终处于与内外环境的相互作用之中。由于奥运会涉及领域广泛，其内外环境中既包括政治因素，又有经济因素，还包括人文因素与自然因素，而各种环境因素又是相互影响、相互作用的。奥运会管理既要与系统外部的环境保持高度的耦合，又要保持自身的相对独立和稳定。因此，内外环境的任何波动都有可能影响整个奥运会管理系统的运作。奥运会作为一种社会文化活动，一经开始，整个过程就是不可逆的，成功与失败的机会都只有一次。因此，在正式比赛之前，往往需要对场地、设施以及各类工作人员进行测试，以确保奥运会的顺利举办。

4. 社会关注高度聚集

与其他国际特大活动（如世界博览会）相比，奥运会作为最高水平的国际大型体育竞赛，具有极强的社会关注度。体育竞赛最大的魅力和显著的特征就是竞赛结果的不确定性。在各个项目的比赛中，实力越接近，水平越高，悬念性就越强，对观众的吸引力也就越大。这是其他类型的活动和其他级别的体育竞赛都无法比拟的。这种特点使奥运会成为媒体、舆论关注的焦点。此外,报纸、广播、因特网等的广泛宣传,使得奥运会的各种信息在最短的时间内,传遍世界的任何角落。数千小时的报道,成千上万的新闻记者,数百亿的电视观众,对于展示举办城市全方位面貌的作用可想而知,其社会影响的深远性不言自明。

📖 融新知

　　举办国出于扩大国际影响的需要,要通过奥运会向世界各地的来访者展示本国的风貌。这种信息可以通过一些场馆、城市建设、交通、通讯等"硬件"来传递,但更重要的是通过工作人员友好的行为和热心助人的态度来体现。这种态度必须从第一天开始一直持续到整个赛事的结束,给每一位来宾留下美好的印象。如亚特兰大奥运会组委会用"友好南方"的形式展示给人一种美好的感受,每个工作人员的重大目标就是通过来访的人向全世界展示亚特兰大人的风貌。

　　志愿者是怀着为奥运盛会无私奉献的满腔热情自觉自愿来为奥运会服务的,因此,志愿者往往在工作中表现出良好的敬业精神,他们提供的优质服务成为奥运会举办地扩大国际影响的一种有效途径。

二、奥运会志愿者的特征

　　奥运会志愿者群体是由两人或两人以上互动的个体组成、个体之间具有稳定关系与共同目标、彼此意识到同属一群的集体。根据群体目标的不同,可以分为长久群体与临时群体。临时群体是为了解决某一问题、执行某一任务而组建的群体,问题解决后或任务完成后,该群体便被解散。从群体结构与特点来看,奥运会志愿者是一个特殊的临时性群体。虽然人们为奥运会提供志愿服务是出于自愿的,然而一旦成为正式的志愿者,就不再是一个独立的行为个体,而是要作为整个奥运会志愿者群体的一名成员来履行自己的职责。因此,必须将参与奥运会的所有志愿者作为一个有机整体,从分析群体结构入手,立足于奥运会对人力资源的特殊需求,探析奥运会志愿者的群体特征及其对管理的影响。

　　1. 群体规模的庞大性

　　奥运会规模的庞大与筹备工作的繁杂要求组委会必须招募数万名奥运会志愿者来协助完成各个领域与岗位的工作。历届奥运志愿者的数量体现了这一鲜明的特征(表13-1)。

表 13-1　夏季奥运会志愿者人数

年份	奥运会举办地	志愿者人数
1984	洛杉矶	28 742
1988	汉城	27 221
1992	巴塞罗那	34 548
1996	亚特兰大	47 466
2000	悉尼	46 967
2004	雅典	45 000

续表

年份	奥运会举办地	志愿者人数
2008	北京	74 615
2012	伦敦	70 000
2016	里约	70 000

2. 人员构成的多样性

奥运会运作系统的庞杂性,要求服务于各个部门的志愿者掌握各种必要的技能与专业知识。整个系统涉及经济、法律、文化、艺术、教育、传媒、科技、建筑、环境等各个专业,这些都决定了志愿者服务领域的广泛性,此外,在奥运会举办期间,来自世界各地的运动员、教练员、官员、记者、观众不下十几万人,各国的法律、文化、价值观念、宗教信仰以及日常生活习惯均有很大差异,这些决定了志愿者服务对象的复杂性。服务区域的广泛性与服务对象的复杂性要求奥运会志愿者具有各个方面、不同水平的综合素质。因此,奥运会志愿者在年龄、性别、民族、职业、人格、能力、经验、教育等方面各不相同,从而形成了一个多样化的群体。

3. 个体目标的分散性

来自社会各个领域的志愿者,怀着对奥运会体验与志愿者体验的不同期望,加入奥运会志愿者团队中来。志愿者参与奥运会大多与个人及社会动机有紧密的联系。一般包括:奥林匹克主义中蕴涵的团结与和平的精神;作为公民、社团或国家成员的奉献,对个人的挑战;对群体的归属;作为群体成员的认同感;个人需求的自我满足,等等。由于参与动机不同,志愿者所设置的个体目标也各种各样。

融新知

奥运会志愿者的群体目标是管理者根据筹办奥运会的需要设置的层层递进的目标体系,它不是根据所有志愿者的个体目标确定的,也不是将个体目标简单相加而形成的。因此,志愿者的个体目标与志愿者群体目标不是完全一致的,但它们之间的关系是相互作用相互影响的。志愿者参与的前提是对群体目标的认同,但是有着不同动机的志愿者希望在服务过程中获得个人的满足,而这种满足的程度决定着其个体目标与群体目标的一致性,进而影响志愿者的服务质量。这种互动关系存在于奥运会整个筹办过程之中。

因此,如何将志愿者分散的个人目标高度整合,尽可能使之与群体目标达成一致,是志愿者管理成员应当考虑的问题。从这一角度来看,对志愿者的管理实际上就是对志愿者预期的管理,虽然管理者的最终目标是协助奥运会成功举办,但也要考虑对志愿者预期的满足,从而激发他们更大的工作热情,在服务过程中发挥自身最大的潜能。

4. 群体规范的非强制性

志愿者的基本特性是自愿性,他们不仅可以自愿加入,也可以自愿退出,群体规范对于志愿者来说属于非强制性约束。因此,志愿者的半路"逃逸"在所难免,志愿者的中途退出将为组委会带来一定损失。例如:亚特兰大奥运会中约10%的志愿者中途退出;悉尼奥运会时,大约4%的志愿者由于各种各样的原因退出,没有坚持在奥运会期间完成分配给他们的工作。这种组织的主动流入和被动流出造成的结果必然是成员结构的失衡与管理工作在某种程度上的混乱。志愿者的相对随意性决定了志愿者组织的动态性与管理的难以控制性。此外，不管事先制定的计划多么周密，在奥运会举行过程中仍会发生一些偶然性事件。包括志愿者在内的所有工作人员对突发事件的反应也是不确定的，这对管理系统中人、技术、信息方面的协调功能提出了更高的要求。

综上所述，奥运会志愿者群体是一个大规模的、动态变化的临时性群体。管理者必须立足于这一群体的特殊性，全向分析其对管理的影响，才能使志愿者真正融入并高效服务于奥运会。

第三节　奥运会志愿者的价值

众所周知，奥运会志愿者已经成为推动奥林匹克运动发展的积极力量。奥运会志愿者作为奥运会的重要组成部分，不仅具有独特的经济价值，而且具有重要的社会价值与文化价值。

一、奥运会志愿者的经济价值

1. 提供充足的人力资源和全面人性化的服务

随着现代奥林匹克运动的蓬勃发展，奥运会的规模日益庞大，比赛项目和参赛人数屡创新高，因此对奥运会服务工作带来了巨大的压力。

查资料

现代奥运会对志愿者的需求日益增多，志愿者人数从 1980 年普莱西德湖冬奥会的 6 703 人扩大到雅典奥运会的 60 000 人。北京奥运会有 10 万名志愿者提供服务，其中，夏季奥运会 7 万人，残奥会 3 万人。志愿者机动灵活的工作特点与奥运会对人力资源动态多变的特殊需求高度契合，成千上万来自社会各阶层、各领域的志愿者既可"解燃眉之急"，又避免了带给举办城市的巨大就业压力。同时现代奥运会的服务领域相当广泛，服务项目众多，奥运会志愿者的服务岗位涉及礼宾接待、安全保卫、医疗卫生等二十多个领域。奥运会志愿者来自于社会各个阶层、各种职业，各有所长，如果管理得当，充分发挥其自身的潜力，就能在很大程度上提高服务质量。

由于志愿者团队没有机构臃肿带来的内耗问题，还可从一定程度提高运作效率。虽然奥运会志愿者们的参与动机各种各样，但他们怀有一个共同目标——为奥运会贡献力量。这种积极性与热情不仅可以激励志愿者自己尽职尽责，还会鞭策与之协同工作的专业人员。如果奥组委能够对志愿者进行精心的培训，根据志愿者各自的经验和特长，并充分考虑志愿者的意愿，合理地安排各自的岗位与任务，就能激发志愿者的积极性与创造性，发挥其最大效能，为奥运会提供人性化、个人化及全面化的服务，使参加奥运会的各阶层人士获得更大的收益。

图 13-1　大学生志愿者在里约奥运会参与志愿服务

2. 降低奥运会的举办成本,发挥经济连锁效应

成千上万的志愿者无偿地为奥运会服务,高质量地完成各项任务,从而降低了举办奥运会的运营成本。如悉尼奥运会志愿者工作的总时数为 545 万小时,如果将其折合成货币,高达 1.098 亿澳元。如果我们把奥运会志愿者看作一股巨大的经济资本,那么可以明显看出志愿者服务投入与产出间的悬殊差距。例如,悉尼奥运会志愿者占奥运会总劳动力的 41%,但其开支只占奥运会总预算的 0.44%。如果计领薪职员或合同工人来完成志愿者提供的服务,悉尼奥运会的全部预算将提高 4.5%。悉尼奥运会志愿者服务的总投入与总产出的比率是 1∶9.88,即对志愿者每投入 1 澳元大约可以得到近 10 澳元的收益。2004 年雅典奥运会组委会官方网站上的表述有力地证明了现代奥运会对志愿者的依赖:“这一人类最盛大的聚会,只有通过每一个志愿者的决心、热情和奉献以及专业技能才得以实现。”正是由于大量志愿者的贡献,才保证了奥运会的成功举办。同时奥运会对举办城市的经济影响是引人注目的,而这一切都是与志愿者的经济价值和贡献密不可分的,奥运会的部分经济收益也是在志愿者的帮助下实现的。奥运会结束后,志愿者的经济价值并没有消失,它可以延伸到社会各个需要借助志愿者力量的领域,通过种种途径将志愿者资本转化为经济资本,例如,1992 年巴塞罗那奥运会结束后,参与奥运会的志愿者组成了巴伦西亚志愿者协会。这一协会为随即而来的世界自行车锦标赛以及其他大型赛事都提供了强有力的支持。

二、奥运会志愿者的社会价值

1. 奥运会志愿者既是奉献者又是受益者

将自己的时间和精力奉献给社会公益事业,是人类社会最高尚的行为,而奥运会为人们提供了服务他人、贡献社会、体现爱心的机会。

🏠 看文化

为一个高尚目标而努力工作也必然是净化自己灵魂的过程,志愿者不仅以自己的行为教育社会,启发人们的良知和对真善美的追求,同时也在教育着自己。奥运会志愿者通过为奥运会提供志愿者服务而净化了心灵、完善了人性、提高了品质,志愿者成为一切向钱看的社会风气的有力挑战。奥运会的筹备与举办涉及社会的各个领域,奥运会志愿者由不同阶层、不同职业、不同年龄的成员组成,这为志愿者们提供了展示自我的舞台与互相交流的机会,扩大了他们的生活空间,拓展了他们的社会交往范围。志愿者通过广泛参与奥运会的各种活动,除了发挥自己的一技之长,为他人提供服务之外,志愿者也获得了学习新知识、新技能的机会,从丰富生动的实践中开阔了眼界、增长了才干。

由于奥林匹克教育贯穿于奥运会志愿者服务的全过程,所以志愿者通过参与奥运会服务,了解了奥林匹克精神——友谊、团结和公平,内化了奥林匹克所提倡的基本伦理原则,促使广大志愿者传递爱心,培养高尚品德,关心公益事业,遵守社会公德。同时志愿者通过互帮互助,增强了创新能力、沟通技巧和团结协作的意识。

图 13 - 2　志愿者们在庆祝奥运的成功

2. 奥运会志愿者是奥林匹克运动的基础

奥林匹克运动是一项以追求人类社会的和平、进步与团结为宗旨的公益事业。在当今市场经济的大背景下,在奥运会商业化的运作模式中,最能体现公益性的正是不计报酬、无私奉献的志愿者。活跃在奥运会赛场内外的志愿者们,以自己的实际行动展示着奥运会独特的精神价值,保持和提高了奥运会的品位,因此国际奥委会副主席查德·庞德指出:"奥林匹克运动是以志愿者活动为基础的社会现象。"现代奥林匹克运功的创始人顾拜旦一生都坚定不移地坚持认为奥林匹克运动应当促进大众参与体育。奥运会作为当今最高水平的体育比赛,汇集了世界顶级的体育精英,奥运会明星们在普通百姓的眼里如同奥林匹斯山上神龙见首不见尾的诸神一样遥不可及。奥运会的巨大规模为志愿者参与奥林匹克运动提供了广泛的机会,数万名志愿者在不同的领域以不同的方式参与其中,奥运会明星在奥运会期间与数万名志愿者朝夕相处,有的甚至结下了深厚友谊。这不仅使大众对自己的心目中的奥运偶像有了深切的了解,而且志愿者无私的奉献、热情周到的服务也对明星们有良好的教育作用,有助于他们走下神坛,回归民众。

3. 教育是现代奥林匹克运动永恒不变的思想内涵

奥林匹克运动之所以对社会的和平、进步能够产生积极影响就在于它的教育功能。数万名志愿者在为奥运会提供服务的同时,又以自己的行为教育和感染所接触的每一个人,他们无疑是传播奥林匹克理想及奥林匹克教育的主力军。"奥运会的成功取决于你,你将获得一生只有一次的体验,没有你,奥运会无法进行。"——尤伯罗斯(洛杉矶奥运会组委会主席)于1984年5月对洛杉矶奥运会志愿者的讲话。

图 13-3 志愿者们积极参与奥运会,成为一个大家庭

4. 增强民族凝聚力和促进社会和谐

由于奥运会具有庞大的规模和巨大的魅力,对社会的影响深远,所以相对于其他社会活动而言,奥运会为志愿者提供了更引人瞩目的巨大平台,从而提升了志愿者的形象,有助于增强社会对志愿者的认可。奥运会使志愿者为奥运会提供志愿服务,通过奥运会获得的体验,使之成为潜在的社会志愿者,为志愿服务提供了雄厚的群众基础。奥运会志愿者的组织与管理模式更是为社会志愿者活动提供有价值的借鉴。

奥运会是需要各行各业密切合作、高度协调才能完成的社会系统工程。志愿者们参与奥运会服务,是在无私地为完成一个有益于社会的共同目标而奋斗,这"众志成城的过程本身会增强参与者的集体主义、爱国主义和民族的认同感"。因此,志愿者加强了社会的亲和力和凝聚力。

融新知

> 由于经济的高速发展和市场制度的建立,将人们分割为不同的职业群体和利益群体,市场经济鼓励竞争,讲究优胜劣汰,固然提高了社会效率,但也带来利益的冲突和人情的冷漠。奥运会为来自社会的各个领域的志愿者提供了相互了解与互相帮助的机会,降低了彼此的疏离感。来自社会各个领域的志愿者由于共同的目标和价值理念而集合在一起,成员间形成了一种友爱、互助、进步、贡献的新型互动关系,原有的社会地位、经济收入、文化程度等结构性差异退居次要地位,增进了相互了解。志愿者为奥运会服务的过程中,潜移默化的互相传递各个阶层、各种行业的信息,将彼此的距离拉近,有利于加强核心道德价值的凝聚力。因此,可以说奥运会作为一个强有力的纽带,把不同的人结合在一起,客观上起到了一种社会整合功能,促进了社会的和谐。

三、奥运会志愿者的文化价值

1. 奥运会志愿者是传播本国文化、增进世界人民友谊的文化大使

奥运会在创办之初,就蕴含了丰富的思想、文化、道德理念。若从文化的角度来审视奥运会,它实际上是以体育运动比赛形式呈现的文化现象,其背后蕴含着丰富的文化资源。奥运会所呈现的文化可分为三个方面:奥林匹克文化、参赛国家和地区的文化、奥运会举办国家的文化。奥运会的比赛过程也可以说是文化展示与交流的过程,世界上各种异质文化进行对话、沟通和交融以及这种文化的展示和相互吸纳,无论对奥林匹克运动,还是对举办国都有着深远的意义。奥运会志愿者在这一大规模、深层次的文化交流中扮演了极为重要的角色。

看文化

> 志愿者是文化交流的使者。奥运会志愿者为来自世界各地的运动员、官员、裁判员、记者、观众及游客提供热情周到的服务,但他们的身份却远远超出了一般的服务人员,他们不仅是举办国家的形象大使,更在为各国运动员及观众的热情服务中学习了外来文化的精华。因此,可以说,奥运会志愿者是展示本国风土人情、促进世界各民族友好交流、增强相互理解、增进友谊的文化使者。正是由于志愿者的无私奉献和其他工作人员的辛勤努力,使得举办国的文化推广到全世界,使奥运会变成超越体育比赛的文化交流活动。

2. 奥运会志愿者是奥林匹精神与志愿精神的传承者

奥运会志愿者精神的团结、友爱、奉献等内涵与奥林匹克主义、奥林匹克精神是高度契合的,其宗旨都是为建设一个和平的、更美好的世界做出贡献。志愿者通过参与奥运会服务了解奥林匹克精神——友谊、团结和公平,内化奥林匹克所提倡的基本伦理原则,通过服务传播了奥林匹克主义。奥林匹克精神不仅体现在运动员的比赛过程中,更体现在那些在各个岗位上默默工作的奥运会志愿者身上。因此,从一定意义上说奥运会志愿者是奥林匹克精神的象征者,是传播奥林匹克精神与志愿精神的载体。

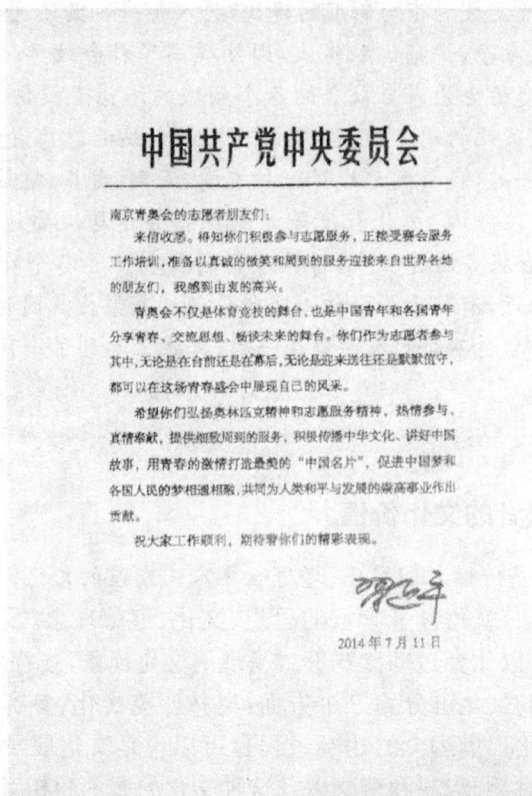

图 13 - 4　习近平主席给南京青奥会志愿者回信

第四节　奥运会志愿者的定位与培训

奥运会志愿者的定位与培训是通过各种学习手段提高志愿者的工作能力、知识水平和潜能发挥,最大限度地使志愿者与奥运会的需求相匹配,进而促进奥运会的成功举办与志愿者综合素质的提高。奥运会志愿者的定位与培训是奥运会志愿者管理过程中一个极为重要的环节,它关系奥运会组织与管理的成败,对保证奥运会的顺利进行起着至关重要的作用。

一、奥运会志愿音定位与培训的内容

1. 奥运会志愿者的定位

定位就是岗前引导,是指对志愿者进行关于奥运会志愿服务政策和程序以及日常事务的指导性调整。招募到奥运会所需的志愿者之后,首先要通过各种方式使志愿者尽可能多地了解奥运会,了解奥运会志愿者,以适应奥运会志愿者这个庞大的群体。管理者应当提供各种背景材料、信息、实际运作要求等资料。每一个志愿者都要对自己将要从事的工作内容和要求有详细的了解,必要时还应了解一些与工作相关的细节,如交通、疾病、服

装等。签订工作协议是增进管理者与志愿者双向沟通的首选方式,协议的具体内容包括:工作内容、工作目标、上岗资格、岗位职责、志愿者权益、使用期限等。通过这种初步的了解,志愿者可以明白他们在奥运会的筹办过程中应如何发挥作用,如何与他人相处。

　　2. 奥运会志愿者的培训

　　随着社会的发展、奥运会规模的扩大以及高新科技在奥运会中的广泛应用,奥运会筹办过程中需要志愿者完成的工作种类越来越多,各种岗位对工作人员的智力因素和非智力因素的要求都在迅速提高。数目庞大的志愿者作为奥运会工作人员的主力军,其综合素质必然要与奥运会的发展"俱进"。因此,对奥运会志愿者的培训成为必不可少的重要环节。奥运会志愿者培训就是要对志愿者进行与奥运会相关的各种能力的培养,其目的在于使志愿者获得奥运会所需的知识和技能。培训是塑造高质量志愿者队伍的中心环节,为赛会的高效运转提供了基本保障。严格来说,培训应当由四个基本步骤构成,即评估、建立培训目标、培训、评价。培训阶段中培训形式与培训内容的选择是关键环节,这将直接关系到志愿者工作绩效的高低。

🔍 **查资料**

　　培训形式

　　按照不同的分类标准,可以划分出许多培训形式。结合奥运会志愿者管理的特点,可以按等级水平将培训活动划分为:离散阶段培训模式——对志愿者的基本要求;整合阶段培训模式——与奥运会具体岗位需求结合;聚集阶段培训模式——与个人发展结合。然后根据不同的培训目标选择多样化的培训方式,如集中授课、网上教学、自学、讨论、场景模拟,等等。

　　培训内容

　　任何组织的培训内容都是与组织目标密切联系的。在选择奥运会志愿者的培训内容时,必然要以奥运会对志愿者能力的需求为核心。虽然历届奥运会志愿者接受的培训课程各式各样,但主要内容无非是以下三个方面:基本知识、岗位培训、实践。在基本知识中应当包括奥运会举行过程中涉及的一切相关常识。

图 13-5　北京奥运会上颁奖志愿者在培训中

二、可能出现的问题及相应的对策

1. 可能出现的问题

奥运会志愿者的定位与培训在很大程度上决定着整个志愿者管理成效的高低,但是由于志愿者数量多、特质不同、水平各异等特点,仅靠一个部门是难以胜任的。以往奥运会组委会中多数是联合数个部门或机构共同完成志愿者的培训,在这种短期而分散的培训过程中总会出现一些不可避免的问题。

第一,与志愿者时间、地点的冲突。虽然培训时间一般会选择在周末或业余时间,但是仍有可能与志愿者的工作时间发生冲突,如本职工作要求加班、出差等。地点的冲突尤为显著,培训大多是在奥运会举办地或是组委会指定的机构进行,距离培训地点较远的志愿者就要付出更多的时间、金钱和精力,这种状况有可能影响志愿者的积极性以及培训的成效。

第二,培训内容与方式的不合理。

培训内容的选择不仅要契合奥运会的需要,也应与志愿者的教育程度相适应,这将直接影响到志愿者服务质量的好坏。然而,由于志愿者人数太多,不可能做到"因材施教",因此难免出现内容与需求不符合的情况。

2. 相应的对策

第一,由于奥运会志愿者面临的不确定性,这一群体自身的稳定性较差,因而庞大的、固定的、耗时的培训计划并不适合。虽然短期培训不可能使每一个志愿者的技能与综合素质都得到较大提高,但至少要让绝大多数志愿者都能基本胜任奥运会所涉及的各种工作。因此,应采用满足各种不同需求的、方便志愿者参与的培训计划,并允许根据自己的情况和速度进行。应尽可能采取灵活的培训形式,除了必须掌握的基本知识以外,可根据个人需要与特点制定可供选择的菜单式培训内容。

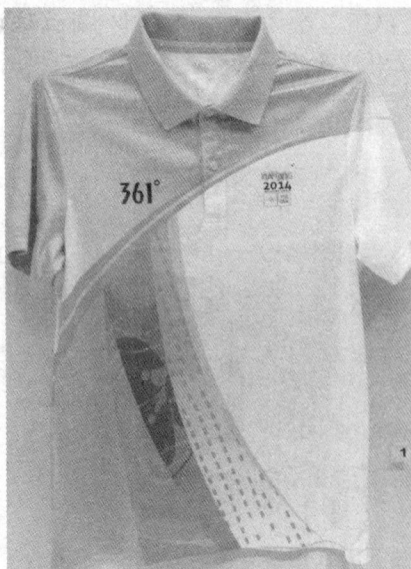

图 13-6　南京青奥会志愿者工作服　　图 13-7　南京青奥会志愿者工作证

　　第二,在确定培训内容时,不仅要注重基础文化知识与工作技能的培养,还要顾及一些基本礼仪的培养。更重要的是,注重对志愿者能力的培养。随着社会的发展,对志愿者各种能力的培养和锻炼显得越来越重要,如学习能力、适应环境能力、应变能力、沟通能力、交流能力、协调能力、从外部寻找机会的能力、与外部合作的能力等。这些能力的提高比基础知识的掌握更为重要。然而能力的提高不是一蹴而就的,短期培训难以获得明显的提高,因此,组委会应当提早着手奥运会志愿者目标群体的培养。

第十四章
奥林匹克运动的传入与早期影响

1840年之前,中国只有东方色彩的中华民族传统体育。鸦片战争后,中国进入了半殖民地半封建社会,随着西方近代殖民运动及势力扩张,在西方文化浪潮的巨大冲击下,奥林匹克运动进入中国,经历了一个艰难的发展过程。中国从最初对奥林匹克运动的观望到参加国际体育的比赛活动,成立早期的奥林匹克组织,并成为奥林匹克大家庭中的一员。由于中国在20世纪前半叶政治、经济、文化相对落后,中国运动员在奥运会上表现不佳,中国人因此被称为"东亚病夫"。1949年新中国成立后,奥林匹克运动在中国有了广阔的发展空间。50—70年代,中国与一些国际体育组织的关系曾一度出现停顿,20世纪80年代以来,奥林匹克运动在中国的发展,进入了全面繁荣的历史新阶段。

第一节　中国观望奥林匹克运动

1840年以前,中国的体育运动主要体现在具有东方色彩的中华民族传统体育。鸦片战争后,封建统治者中出现了主张改革内政、学习西洋的洋务派。洋务派在按西式编练的新军中,首先引进了西方兵操,同时引进了西方体育的一些项目。随着大批外国传教士进入我国进行传教和教育,西方体育项目也逐渐进入我国。中国人最初是通过了解奥运会认识奥林匹克运动的,但是由于东西方文化的差异,当时中国政治、经济、文化相对落后等原因,中国对奥林匹克运动经过了一个观望和逐渐了解的过程。

一、初识奥林匹克运动

奥林匹克运动是一项以体育为载体的社会文化运动,它的主要表现形式是四年一度的奥运会。因此,奥林匹克运动传入中国,最初也是通过认识和了解奥运会开始的。

目前可见奥运会的最早相关信息报道是1895年《万国公报》4月的记载,文字报道的主体内容是关于巴黎大会的图案征集,所说的大会即指奥运会和世界博览会。然而,报道对奥运信息的透露太过含糊,很难从文字中得知有体育比赛,更难得知此体育比赛是奥运会。再者,从巴黎奥运会本身组织情况看,由于法国政府将举办奥运会的筹备工作交给世界博览会的组织者进行,而他们把奥运会当作世界博览会的附属品。世界博览会体育部的外行官员们在巴黎奥运会的组织方面混乱不堪,可笑地将赛艇比赛划归于"救生用品展览"的内容,自行车比赛划归于"车辆展览馆"的内容。世界博览会的组织者甚至擅自将奥运会取名为"国际博览会锦标赛",致使法国自己的报纸杂志在使用名称时都混淆不清,就更不要说外国的媒体报道了,由此导致了很多人并不知道奥林匹克运动是怎么一回事。

1904年,第3届奥运会在美国圣路易斯举行以后,中国一些报刊在报道同时开展的圣路易斯世界博览会时,也涉及有关奥运会的侧面介绍。圣路易斯奥运会是与博览会一起召开的,故关于奥运会的记载有些含糊。由于当时中国体育文化的社会基础十分薄弱,国内民众对体育的知识了解甚少,这些消息只在有限的范围内产生过影响。

1907年10月24日,著名教育家、南开中学校长张伯苓先生在天津第5届校际运动会颁奖仪式上的演讲中说道:"此次运动会的成功,使我对吾国选手在不久的将来参加奥林匹克运动会充满了希望。雅典奥运会期间,虽然许多欧洲国家奥运选手技术水准很差,得奖希望渺茫,但他们仍然派许多选手参加。照此看来,我国应该立即成立一奥林匹克运动会代表队。……目前最需要的是加紧训练,提高运动员的技术水准……"张伯苓的演说,首次明确提出:中国要组建代表队参加奥运会。

图 14-1 张伯苓

📅 微历史

1908年,天津基督教青年会刊物《天津青年》刊登了一篇题为《竞技运动》的文章来介绍第4届奥运会,"再过几星期,伦敦将举行一场盛大的奥林匹克运动会,是有史以来最庞大的一次运动会,世界上没有一个运动会能与奥林匹克运动会匹敌……"同时提出,"就我们所知,中国今年将不派代表参加伦敦奥运会。中国到底要等待多久才能产生一位真正有技术水准的选手在国际奥运会上得到奖牌呢?那可能是难以评价的问题。不过,只要我们有信心,相信那并不是一件难事。……国家有责任发展体育,不只是派选手到雅典参加奥运,而且要积极争取四年一度的奥运在中国举行。"

1910年10月底,在第6届天津校际运动会颁奖仪式上,基督教青年会的干事用发明不久的幻灯放映了第4届奥运会的盛况,使目睹的同学对此产生了极大的热情。天津青年会的美籍体育干事饶柏森(C. H. Robertson)还在演讲中阐述了中国参加奥运会的前景,激起了学生的极大兴趣,为日后奥林匹克运动在中国的开展奠定了一定的基础。

1908年,《天津青年》发表文章,向国人提出了三个问题:一、中国何时才能派一名选手参加奥运会?二、中国何时才能派一支队伍参加奥运会?三、中国何时才能举办奥运会?此后,越来越多的刊物刊登了有关奥运会的文章,参加奥运会的愿望成了中华民族的情结!

二、举办首届全运会

1903年,清政府颁布了《奏定学堂章程》,使体育(当时称"体操")走进了学校教育的殿堂,"体操科"逐渐在各级各类学校成为必设课程。学校运动会和校际运动会开始增多。随后,省运会和地区性运动会相继出现。

1910年10月,第1届全国运动会在南京举行(当时称"全国学校区分队第一次体育同盟会"），参加比赛的运动员有 140 名。当时的参赛运动员拖着长辫子,嘴上高呼祝万寿无疆。即便如此,这届运动会的竞赛组织形式已类似于奥运会。

图 14－2　1910 年第 1 届全国运动会海报

这届全运会召开的地点在清末规模最大的商业博览会——南京的"南洋劝业会"会场（今南京的玄武门附近）,这也仿效了早期奥运会的做法。现代奥运会从第 2 届到第 4 届都有一个共同的特征,即为了吸引更多的人关注,其组织者都将奥运会和世界博览会一起举办。"南洋劝业会"吸引了大批的中外客商和游人。在 5 天的比赛中,据说累计观众达到 4 万多人,其盛况空前,前所未有。

查资料

第一届全运会的召开,是中国第一次举行的具有全国比赛意义的运动会,也是第一次以奥运会模式和内容为榜样举行的运动会,它使一个以奥运会形式为蓝本的体育赛事活动从此逐渐走向全中国,中国各级各类运动会的项目、形式和组织等在此后逐渐缩小了与奥运会的差距,是中国准备参加奥运会的最初尝试和体验。由于中国近代社会的动荡不安和其他因素的影响,全运会并没有按周期举行,而是断断续续进行的。从 1910 年起到 1949 年止,一共举办了 7 届全运会,分别在南京、北京、武昌、杭州、上海举办。

第二节　中国走进奥林匹克运动

中国是第 2 届远东运动会的发起者之一,中国运动员在此届运动会上取得了较好的成绩。此后,国际奥委会向中国发出了加入他们的邀请。1922 年,青年会协会总干事王正廷被选为国际奥委会的中国委员。这样,中国就与国际奥委会建立了直接的联系。1924 年 8 月,中华全国体育协进会正式成立。1931 年,中华全国体育协进会被国际奥委会承认为"中国奥林匹克委员会"。1932 年 8 月,在美国洛杉矶举行的第 10 届奥运会上,我国派出了唯一的运动员刘长春参加了本次奥运会。刘长春是走进奥运会赛场的第一个中国人,虽然这次参赛成绩不佳,但向世界宣告了中国开始走进奥林匹克运动。

一、中国与国际奥委会建立联系

1912 年 7 月,国际奥委会委员施楼恩在《奥林匹克观念:它的起源、基础和发展》一文中指出,期望不久将要有中国代表加入奥林匹克运动。中国是 1915 年在上海举办的第 2 届远东运动会发起者之一,在远东运动会上,中国运动员取得了较好的成绩。上海的《申报》、《时报》、《东方杂志》等重要报刊都刊载了有关国际奥委会邀请中国派遣代表出席国际奥委会会议,并派运动员参加 1916 年柏林奥运会的消息。这是中国与国际奥委会的首次联系。但是由于 1916 年爆发了第一次世界大战,中国和国际奥委会之间的联系因此中断。1921 年第 5 届远东运动会再度在上海举行时,国际奥委会派遣日本籍的国际奥委会委员加纳治五郎作为代表,出席了开幕式并致辞,这才使中国与国际奥委会之间再度发生了直接的联系。

微历史

远东运动会,原名为"远东奥林匹克运动会",是在 1913 年,中国、日本、菲律宾三国体育界人士共同组织发起的远东业余运动协会,简称"远东体育协会",是世界上第一个与国际奥委会产生联系的区域性国际体育组织和赛事,每两年一次轮流在远东各大城市举办。1913—1934 年,中国共参加了 10 届远东运动会。中国参加的10 届远东运动会各项目中,以足球的成绩最好,从第 2—10 届连续获 9 届冠军。当时的中国足球运动居亚洲领先地位。其次是排球,曾夺 5 次锦标赛冠军。

二、中国早期奥林匹克组织:中华全国体育协进会

张伯苓于 1907 年第一次提出中国也要加入到奥林匹克运动中去的想法以后,中国体育界就已经开始考虑到与之相称的组织制度建设问题。在 1910 年召开的第 1 届全运会期间,就已经尝试成立了一个体育组织——"全国学校区分队第一次体育同盟会"。但这个组织是临时性的,主要由基督教青年会的外籍体育骨干主持。在全国性体育组织出现以前,中国的体育运动竞赛如全国运动会的组织、派人参加远东运动会的选拔和组织工作都主要由基督教青年会的外国人来办理。在这一时期,基督教青年会通过修建体育场所、举办体育培训班和选派人才赴美留学,为中国体育运动的开展做出了积极贡献。

微历史

1924 年 5 月,各地区的体育联合会代表倡议成立一个由中国人自己组成的、代表整个国家民众体育的机构。1924 年 8 月,"中华全国体育协进会"成立大会在上海召开,中华全国体育协进会正式成立。会议推选张伯苓为名誉会长,王正廷为名誉主席董事等。

中华全国体育协进会的宗旨为五个方面:一是联合全国体育团体,以促进国民体育;二是提倡全国之业余运动,并增进运动员之运动道德;三是主持全国及国际之比赛事项;四是制订业余运动员之资格;五是审查各项运动规则。这五个方面和《奥林匹克宪章》中的相关条款已相当接近。

图14-3 1924年8月成立的中华全国体育协进会部分董事。前排左起：冯少山、卢炜昌、沈嗣良；后排左起：陈时、张伯苓、王正廷

中华全国体育协进会并没有得到当时政府应有的支持，既无固定的经费，也无固定的会址。然而，它在推动中国近代的奥林匹克事业方面，起到了相当大的作用。中华全国体育协进会接管了先前由基督教青年会外籍人士主办的各种体育活动，参与举办第4—7届全国运动会，组织开展各种分区比赛，在全国各地陆续建立了体协的分会组织。这一时期，全国运动会、大区运动会、省市运动会构成了近代中国运动竞赛的较为完整的体系，为奥林匹克运动在中国的发展奠定了良好的组织基础。中华全国体育协进会被国际奥委会正式承认为其成员后，中国奥林匹克组织与国际奥委会有了更紧密的联系，并积极参与了国际奥委会组织的一些重大比赛活动。

三、中国早期的国际奥委会委员

至1947年，中国有王正廷、董守义等先后被选为国际奥委会委员。

名人谈

　　王正廷(1882—1961)，字儒堂，浙江奉化人。早年留学美国，获耶鲁大学博士学位。中华民国成立后，即为内阁成员，先后担任南京临时政府参议院副议长、北洋政府工商部次长、外交总长、代理内阁总理等职。国民政府时期曾任外交部长、驻美国大使等职。1921年起兼任北京中国大学校长。他是民国时期中国体育的主要领导人之一，曾参与发起和筹办全国及远东运动会，担任第2、5、8届远东运动会的会长。1922年在巴黎举行的国际奥委会第21届年会上，王正廷以第5届远东运动会会长的身份和筹办远东运动会中的优异表现被选为国际奥委会委员，成为中国第一位国际奥委会委员。1924年，王正廷被推选为"中华全国体育协进会"名誉会长，1933年任该会主席董事。王正廷认为，通过举办运动会可以唤醒民众，达到广泛宣传体育救国的目的。因此，王正廷对参加奥林匹克运动会投注了极大的热忱。1936年和1948年他作为中国体育代表团总领队，率团先后参加第11届和第14届奥运会。作为中国第一位国际奥委会委员，王正廷为奥林匹克运动在中国的发展做出了一定的贡献。1952年，王正廷定居香港，任太平洋保险公司董事长，1961年去世。

图14-4 王正廷

董守义(1895—1978)，河北蠡县人，早年毕业于北京通州协和书院。学生时代即爱好体育，酷爱篮球运动。1917年，曾以篮球队队长的身份代表国家赴日本参加第3届远东运动会。1923年，担任天津青年会体育干事，同时兼任南开中学体育教练员，训练出了当时闻名全国的"南开五虎"篮球队。同年赴美国斯普林菲尔德学院(旧译春田学院)体育系学习。1925年，回国后任天津青年会体育部主任。从1930年起，董守义先后在北平师范大学、北平民国大学、北平女子文理学院、西北联合大学、浙江大学等校体育系任教授，并任华北体育联合会理事、中华全国体育协进会总干事、教育部体育委员会常委等职。在学校体育上，董守义认为："体育教学目标应以学生的身心健康为

图14-5　董守义

最先考虑，而不是竞技运动的技能或指标。教育资源的投资应以大多数学生的需求为优先考虑，传授给学生的应是运动的兴趣、正确的体育价值观念……"1936年，董守义以篮球队教练身份参加第11届奥运会，并作为中国体育考察团成员，赴丹麦、瑞典、德国、捷克斯洛伐克、奥地利、匈牙利和意大利等国进行考察。1947年，董守义当选为国际奥林匹克委员会委员。1948年任中国第14届伦敦奥运会代表团总干事。董守义在十分艰难的情况下，积极开展工作，为争取中国奥委会的合法地位与中国奥林匹克运动的发展做出了重要贡献。1978年病逝于北京。

四、中国参加奥林匹克运动会

(一) 宋如海著:《我能比呀——世界运动会丛录》

1928年，第9届奥运会在荷兰的阿姆斯特丹举行。中国派了驻荷兰公使罗忠诒和正在美国进修体育专业的中华体协名誉干事宋如海出席了开幕典礼，并于8月2日参加了由国际奥委会主席、比利时人亨利·德·巴耶-拉图尔(Henride Baillet-Latour)主持召开的远东各国代表会议、万国业余体育协进大会等。远东各国代表会议有中国、菲律宾、日本、印度等4国的8位代表参加，巴耶 拉图尔高度赞扬了中国上海举办第8届远东运动会的成就，指出中国能在战事期间完成此项盛举，实在让人钦佩。同时，巴耶-拉图尔正式提请罗、宋二人回国后，积极呼吁中国派运动员参加1932年的洛杉矶奥运会。

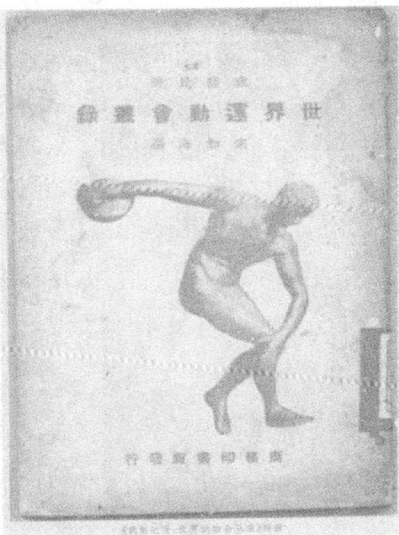

图14-6　《我能比呀——世界运动会丛录》

名人谈

宋如海对第9届奥运会进行了全面的考察,在1930年3月将系列报道整理成《我能比呀——世界运动会丛录》一书。他将"奥林匹克"翻译成"我能比呀",表达了希望中国人早日到奥运赛场上比一比的强烈愿望。

全书共分6个部分:(1)奥林匹克运动会的历史;(2)奥林匹克运动会的组织;(3)田径赛规则;(4)所见第9届奥林匹克运动会的盛况及作者的见解;(5)历届世界运动会成绩表;(6)结论。书中还刊载了奥林匹克运动会会歌,及比赛成绩图片多幅。宋如海的《我能比呀——世界运动会丛录》是中国第一部关于奥运会的专著。

(二)走进奥运会赛场的第一个中国人

走进奥运会赛场的第一个中国人是刘长春。刘长春,1909年出生,辽宁省金县人,参加第10届奥运会的时候是东北大学体育系的学生。1932年,第10届奥运会在美国洛杉矶举行。中国原准备派足球和田径选手参赛,但因日本帝国主义发动了侵华的"九一八"事变,再加上政府对参加奥运会没有兴趣,1932年年初,当时的南京国民政府就明确表示不打算出钱和派人参加该届奥运会。中华全国体育协进会只好做出了一个不得已的决定:只派一位代表中华全国体协的人士作为观察员出席奥运会,而不另派选手参加比赛。

就在此时,传来了一条重要消息:日本侵略军的所谓"满洲国"政权致电国际奥委会,称要派远东和中国男子100米跑纪录保持者、东北大学体育系学生刘长春,以及冯庸大学学生、中长跑运动员于希渭作为"满洲国"代表参赛。消息传出,全国上下群情激愤,许多爱国人士纷纷要求政府选派中华民族的运动员参加奥运会,以击碎日寇的阴谋。刘长春不惧威胁不受利诱,于1932年5月在《大公报》上发表声明:"苟余良心之尚在,热血尚流,又岂能忘掉祖国,而为傀儡伪国马牛?!"已被日寇监视的于希渭也以身体有病为由,拒绝替伪"满洲国"参加奥运会。

图14-7 刘长春

同时,社会各界纷纷声援要有代表中华民族的运动员参加本届奥运会。中华全国体协决定自行募资派团参赛,张学良将军慷慨解囊8 000银圆给予热心资助。1932年7月,在东北大学体育系毕业典礼上,张学良将军亲自宣布沈嗣良为领队,宋君复为教练员,刘长春、于希渭为运动员,代表中国参加奥运会。紧接着,中华全国体育协进会董事、南开大学校长张伯苓先生急电国际奥委会和组委会为刘长春和于希渭报名参赛。后因日方阻挠,于希渭不得不放弃此行,而仅由刘长春一名运动员参赛。

经过21天的海上航行,7月29日,刘长春一行抵达洛杉矶,受到了华人和美国奥委会的热烈欢迎。本届奥运会上,刘长春报名参加100米、200米、400米3个径赛项目,由于旅途劳顿和准备不足,刘长春在100米、200米跑预赛中就被淘汰,而400米跑则因体力不支而放弃。这是中国运动员第一次进入奥运会赛场,虽然单刀赴会,黯然而归,但他的参赛粉碎了日本帝国主义妄图分裂中国的阴谋,向世界宣告了中国是奥运大家庭和奥林匹克运动成员之一的庄严事实。刘长春作为首位参加奥运会比赛的中国运动员而被历史铭记。

(三)参加第 11 届奥运会

1936 年,第 11 届奥运会在德国柏林举行。1935 年 8 月,中华全国体育协进会便开始了第 11 届奥运会参赛运动员的选拔和训练工作。1936 年,中国代表团正式成立,总领队王正廷,总教练马约翰,正式运动员 69 名,分别参加田径、足球、篮球、游泳、举重、拳击、竞走、自行车比赛。为了向世界宣传中华武术,另组成了一个 9 名武术运动员的武术表演团和一个 37 人的赴欧体育考察团。

微历史

由于经费不足,除了向南京政府申请拨款外,还由体协向社会各方进行募捐。尽管如此,最后筹到的经费还是不足于支付此次出国参赛的费用。当时我国的足球在亚洲具有很高的地位,最后,只能决定由足球队首先出国去东南亚进行访问比赛,以比赛的门票收入补缺。因此,中国足球队不得不在奥运会开幕前 2 个多月启程,在东南亚如江湖艺人般一路踢球一路筹款。

中国代表团在本届奥运会上比赛成绩不佳。由于旅途劳顿,23 位田径选手的成绩均低于原有水平,在初赛中就均被淘汰。只有符保卢在撑竿跳高中进入复赛,当时代表团连一根竹竿都没有配备,以至于符保卢在每次试跳的时候都要点头鞠躬向日本选手借用竹竿。篮球赛负于日本、胜法国、再负于巴西和秘鲁而在小组赛中被淘汰,其余项目也均告负。有"亚洲球王"之称的李惠堂带队的中国足球队是一支亚洲劲旅,曾在 10 届远东运动会上获得 9 届冠军和 1 届亚军。当时流传着"京剧必看梅兰芳,足球必看李惠堂"的说法。但足球队首战即遭遇现代足球的鼻祖英国队,上半场以 0 比 0 战平,下半场经激烈争夺,中国队终因体力不支以 0∶2 负于英国而被淘汰。

融新知

尽管中国在本次奥运会的总体参赛成绩不佳,但这毕竟是中国第一次组织大型代表团参加奥运会,对中国早期奥林匹克事业的发展具有深远影响。中国武术代表团的表演使西方世界首次感受到了中国传统武术的魅力,受到当地媒体的一致好评,称赞中华武术是"艺术中的精品,体育中的骄傲",是"古老中国埋在泥土中的珍珠,一旦破土而出,必将成为世界争相瞩目的瑰宝"。

(四)中国被称为"东亚病夫"

1947 年初,中国接到了参加第 14 届奥运会的邀请信。由于国家经济落后,政府无法提供经费,中华体育协进会到处向社会各界筹款。由于捐款不足,只能像参加第 11 届奥运会时那样,首先由足球队提前出发到东南亚国家进行比赛,从门票收入中提取代表团经费。同时,中国篮球队也在香港、泰国、新加坡一带像江湖艺人一样通过比赛来获得门票提成,以筹集经费。他们一路历经艰辛,劳累不堪。尽管如此,筹到的经费还是远远不足,无奈之中只能大量缩减参加奥运会的运动员人数,由王正廷为总领队、董守义为总干事带队前往参赛。

中国代表团到达伦敦后住进奥运村才三天,就因支付不起生活费而被迫搬到设备简陋的小学校住,吃的是发霉的大米和变质的咸鱼、咸菜。而这些食品,是半年前从国内用轮船运到伦敦的。此届奥运会上,中国参赛运动员成绩不佳:足球队首战以 0∶4 败于土耳其而遭淘汰;篮球队在预赛中 3 胜 2 负,在复赛中 2 胜 1 负,在 23 个队中名列第 18 位;其余各项比赛也均未进入决赛。赛后因经费困难,代表团不能按时返程,最后靠在英华侨捐款筹资才得以回国。

🗓 微历史

1932—1948 年,中国共参加了 3 届奥运会,未能获得一块奖牌。一幅外国漫画这样嘲讽中国人:奥运五环旗下,一群长辫子长马褂的中国人用担架扛着一个硕大的鸭蛋,这幅画的题目为"东亚病夫"。当时中国在政治、经济、文化、教育等方面的落后,是导致中国奥运发展艰辛的首要原因。

第三节　奥林匹克运动在中国的早期影响

从观望奥林匹克运动到逐渐走进奥林匹克运动、参与奥林匹克运动,中国正一步步地开始发展奥林匹克运动。由于政治、经济、文化相对落后,这个发展过程是相当艰难的。即使如此,奥林匹克运动依然在逐渐地影响中国,为中国奥林匹克发展奠定了基础,对于中国体育发展具有深远的意义。

一、国内运动竞赛体系初步形成,推动中国体育的发展与进步

由于了解并参加了奥运会,随着奥林匹克运动所包含的思想与实践体系在中国的传播与开展,促使中国体育发生了重大变革。官办学堂开始开展各种近代运动项目和竞赛活动,运动竞赛由教会系统的狭窄范围向官办学校和全社会过渡,全国各省市都开展了各类运动竞赛。全国运动会、省市运动会纷纷开展,运动竞赛体系开始初步形成,为新中国体育的发展提供了基础与借鉴。

（一）全国运动会的开展

1910 年 10 月,上海基督教青年会发起和组织了中国第 1 届全国运动会,为之后历届全运会的举行奠定了基础。1914 年 5 月,在北京举行了第 2 届全国运动会。1924 年、1930 年、1933 年、1935 年、1948 年分别在武昌、杭州、南京、上海、上海举行。

（二）大区运动会的开展

华北地区是旧中国开展近代体育较早,范围较广,运动水平较高的地区。1910—1934

年,华北运动会共举行了 18 届,1934 年后,因局势动荡而被迫停止。后来,由于抗战爆发,华北运动会不得不终止。

华中运动会的参赛单位主要包括湖北、湖南、江西和安徽四省。1923—1936 年,共举办了 5 届华中运动会。抗战开始后,华中运动会随之终止。

华东地区在旧中国并未开展正式的地区运动会,但举办过"东方八大学运动会",并成立了"华东八大学体育联合会"。这八所大学是:上海复旦大学、南京东南大学、上海南洋公学(上海交通大学的前身)、苏州东吴大学、南京金陵大学、杭州之江大学、上海沪江大学和圣约翰大学。1914 年,举行了第 1 届东方八大学运动会,至 1926 年止,共举办了 12 届运动会。

（三）省市运动会的开展

1904—1908 年间,广东省和福建省就举办过省市运动会,1915 年第 2 届远东运动会在上海召开后,各省市运动会开展得更为广泛。湖南省在 1905—1948 年间举办过 17 届省运动会,山东、江苏、浙江等地也于 20 世纪 20 年代后期陆续举办了省运会。

二、促使中国体育与国际接轨,增进与国际社会的交流与了解

中国在 20 世纪上半叶通过参加远东运动会与奥运会,不仅促进了本国体育的发展,而且也使世界通过奥运舞台开始了解中国。如刘长春不顾日本帝国主义的威逼利诱,代表中国首次出现在洛杉矶奥运会上,受到了美国人民的热烈欢迎和世界舆论的赞扬;中国武术表演团在第 11 届奥运会上的精湛表演,也使世界为中国的优秀体育文化传统所吸引;中国足球队在东南亚地区的表演及奥运会上的风姿,让世界认识到中国足球即将蓬勃发展。这些都增进了中外文化的交流。

三、为中国体育事业和奥林匹克事业的发展奠定了最初的基础

在 20 世纪上半叶奥林匹克运动传入以及其后的开展过程中,中国的奥林匹克事业从无到有,不仅为在中国开展竞技运动与奥林匹克运动积累了必要的经验,而且也为中国体育与奥林匹克运动的开展培养了第一批精英与专业人士。这些都成为 20 世纪后半叶新中国体育运动以及奥林匹克运动发展的宝贵财富。

第四节　奥林匹克运动在新中国

1949 年新中国成立后,中国的政治、经济、文化等各个方面都发生了一系列翻天覆地的变化。中国社会的变化给体育的发展创造了良好的条件,也给奥林匹克运动在中国的发展提供了前所未有的机遇。奥林匹克运动在中国开始了新的历程。

一、中国奥林匹克组织的发展

1949 年 10 月 26 日,在北京召开了新中国第一次体育会议——全国体育工作者代表大会。会议决定将原有的中国奥委会组织——中华全国体育协进会改组为中华全国体育总会,并成立了中华全国体育总会筹备委员会,以开展日常工作。1952 年 6 月 20 日,中华全国

体育总会在北京正式成立,对外代表中国奥林匹克委员会。全国体总的主要任务是举办全国性的体育竞赛和运动会,负责加强与国际体育组织的联系,举办或代表中国参加国际体育竞赛活动。中华全国体育总会筹委会成立后,陆续改组和成立了23个全国性的单项体育协会和部分行业体育协会,这些组织都是中华全国体育总会的团体会员,代表中国参加有关国际体育组织的各项活动,是中国开展奥林匹克运动的组织基础。

二、参加第15届奥运会

1952年2月,中华全国体育总会致函国际奥委会,声明将派出运动员参加第15届奥运会,同时声明中华全国体育总会是代表中华人民共和国的唯一合法体育组织。然而,中国台北的"中华全国体育协进会"也在同时宣布是中国的唯一合法代表。按照《奥林匹克宪章》规定,国际奥委会在一个国家只能承认一个全国性的奥林匹克组织。当时国际奥委会中的一些人违背了《奥林匹克宪章》的规定,拒绝承认全国体总是原体协的合法称属关系,声称体总只能以新会员资格重新申请加入奥运会,在此之前拒绝邀请中国运动员参加。为此,中华全国体育总会秘书长荣高棠致电国际奥委会主席埃德斯特隆严正声明:"只有中华人民共和国自己组织起来的并代表着全中国人民的全国性体育组织——中华全国体育总会,才能代表中国人民参加国际奥委会及其所承认的各国际运动联合会。"此举赢得了世界舆论和国际奥委会中正义之士及芬兰朋友的广泛支持。1952年7月17日,国际奥委会第47届全会以33票对20票通过了邀请中国运动员参赛的决定,同时也邀请了台湾地区的体育组织参加,并对中国席位问题予以"保留"。最终,台湾方面宣布退出第15届奥运会。

17 微历史

1952年7月18日晚,全国体总收到了第15届奥运会组委会的邀请。7月19日奥运会就要开幕了,赫尔辛基远在万里,中国是去还是不去?周恩来总理当机立断做出批示:"要去!"并在奥运代表团临行前指示:"重要的不在于是否能取得奖牌,在国际上升起新中国的五星红旗,就是胜利!"7月23日,参加第15届奥运会的中国代表团宣布成立,团长为荣高棠,副团长为黄中、吴学谦,总指导为董守义,代表团一共40人。7月24日深夜,周恩来总理在中南海接见第15届奥运会中国代表团的领导,再次指出,此去把五星红旗插到奥运会就是胜利。

代表团于7月29日抵达赫尔辛基,当天中午,在奥运村举行了升旗仪式。大批新闻记者和其他国家的运动员闻讯赶来。五星红旗在奥运村的天空迎风飘扬,奥林匹克的盛会上,从此扬起了一面新生的中华人民共和国的风帆。由于抵达时离第15届奥运会闭幕只有5天了,大部分比赛已近尾声,只有游泳选手吴传玉赶上了百米仰泳预赛,他成了新中国第一个正式参加奥运会比赛的运动员。由于晕机和时差的影响,吴传玉百米预赛仅获小组第五名,未获得决赛权。足球队和篮球队未能参加正式比赛,后来与芬兰的球队进行了数场友谊比赛。

新中国首次参加奥运会历尽艰难,但飘扬在奥运会会场上空的五星红旗,向全世界表明中华人民共和国有参加奥运会的合法权利。同时,中国体育代表团在参与第15届奥运会的过程中,表达了中国人民热爱和平、期盼同世界人民加强友谊的良好愿望。

图 14-8　五星红旗第一次在奥运会场升起(1952 年)

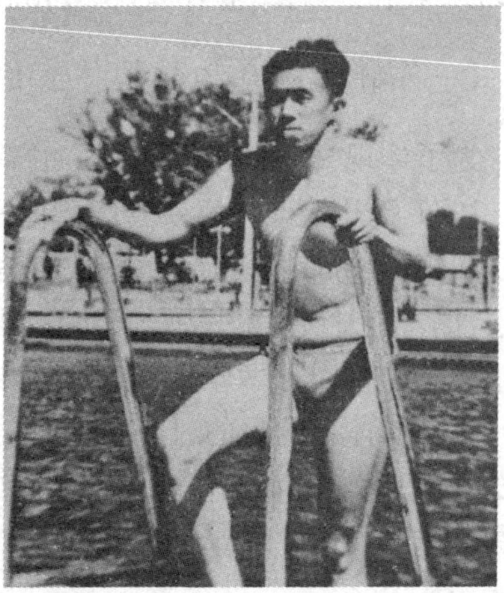

图 14-9　吴传玉

三、为捍卫一个中国的原则而退出国际奥委会

第 15 届奥运会后,我国继续要求国际奥委会承认中华全国体育总会为中国唯一合法代表。国际奥委会对中国代表权问题进行了激烈的辩论。1954 年 5 月,在希腊雅典举行的国际奥委会第 49 届全会上,终于以 23 票对 21 票通过决议,承认中华全国体育总会为中国国家奥委会。但是,时任国际奥委会主席的布伦戴奇将中国台湾的体育组织以"中华民国"的名义列入被国际奥委会承认的国家奥委会名单中,制造了"两个中国"的局面。这违背了《奥林匹克宪章》关于一个国家只能有一个奥委会的规定。中国提出抗议,要求取消对所谓台湾"奥委会"的承认。

> **微历史**
>
> 　　1956 年,中华全国体育总会为参加在澳大利亚墨尔本举行的第 16 届奥运会进行了认真的准备,代表团的先遣人员于 11 月 4 日抵达墨尔本。但是,国际奥委会对中国发出邀请的同时,也邀请台湾以"中华民国"的名义参加奥运会。为了新中国的尊严,为了抵制"两个中国"的阴谋,11 月 6 日,中华全国体育总会在北京发表了同国际奥林匹克委员会中断关系的声明。中国奥林匹克委员会(中华全国体育总会)严正声明不再承认国际奥林匹克委员会,并中断与它的一切关系。已到达墨尔本的先遣团也在开幕式当天回国,集结在广州的中国代表团随之解散。与此同时,出于同样的原因,宣布退出国际游泳、田径、篮球、举重、射击、摔跤、自行车联合会等国际体育组织。董守义也辞去了国际奥委会委员的职务。

四、大力发展体育事业

虽然走过了漫长的艰难时期,但中国体育界一直以积极的态度发展奥林匹克运动,从没有中止冲击世界体育高峰的脚步,也没有停止对奥林匹克理想的追求。在新中国成立后,大力发展国内的体育事业,同时积极拓展国际体育空间,寻求打开通往世界的途径。

(一)群众体育和学校体育的广泛开展

为了体现"体育为人民服务"的精神,中国政府努力地为群众体育的开展创造良好条件。1951年开始推行第一套广播体操并发布了在政府机关、学校和工厂开展工间操的通知。同年,政务院做出了《关于改善各级学校学生健康状况的决定》,要求"切实改进体育教学,尽可能地充实体育娱乐设备,加强学生体格锻炼"。教育部规定,小学一年级到大学二年级必须每周上两学时体育必修课。1956年颁布了我国第一部《中小学体育教学大纲》,对学校体育的目的、任务和选编教材的原则作了规定。1979年,国家体委和教育部颁发了《中小学体育工作暂行规定》和《高等学校体育工作暂行规定》,对教学、师资、场地、经费等作了具体要求。

查资料

1954年,国家体委制定了"劳卫制",锻炼内容包括田径、体操等多种项目,根据年龄和体育水平分级分组,目的是培养健康、勇敢、乐观的社会主义建设者和保卫者。1955年,"劳卫制"在全国施行,1964年更名为《青少年体育锻炼标准》,1975年改为《国家体育锻炼标准》。该制度对学校体育的发展发挥了巨大作用。

(二)三级训练网的形成

我国逐步建立了层层衔接的训练体系。广大的基层体育代表队、基层训练点、体育传统项目学校及普通少年儿童业余体校形成了人才的塔基,筑成了多层次、多渠道的体育人才金字塔。体育运动学校、体育中学和重点业余体校是塔的中层,经过训练和竞赛,将优秀人才荟萃到各省、自治区、直辖市、解放军及行业系统的代表队,最后到国家队,形成人才的塔尖。

(三)奥林匹克宣传、教育和研究的开展

从1950年开始,《新体育》、《中国体育》和《体育报》等相继创刊,这些报纸杂志成了我国进行奥林匹克宣传和教育的阵地。1958年创建了中国历史上第一个专门的体育科研机构——北京体育科研所(后改称国家体育总局体育科研所),之后,各地又陆续成立了一批科研所,进行奥林匹克运动的科学研究。

图14-10 《新体育》

(四)竞技体育的全面发展

1958年与国际奥委会中断联系后,中国失去了奥运会的竞技舞台,但依然在推广奥林匹克运动,弘扬奥林匹克精神。至1965年,在各类竞赛活动中已打破全国纪录6 300多次,在游泳、田径、举重、射击、射箭、速滑等项目中,142 次打破和超过世界纪录,共获得乒乓球和速滑 13 个世界冠军。"文革"期间,我国竞技体育发展出现了停滞,1977 年后竞技体育又开始飞速发展。

(五)积极拓展国际体育空间

1958 年以后,中国暂时告别了奥运会大舞台,中国国际体育环境异常艰难。由于与世界体坛长期隔绝,许多优秀运动员失去了在国际赛场上一展雄风的机会。但中国体育界并没有关上与国际体坛联系的大门,而是在十分困难的条件下积极拓展国际体育空间,寻求通向世界的通道。1958—1979 年,中国与世界上 100 多个国家进行了 3 000 多项体育交流活动,总共达到 4.8 万余人次。受国际环境和国内外交政策的影响,20 世纪 70 年代以前,我国体育对外交往的主要对象是苏联和东欧社会主义国家;70 年代后与亚洲和非洲新兴国家的交往日渐增多。一系列的国际体育交往在一定程度上冲击了对中国体育的封锁。在中断与国际奥委会联系后的所有对外体育交往中,承办第 26 届世界乒乓球锦标赛(1961 年)、参加新兴力量运动会(1963 年)和亚洲新兴力量运动会(1965 年),是我国对外体育交往中在国际体坛影响较大的赛事。

📖 微历史

　　1962 年,第 4 届亚运会的东道主印度尼西亚基于同中华人民共和国的良好关系和它自身的穆斯林立场,为主持正义和维护自己国家的主权与尊严,拒绝中国台湾和以色列参加第 4 届亚运会。印度尼西亚的行动惹恼了国际体育组织中的某些人。国际奥委会和国际举重联合会、国际业余田径联合会等一些国际体育组织,对印度尼西亚和其他亚洲国家施加压力,宣布不承认第 4 届亚运会,并威胁其成员国不得派队参加第 4 届亚运会,否则将受到处罚。

　　印度尼西亚总统苏加诺不畏国际奥委会等体育组织的压力,为维护民族尊严、摆脱某些国际体育组织的控制和歧视,毅然于 1962 年 9 月提出在印度尼西亚举办一个不受大国控制的"新兴力量运动会"。

　　对苏加诺总统的这一建议,中华全国体育总会发表声明,坚决支持印度尼西亚召开新兴力量运动会的倡议。而国际奥委会于 1963 年 2 月 7 日的洛桑执委会上,做出了"不定期地禁止印度尼西亚参加奥运会"的决议。这意味着国际奥委会取消了印度尼西亚的成员国资格,也意味着不允许印度尼西亚参加 1964 年的东京奥运会。在强大的政治压力下,印度尼西亚没有屈服。2 月 9 日,印度尼西亚体育部即对此事发表公告,强烈谴责了国际奥委会的行径,指出"把印度尼西亚排除出奥林匹克运动会,并不会使印度尼西亚受到有害的影响,印度尼西亚决不会在国际运动中陷于孤立。相反,印度尼西亚将能更加自由地来实现自己的理想,组织没有帝国主义分子和殖民主义分子参加的新的运动会,即新兴力量运动会,这个运动会将根据人类良知的要求和历史的要求,真正反映友谊与和平的精神"。2 月 13 日,苏加诺总统宣布印度尼西亚退出国际奥委会,同时开始筹办不受大国控制的新兴力量运动会。

印度尼西亚的这一做法得到了许多国家的响应,因为它不受大国控制,平等友好,并能显示自己的力量,符合亚、非、拉人民的心愿,也是奥林匹克精神中强调通过国际体育比赛增进世界各国人民之间的友谊、团结和相互了解的体现。中国理所当然地成了新兴力量运动会的坚强后盾。1963年11月10日,第1届新兴力量运动会在雅加达开幕,参加运动会的有48个国家和地区的2404名运动员。这些国家和地区的人口占世界总人口的70%以上。其中,除了亚非拉国家和社会主义国家外,还有法国、意大利、荷兰、比利时、芬兰等欧洲国家的民间组织。

📅 微历史

中国派出了由229名运动员组成的体育代表团,并以66枚金牌、56枚银牌和46枚铜牌的成绩列第1名,还打破了举重和射箭两项世界纪录。新兴力量运动会的举办在世界上产生了广泛的影响,尤其是在亚洲影响更大。为此,亚洲新兴力量各国还于1966年11月25日至12月6日在柬埔寨金边举行了亚洲新兴力量运动会,该运动会在规模、项目设置、参赛人数、运动水平等方面均不低于当时的亚运会。

新兴力量国家原定于1967年在阿拉伯联合共和国举行第2届新兴力量运动会,并将中国北京作为替补地点。但是由于1965年秋印度尼西亚政局发生变化,新的执政者投靠西方,对外政策巨变,反华事件不断,最终导致两国关系急剧恶化。不久,阿拉伯联合共和国宣布由于经济原因不能承办原定的第2届新兴力量运动会。原定的替补地点北京,也因为1966年中国内部因素,而中断了与国际社会的一切联系。新兴力量运动会从此变成了历史,但新兴力量运动会的举办,使国际奥委会逐渐认识到:缺少占世界人口四分之一的中国人民的参与,给奥林匹克运动本身的发展也带来了无法弥补的损失,没有中国的奥运会不是真正的奥运会。这种认识对国际奥委会重新审视中国的价值并最终接纳中国重返奥林匹克大家庭起到了缓慢却深刻的影响。

五、举办第26届世界乒乓球锦标赛及"乒乓外交"

国际乒乓球联合会章程规定,其成员可以是国家和地区,中国台湾作为中国的一个地区性组织在国际乒联中保留着席位。而中国在中断与国际奥委会及其他国际体育组织的联系后,也仍和国际乒联保持着正常联系。中国乒乓球队一直活跃在国际乒坛,不断获得优异的成绩。

🔍 查资料

1961年,国际乒联大会经投票表决,通过了在北京举办第26届世界乒乓球锦标赛的决定。当时,除日本、韩国和越南反对,两票弃权外,包括美国在内的36个会员国都投了赞成票。这是新中国成立以来第一次主办大型世界体育比赛。1961年4月4日至15日,第26届世界乒乓球锦标赛在新落成的北京工人体育馆举行。有来自五大洲32个乒乓球协会选派的220多名运动员参加了本届比赛。在这届世乒赛上,中国队的庄则栋和邱钟惠分别获得男、女单打冠军,中国运动员还夺得了男子团体冠军、女子团体等4项亚军及8项第三名。

图 14-11　第 26 届世界乒乓球锦标赛比赛的场景

1959—1977 年的七届世界乒乓球锦标赛中,中国共获得了 23 枚金牌,其中男子单打、男子团体先后五次夺冠,女子单打四次夺冠,确立了中国乒乓球队在世界乒坛牢不可撼的领军地位。

　　1969 年尼克松就任美国总统后,为了摆脱越南战争泥淖的困境,改善不利的国际环境,积极谋求发展对华关系。而中国也希望中美关系走向正常化。但多年政治意识形态的隔膜,使两国缺乏一个合理的契机。被誉为扭转历史的"乒乓外交"正发生在这一背景之下。

🗓 微历史

　　1971 年三四月份,第 31 届世界乒乓球锦标赛在日本名古屋举行。在比赛期间,美国代表团官员表露了希望访问中国的意愿。而比赛进行到 4 月 4 日又发生了一件有趣的事情。这天,中国队乘巴士准备去比赛馆时,美国运动员科恩误上了这辆车,正当他觉得有点窘迫时,中国运动员庄则栋主动与他握手、寒暄,并送他一块杭州织锦留作纪念。两天后,科恩在赛场边找到了庄则栋,并回赠给庄则栋一件 T 恤衫。这一事件很快在各大报纸上出现,成为令人瞩目的新闻。4 月 3 日中国外交部以及国家体委就是否邀请美国乒乓球队访华问题向中央请示。经过 3 天的反复考虑,毛泽东在比赛闭幕前夕决定邀请美国队访华。美国总统尼克松在深夜得知这个消息后,惊喜万分,当即批准:"接受邀请。"事后尼克松说:"我从未料到对中国的主动行动会以乒乓球队访问北京的形式得到实现。"

　　1971 年 4 月 10 日,美国乒乓球队到达北京,这是新中国成立以来美国代表团第一次来到中国。13 日下午在北京西郊举行了一场中美乒乓球友谊赛。14 日下午,周恩来总理在人民大会堂会见了美国乒乓球代表团全体成员,在与美国代表团团长谈话时说:"你们作为前来中华人民共和国访问的第一个美国代表团,打开了两国人民友好往来的大门。我们相信,这种友好交往将会受到两国大多数人民的赞成与支持。"周恩来讲话后不到几小时,白宫就宣布了旨在缩小两国间鸿沟的一系列开禁措施:放松美国对中国实行了 21 年的禁运、对愿意访问美国的中国人可以加快发给签证、放宽货物管制等,这标志着美国政府实行长达 20 年之久的对华贸易禁令就此完结。3 个月后的 7 月 9 日清晨,尼克松总统的特使、国家安全事务助理基辛格博士秘密抵达北京,同周恩来进行了高级会谈。1972年 2 月 21 日,尼克松正式访华,与毛泽东和周恩来进行了会谈,双方在上海发表了具有历史意义的《中美联合公报》,中美关系终于走上了正常化的道路。

1972 年 4 月,中国乒乓球队回访了美国,受到尼克松总统的接见,从而为"乒乓外交"画了一个圆满的句号。以中美两国乒乓球队互访为形式,以两国政府高层对话为实质的"乒乓外交",跨越了没有交流的 20 多年,结束了相互隔绝的时代。它的影响力是极其持久而广泛的,标志着国际环境向新的方向发展,也使大多数过去与中国存在分歧和隔阂的国家开始重新考虑对华政策。1971 年 10 月,联合国恢复了中华人民共和国的合法席位,1972 年仅一年间,就先后有英国、日本、希腊、澳大利亚、新西兰等西方国家,与中国建立了大使级外交关系。中国体育界在这一时期重返亚洲运动会联合会以及各国际体育组织,并最终进入国际奥委会。这一切都与"乒乓外交"有着千丝万缕的联系。

六、中国重返国际奥委会

第 7 届亚运会后,国际体育界要求恢复中国在国际奥委会中合法席位的呼声日益高涨,新上任的国际奥委会主席基拉宁也提出,应当解决中华人民共和国在国际奥委会的席位问题,恢复国际奥委会与中国奥委会之间长期中断的关系。

⑰ 微历史

1974 年,基拉宁应邀出席在德黑兰召开的第 7 届亚运会时,邀请了中国代表团参加由他在亚运会期间主持的一次奥林匹克讨论会,发出了国际奥委会接纳中国的信号。1975 年 4 月 9 日,中华全国体育总会向国际奥委会提交了要求恢复中国合法席位的申请,得到了国际体育界的积极响应。1976 年蒙特利尔奥运会的主办国、刚刚与中国建立了正式外交关系的加拿大政府承认世界上只有一个中国,拒绝台湾以"中华民国"的名义参赛。一向支持台湾的美国人也改变了态度,美国奥委会宣布了只承认一个中国的政策。

1977 年,基拉宁任命了一个委员会核查中国问题。同年 9 月,基拉宁访问了中国,同中华全国体育总会负责人就中国在国际奥委会代表权的问题进行了友好磋商。在会谈中,基拉宁表示充分理解与尊重中方"一个中国"的原则立场,重申欢迎中华人民共和国回到奥林匹克运动中来,并请中国列席国际奥委会会议,以便直接阐述中国的观点。

与此同时,中国进入了改革开放的新的历史时期,以邓小平为核心的中央决策层于1979 年年初提出了用"一国两制"方针解决台湾问题的构想。接着,批准了国家体委根据"一国两制"设想提出解决台湾问题的方案,即在坚持一个中国的前提下,允许台湾作为中国的一个地区,在改名、改旗、改徽之后,留在国际体育组织中。"一国两制"方针的提出,为中国体育界找到了既坚持原则,又从实际出发,并能为各方接受的解决国际奥委会合法席位的方案。

微历史

　　1979 年 10 月 25 日，国际奥委会执委会在日本名古屋市举行会议，通过了恢复中国在国际奥委会合法席位的决议，批准了波多黎各会议上的有关建议。会议确认：代表全中国奥林匹克运动的是中华人民共和国奥委会，正式名称为"中国奥林匹克委员会"（Chinese Olympic Committee），会址在北京，使用中华人民共和国的国旗与国歌；设在台北的奥委会将作为中国的一个地方性机构留在国际奥委会内，其正式名称为"中国台北奥林匹克委员会"（Chinese Taipei Olympic Committee），会址在台北，不得使用原来的旗、歌和会徽，其新的会旗、会歌和会徽均须经国际奥委会批准。1979 年 11 月 26 日，国际奥委会在瑞士洛桑总部正式宣布：经国际奥委会全体委员通信表决，以 62 票赞成、17 票反对、2 票弃权批准了国际奥委会执委会在日本名古屋会议上通过的关于中国代表权问题的决议。次日，即 1979 年 11 月 27 日，中国奥委会主席钟师统宣布：中国奥委会接受国际奥委会决议，并将参加 1980 年举行的奥运会。至此，中国在国际奥委会的合法席位在中断 21 年后得到恢复。

　　从 1980 年开始，海峡两岸的运动员也逐渐恢复了中断达 30 年之久的体育交往，共同参加在第三地举办的国际比赛。1989 年 4 月，两岸代表中国奥委会主席何振梁和中国台北奥委会秘书长李庆华共同签订体育交流和合作协议书。1990 年中国台北奥委会首次派出大型体育代表团参加在北京举行的第 11 届亚运会。

七、中国体育史上的巨大转变

（一）参加第 23 届奥运会

　　1984 年，中国首次派出庞大的体育代表团参加在洛杉矶举行的第 23 届奥运会，共有 225 名运动员参加了 16 个项目的角逐。射击运动员许海峰以 566 环摘取了第 23 届奥运会的第 1 枚金牌，国际奥委会主席萨马兰奇把金光闪闪的金牌挂在许海峰面前，意味深长地说："今天是中国体育史上伟大的一天。我很荣幸，在奥运会的第一天将第 1 枚金牌发给中国运动员。"中国实现了在奥运赛场上"零"的突破，半个多世纪全世界华人的奥运金牌梦想终于实现。以后的赛事中，中国运动员不负众望，发扬顽强拼搏的精神，共获得了 15 枚金牌、8 枚银牌和 9 枚铜牌，金牌总数居第四名，是中国当代体育全面走向世界的一个里程碑，标志着中国的奥林匹克运动进入了新时代。

图 14 - 12　许海峰为中国夺得首枚金牌

（二）中国运动员在各届奥运会的出色表现

1988 年的第 24 届奥运会在汉城召开，中国体育代表团共取得了 5 枚金牌，金牌总数居第 11 位，在游泳、赛艇等项目上实现了奖牌"零"的突破。这届奥运会上，中国在取得成绩的同时，也看到了与世界体育强国之间存在的差距。

🎯 查资料

1992 年的第 25 届奥运会在巴塞罗那举行，中国体育代表团取得了 16 枚金牌、22 枚银牌、16 枚铜牌，金牌数、奖牌数都列在 172 个参赛代表团的第四名。

1996 年的第 26 届奥运会在亚特兰大举行，中国体育代表团获 16 枚金牌、22 枚银牌、12 枚铜牌，名列金牌榜和奖牌榜的第四位。

2000 年的第 27 届奥运会在悉尼举行，中国体育代表团获 28 枚金牌、16 枚银牌、15 枚铜牌，在金牌榜和奖牌榜上均居第三位。

2004 年的第 28 届奥运会在雅典举行，中国体育代表团获 32 枚金牌、17 枚银牌、14 枚铜牌的佳绩，在金牌榜居第二位、奖牌总数居第三位，并历史性地在 13 个项目上获得冠军，走出了以往历届奥运会夺金项目不超过 9 个的"怪圈"，显示了中国竞技体育强劲的发展势头。

2008 年中国成功地在北京主办了第 29 届奥运会，并获得 51 枚金牌、21 枚银牌、28 枚铜牌，位居金牌榜首位、奖牌榜第二位，是中国参加奥运会历史上的最好成绩，创造了中国竞技体育前所未有的辉煌。

2012 年的伦敦奥运会上，中国获得 38 枚金牌、27 枚银牌、23 枚铜牌，在金牌榜和奖牌榜上均居第二位，创造了赴境外参加奥运会的最好成绩。中国代表团不仅在乒乓球、羽毛球、跳水、体操、举重、射击等传统优势项目中保持领先，还在游泳、击剑、帆船等欧美传统强项中强势突围，改变着世界体坛的传统格局。

（三）中国参与奥林匹克事务的管理工作及其他奥林匹克活动

1980 年年初，国际奥委会致信中国奥委会，要求提供中国将出任国际奥委会委员的候选人名单。1981 年 10 月 2 日，在联邦德国巴登巴登市由国际奥委会召开的奥林匹克大会上，何振梁当选国际奥委会委员，并于 1982 年 5 月下旬在意大利罗马举行的国际奥委会第 85 届年会上宣誓就职，成为新中国在国际奥委会上庄严宣誓的第一位国际奥委会委员。四年后在柏林召开的第 90 届国际奥委会全会上，他以全票当选国际奥委会执行委员。1989 年的国际奥委会全会上，何振梁以全票当选为国际奥委会副主席，任期四年。此外，何振梁担任了国际奥委会文化和奥林匹克教育委员会主席和国际奥委会的荣誉委员。作为国际奥委会资深会员，何振梁为国际奥林匹克事业和中国奥林匹克事业做出了杰出贡献，在国际奥委会和中国体育界享有很高的声望，曾两次被国际体育刊物评为全世界最有影响的十大体育领导人之一。

查资料

此后,中国大陆还有吕圣荣(女)、于再清、杨扬(女)、李玲蔚(女)被选为国际奥委会委员,他们积极参与国际奥运事务的管理工作,充分发挥中国在国际奥运中的重要作用。

重返奥林匹克大家庭以后,中国不仅积极参加了冬、夏季奥运会,全面参与奥林匹克事务的管理工作,还以极大的热情与友谊、团结的奥林匹克精神参加了其他许多奥林匹克活动,为促进奥林匹克运动的发展做出了自己的贡献。

（四）建立中国体育博物馆和中国体育博物馆联盟的成立

1990年9月,中国体育博物馆由国务院副总理姚依林、国际奥委会主席萨马兰奇和中国香港爱国人士霍英东先生剪彩开馆。博物馆设有专门的奥林匹克厅。中国体育博物馆先后举办过"奥林匹克百年展""中国健儿在巴塞罗那""开放的中国盼奥运"等展览活动。国际奥委会主席萨马兰奇曾几度光临中国体育博物馆,称赞"中国体育博物馆是目前世界上最好的体育博物馆之一"。中国体育博物馆吸引了无数中外来访者,为世界体育文化的交流做出了积极的贡献。

图14-13　中国体育博物馆

微历史

2008年2月11日,由时任国际奥委会执委、国际拳击联合会主席、世界著名建筑专家吴经国先生多年筹划、设计、创建并亲任馆长的厦门奥林匹克博物馆正式向公众开放,这是由国际奥委会和中国奥委会批准成立的中国第一家奥林匹克专题博物馆。随后6年多的时间内,在吴经国先生的倡议之下,天津大港奥林匹克博物馆、萨马兰奇纪念馆、南京奥林匹克博物馆先后开馆,它们汇集史实与时尚、文化与精神,以丰富的形式让广大公众感受奥林匹克的激情与永恒,为奥林匹克在中国的传承与发展留下了宝贵财富。

图 14-14　厦门奥林匹克博物馆

2017 年 9 月 24 日,中国体育博物馆联盟成立大会在 2017 中国体育文化博览会、中国体育旅游博览会现场隆重举行。首批联盟成员包括中国体育博物馆、北京奥运博物馆、上海体育学院中国武术博物馆、南京奥林匹克博物馆、天津体育博物馆、广州亚运会亚残运会博物馆、山西体育博物馆、陕西体育博物馆、临淄足球博物馆、四川成都体院博物馆、西藏次仁切阿雪山博物馆等 11 家体育博物馆。联盟的成立,将有力提升体育博物馆对体育文化事业发展的推动作用,促进中国体育博物馆事业的进步与发展,增强体育博物馆的社会影响力,更好地发挥体育博物馆在社会教育和全民健身教育中的作用,期待中国体育博物馆的未来更加美好!

图 14-15　南京奥林匹克博物馆

第十五章
当代奥林匹克运动在中国的发展

当代奥林匹克运动在中国发展迅速,最能说明这一点的就是成功举办了北京奥运会。虽然经历了曲折的申办、失利、再申办的过程,但最终获得了 2008 年第 29 届夏季奥运会的主办权。这意味着近百年来中国体育工作者和中国人民的奥运梦想终于得以实现,也意味着奥林匹克精神将以从未有过的广度和深度传遍中华大地。经历七年筹备,2008 年 8 月 8 日至 8 月 24 日,第 29 届奥林匹克运动会在中国北京成功举办,被誉为"一届真正的无与伦比的奥运会"。

第一节　北京首次申办奥运会

改革开放以来,中国政治稳定、经济繁荣,人民生活水平不断提高,体育事业取得了巨大的成就,极大地提高了我国在国际上的地位和在国际奥林匹克运动中的影响力。1984 年,首次全面参与奥运会的中国运动员取得了优异的成绩,举国上下为之欢腾鼓舞,奥运热潮在全国涌动着。同年 10 月,来华参加中国国庆纪念活动的国际奥委会主席萨马兰奇对国家体委副主任何振梁说:"现在中国的条件已经具备,应该考虑申办奥运会的事。"1985 年,邓小平同志明确提出:中国准备申请举办 2000 年奥运会。

1990 年随着第 11 届北京亚运会的胜利闭幕,国人喊出了"亚运成功,众盼奥运"的口号。1991 年 2 月 22 日,北京市政府正式向中国奥委会提出申办 2000 年第 27 届奥运会,从此我国踏上了申办奥运会的征程。

一、亚运成功,申办奥运

1990 年 9 月 22 日,象征着亚洲 30 亿人民"团结、友谊、进步"的第 11 届亚运会在北京召开,在近 40 年的亚运会历史上,中国是第一次成为东道主。

亚运会开幕的当天,时任国家主席杨尚昆向国际奥运会主席萨马兰奇明确地表明了中国的态度,他说:"希望 2000 年能在中国举行奥运会,这是我们的希望。如果能争取到,我们将很高兴。希望主席先生予以考虑。"萨马兰奇微笑着答道:"关于 2000 年奥运会举办的地点问题,将在 1993 年由国际奥委会开会决定。如果中国提出申请,我本人愿意为中国提供帮助。现在时间已经很紧了,希望你们在亚运会之后,立即着手准备。"第二天上午,萨马兰奇主席出席了在亚运会新闻中心举行的记者招待会,他向中外记者介绍了观看北京亚运会开幕式的印象,他说,中国要争取主办 2000 年奥运会,关键要看亚运会是否办得成功。昨天的开幕式是他见到的最成功的开幕式之一,非常精彩,可打 10 分。如果亚运会办得成功,将有助于中国争办奥运会的主办权。北京亚运会取得了巨大的成功,北京的大街小巷拉出许多大横幅:"亚运成功,众盼奥运","我们能够办好亚运会,我们也能办好奥运会"。1991 年 2 月 26 日,北京市政府和中国奥委会决定向国际奥委会提出承办 2000 年第 27 届奥运会的申请。

图 15-1　第 11 届亚运会开幕式场景

二、奥运申办失利

申办 2000 年奥运会的城市还有土耳其的伊斯坦布尔、德国的柏林、澳大利亚的悉尼、巴西的巴西利亚、英国的曼彻斯特等。由于巴西利亚在考察团考察后被淘汰,因此只有北京等 5 个城市参加最后角逐。

🔢 微历史

1993 年 9 月 23 日,在摩纳哥蒙特卡洛城举行的国际奥委会第 101 次全会上,5 个申办国家的代表向全体国际奥委会委员作最后的陈述报告。中国由何振梁作陈述报告,并向委员们介绍了北京代表团的主要成员。接着,江泽民主席出现在巨型屏幕上,他用流利的英语向国际奥委会委员们表达了中国政府对北京申办奥运会的支持。紧接着放映了录像片,介绍了北京悠久的历史,灿烂的文化,以及第 11 届亚运会、第 7 届全运会场景。最后,北京奥申委体育主任楼大鹏、李岚清副总理、中国运动员代表邓亚萍相继发言。整个陈述报告一气呵成,时间近 40 分钟。主席宣布陈述报告结束后,北京代表团步出会场,许多委员站起来频频招手,有位亚洲委员特地走到代表团中说:"你们的陈述报告很成功,绝对不会丢分。"

当天 20 时 25 分,国际奥委会主席萨马兰奇宣布投票结果:"申办第 27 届奥运会的胜利者是悉尼。"最终,蒙特卡洛的决战,北京以两票的微弱劣势,败给了悉尼。

虽然北京失去了举办 2000 年奥运会的机会,但是申办的过程却向全世界展示了中国坚持改革开放的决心与蓬勃发展的面貌,表达了中国人民对发展奥林匹克运动、与世界人民增进友谊的真诚愿望,同时也积累了宝贵的申奥经验,宣传了奥林匹克运动,从而有力地推动了奥林匹克运动在中国的发展。

第二节　北京再次申办奥运会

一、北京再次申奥的基本条件

1998 年 11 月 25 日,在人民大会堂举行了"北京市向中国奥委会递交申办 2008 年奥运会申请书仪式"。1999 年 1 月 6 日,中国奥委会召开全体会议,按照国际奥委会规定的程序对北京市的申请进行了审议和批准,一致通过了北京的申请。1999 年 4 月 6 日,中国奥委会向国际奥委会递交了北京市承办 2008 年奥运会的申请书。

当时的北京,已经具备了再次申奥的基本条件:

(一)中国的经济实力大大增强

与上次申办时相比,这次申办时中国经济实力大大增强。北京市近十年来经济始终以两位数的速度增长,1999 年,全市国内生产总值 240 亿美元,人均国内生产总值在 2 000 美元以上。中国在国际上的分量也越来越重。

(二)中国已在世界享有广泛的尊重和友谊

中国长期实行的和平外交政策,在国际上树立了良好的形象,享有广泛的尊重和友谊。中国迅速增强的综合国力和欣欣向荣的发展前景,赢得了世界普遍的认可。

(三)中国政治稳定,社会安定

改革开放以来,中国经济迅速发展,人民生活水平显著提高,呈现出了国泰民安的大好气象。在世界主要首都城市中,北京是刑事犯罪率、交通死亡率、火灾发生率最低的城市之一,城市安全保障体系具备举办奥运会的设施条件。

(四)中国体育事业蓬勃发展

此时的中国体育事业蒸蒸日上,蓬勃发展。中国在 2000 年悉尼奥运会上获得 28 枚金牌、16 枚银牌、15 枚铜牌,金牌总数和奖牌总数均名列第三位。

（五）北京具有举办大型运动会的经验

多年来,北京积极参加奥林匹克事务和诸多国际体育赛事,成功举办了 1990 年第 11 届亚运会、1994 年第 6 届远东及南太平洋地区残疾人运动会,并获得了 2001 年第 21 届世界大学生运动会的主办权,这些为举办奥运会积累了宝贵的经验。

（六）北京具有举办奥运会的设施条件

北京具有现代化的通讯、交通、饭店及其他社会服务设施,体育设施也达到了较高水平。当时,北京市共有体育场馆 5 000 多个,其中可容纳 5 000 人的体育场 8 个,可容纳 2 000 人的体育馆 15 个,还有一批具有国际先进水平的大中型体育场馆正在建设之中。

二、北京奥申委的主要工作

1999 年 9 月 6 日,经党中央、国务院批准,"北京 2008 年奥运会申办委员会"(简称北京奥申委)宣布成立。北京奥申委由北京市政府、国家体育总局、中央和国务院有关部门负责人、奥林匹克事务专家、优秀运动员代表、教育界、科技界、文化界人士、企业家和社会其他知名人士 76 人组成。伍绍祖代表国家体育总局、中华全国体育总会和中国奥委会向奥申委的成立表示热烈的祝贺,并对北京申办 2008 年奥运会表示支持。奥申委的主要工作是科学合理地设置工作机构,调集精兵强将,组成精干高效的工作队伍;研究制订申办工作整体规划;开展对内对外的宣传联络,树立北京的申办形象。北京奥申委的常设领导机构是执行委员会,下设办公室、研究室、对外联络部、新闻宣传部、体育部、工程规划部、财务部和技术部等 8 个工作部门,办公地点在北京新侨饭店。

微历史

北京奥申委成立以后,按照"吃透规则,把准尺度,争取主动,扎实推进"的工作思路,立即开始了扎实有效的工作。其中主要工作有:一、在成立后的 100 天里,迅速完成了组建申办队伍、确定职责分工、完善办公条件等工作;二、制订了申办工作计划网络图,并经奥申委执委会审定批准执行;三、按照中央申奥宣传工作的指示精神,研究制订了宣传工作的计划和方案;四、组织各方面专家撰写申请报告;五、圆满地迎接了国际奥委会评估团的考察并先后接待了 28 个国际单项体育组织的考察,赴洛桑向国际奥委会执委作了成功的陈述;六、与国际奥委会及其工作部门、各国际单项体育组织及其领导人建立了比较紧密的联系,为下一步工作打下了基础;七、集中北京市有关部门和专家多方论证,确定了 2008 年奥运会主会场的位置,以及其他比赛和训练场馆,制订了新建、改建比赛训练场馆的计划;着手进行了国际展览体育中心设计招标工作,逐步展开了对环境保护、城市交通等的专题研究,并开始了国际合作;八、组织成立了北京 2008 年奥运会申办委员会声援团。

三、申奥口号的提出

2000 年 2 月 1 日,北京 2008 年奥申委举行第二次全体委员会,通过表决确定了 2008 年奥运会的申奥口号——"新北京,新奥运"。申奥宣传抓住了北京是政治文化中心的特点,突出北京 3 000 多年的历史和国际大都市的形象,做到传统与现代、古老与年轻的和谐统一。

查资料

从 1999 年 11 月 5 日就开始了征集申奥口号的工作。北京奥申委成立了两个课题组:申办主题和口号课题组、申办会徽课题组。因此,决定同时通过媒体向全社会广泛征集口号和会徽,征集方式采取广泛征集和重点征集相结合的方式。在广泛征集申奥口号的同时,奥申委召开了系列座谈会,准备广开思路,听取意见,争取尽早提交目标明确、朗朗上口,具有很强的推广价值和传播能力的申奥口号。

国际公关公司的苏珊博士提到"新北京"的概念,清华大学李希光教授提出"新中国,新奥运",也有人进而提出"新北京,新奥运"的口号。讨论后大家一致的观点是:世界上绝大多数国家并不了解中国,很多国家因受到西方媒体影响而对中国有偏见。中国和北京经过近 20 年的发展,已经发生了深刻的变化,让世界真正了解和认识中国和北京。于是,"新北京,新奥运"的口号得到了初步认可。大家一致认定"新北京,新奥运"是个很响亮很独特的口号,它的核心信息是:第一,"新北京",这是一个丰富的概念,它表明有 3 000 余年建城史的北京经过 20 多年的改革开放,已经成为一个融古老文化与现代化大都市风情于一体的国际名城,完全具备举办奥运会的能力,并将以崭新的、多姿多彩的面貌进入 21 世纪,将以饱满的热情欢迎全世界的体育健儿和各界朋友,共同参与奥运盛会。第二,"新奥运",意味着历经百年沧桑的现代奥林匹克运动会,在拥有世界人口五分之一的中国举办,将使奥林匹克精神得到更广泛的传播,可以最大限度地促进奥林匹克事业的发展,给世界留下一笔丰厚的奥运遗产,从而翻开奥林匹克运动的崭新一页。同时,进入 21 世纪的奥林匹克运动也将以全新的面貌向世界人民展示其特有的魅力。

查资料

这句口号的英文原来是:A New Beijing For A New Olympics,大家对它不是很满意,争论持续了一段时间后,何振梁先生发话了:"我看不要叫 New Olympics,人们会问什么是 New Olympics? 我看干脆就叫 Great Olympics。"满堂喝彩,于是,英文口号也随之诞生了:New Beijing Great Olympics。

申办口号在申办过程中会在很大程度上影响国际奥委会对这个城市的印象。可以说北京这次抓住了这一点,为自己的申办成功增加了砝码。

四、北京申奥成功

2000 年 8 月 28 日,国际奥委会执委会议在瑞士洛桑召开,从 10 个提出申请的城市中筛选出北京、大阪、巴黎、多伦多、伊斯坦布尔作为 2008 年奥运会的候选城市。2000 年 9 月 9 日,国家主席江泽民致信国际奥委会主席萨马兰奇先生,表示完全支持北京申办 2008 年奥运会,并指出,如能在具有悠久文明并且迅速发展的北京举办 2008 年奥运会,对奥林匹克运动、对中国乃至世界都具有积极意义。

2000 年 10 至 12 月,奥运会项目的国际单项体育组织的官员陆续对北京进行考察。2001 年 1 月 17 日,北京奥申委向国际奥委会递交了北京申办 2008 年奥运会《申办报告》。2001 年 2 月,调查结果显示,94.9% 的北京市民支持北京申奥,94% 的北京市民希望成为志愿者为奥运会服务。调查结果还显示,市民对北京申奥前景充满信心,认为北京完全可以为奥运会提供有力的保障和周到的服务。

2001 年 2 月 19 日至 24 日,国际奥委会评估团一行 17 人在北京进行了为期 4 天的考察。评估团主席海因·维尔布鲁根说,评估团看到了一个真实的北京,北京申办奥运会得到了政府和市民的大力支持,北京奥申委的工作是积极有效的。他认为,北京提出了一个非常好的比赛规划以及场馆建设方案,这将给奥林匹克运动的发展和北京人民的生活留下一笔宝贵的财富。

图 15-2　国际奥委会评估团在北京四中考察

2001 年 7 月 13 日,国际奥委会第 112 次全会在莫斯科举行,确定 2008 年奥运会的举办城市。5 个申办城市各自进行 45 分钟的陈述。中国通过 9 位同志的陈述、多媒体演示及 3 个影视片,集中展现了北京最突出的优势,向全体委员也向全世界宣布了中国政府的庄严承诺,以及北京举办奥运会的条件和信心。终于,北京在第四轮投票中以绝对优势赢得了奥运会的举办权。"我们成功了!"这个万众期待的消息传至北京,整个北京城沸腾了,神州大地亿万群众欢呼雀跃,海外华人奔走相告。北京 40 万群众自发来到天安门广场,上百万首都人民涌上街头,举国上下共庆这一历史性时刻。

北京庄严承诺:将按照国际奥委会的规定和《奥林匹克宪章》的要求,扎扎实实地进行奥运会的各项筹备工作,为各国运动员创造一流的比赛环境与条件,为来自世界

图 15-3　北京申奥成功后何振梁(右)
与吴经国(左)热情相拥

各国、各地区的宾客们提供最好的设施和服务,确保 2008 年奥运会的成功举行。

图 15 - 4　北京申奥成功后欢腾的人群

第三节　北京奥运会的筹办

北京申奥成功之后,全国大江南北都投入到了奥运筹备的宏大工程中。北京城里林立的塔吊、各条轻轨和地铁线路、穿梭于市区各个角落的崭新公车、全新亮相的各体育场馆及配套设施,处处展现着迎接奥运的崭新风貌;老城旧址全面整治修缮,居民区里英语学习开展得热烈蓬勃,北京奥运会的筹办工作也在顺利地进行着。

一、北京奥组委正式成立

2001 年 12 月 13 日,第 29 届奥林匹克运动会组织委员会(简称北京奥组委)正式成立。北京奥组委承担着北京奥运会和北京残奥会各项筹办任务的组织工作。北京奥组委的执行机构为执委会,执委会由主席、第一副主席、执行主席、执行副主席组成。

北京奥组委下设秘书行政部、总体策划部、国际联络部、体育部、新闻宣传部、工程和环境部、市场开发部、技术部、法律事务部、运动会服务部、监察审计部、人事部、财务部、文化活动部、安保部、媒体运行部、场馆运行部、物流部、残奥会部、交通部、火炬接力中心、注册中心等 22 个部门。随着北京奥运会筹备工作的全面展开,北京奥组委逐步扩大它的编制,2008 年增加到 30 多个部门。

二、北京奥运会目标

2005 年 1 月 14 日,北京奥组委在第二次全体会议上确定"有特色、高水平"为北京奥运会的目标。

融新知

有特色指的是：独特的中国风格和人文风采，崭新的时代风貌，大众的积极参与。

高水平指的是：

(1) 高水平的体育场馆、设施和竞赛组织。

(2) 高水平的开幕式和文化活动。

(3) 高水平的媒体服务和良好的舆论评价。

(4) 高水平的安全保卫工作。

(5) 高水平的志愿者队伍和服务。

(6) 高水平的交通组织和生活服务。

(7) 高水平的城市文明形象。

(8) 高水平的体育竞赛成绩。

三、北京奥运会方针

2008 年北京奥运会的方针是：坚持开放办奥运、坚持创新办奥运、坚持节俭办奥运和坚持廉洁办奥运、坚持全民办奥运。

坚持开放办奥运：学习和借鉴历届奥运会的成功经验和做法，提高中国和北京的开放水平，向世界展示中国经济发展、社会进步的新形象。

坚持创新办奥运：在遵守《奥林匹克宪章》和《主办城市合同》的前提下，集中各方智慧，使北京奥运会筹办工作在体制创新、机制创新、管理创新上不断取得新突破。

坚持节俭办奥运：在筹办工作中注重勤俭节约，珍惜每一种资源，注重赛后利用，促进城市的可持续发展，力争取得良好的经济效益和社会效益。

坚持廉洁办奥运：在筹办工作中始终遵循公开、公平的公正原则，完善制度，加强监督，举办一届廉洁的奥运会。

坚持全民办奥运：使社会各界共享北京奥运会带来的发展机遇，吸引和激励全中国人民和数千万海外华人华侨关心和支持北京奥运会筹办工作。

四、北京奥运会三大理念

2002 年 7 月 13 日，由北京市政府和北京奥组委共同制订的《北京奥运行动规划》正式公布，围绕"新北京、新奥运"两大主题，提出了"绿色奥运，科技奥运，人文奥运"三大理念。这是中国人对奥林匹克运动的理解。绿色奥运、科技奥运、人文奥运都有各自独立的内涵，但是它们又是相辅相成不可分割的统一体。北京奥运会的三大理念，是对现代奥林匹克运动的新的诠释，并将重新建构完整而深刻的奥林匹克理念。

（一）绿色奥运

现代工业不断发展的同时，也产生了浪费资源、生态失衡的负面影响，导致地球上的可利用资源日趋枯竭，生态环境日益恶化。一些经济发达国家为修建高尔夫球场和滑雪场而砍伐大片森林，一些国家为举办各种大型体育赛会，特别是举办奥运会和洲际运动会,不惜毁坏大片森林、农田和绿地,大兴土木修建体育设施,造成对环境的严重破坏。人们经过反思认为各种体育活动的开展及运动会的筹办,也应尊重环境并与环境保持协调一致,从而保证体育的可持续发展,最终达到促进全社会的可持续发展。

国际奥委会从 20 世纪 70 年代开始提出环保方面的要求,并在国际体育界率先采取一系列维护环境的措施,将环境保护逐渐政策化。1991 年在对《奥林匹克宪章》做修改时,增加了一个新条款,提出申办奥运会的所有城市必须提交一份环保计划。国际奥委会于 1999 年制订《奥林匹克 21 世纪行动议程》,明确奥林匹克运动要全力推动全球可持续发展和环境保护事业,要求申办城市必须在越来越严格的环境标准下举办奥运会。

根据《奥林匹克宪章》和《奥林匹克 21 世纪行动议程》的规定,北京 2008 年奥运会力求办成一届体现人类与自然和谐相处的、绿色的奥林匹克盛会。北京奥运会的"绿色奥运"理念强调"天人合一",即强调人和环境的和谐,符合奥林匹克运动促进人与自然和谐平衡发展的目的。它的核心思想是指用保护环境、保护资源、保护生态平衡的可持续发展思想筹办奥运会,促进北京和中国环保基础设施的建设和生态环境的改善。

🗓17 微历史

在"绿色奥运"的宏伟蓝图中,把北京奥运会的活动中心和主体育场所在地的奥林匹克公园建成了北京市规模最大的绿色生态园区。北京奥运会筹办期间,加大了环保先进技术的研发力度,重点开发了生态环境保护技术、节能技术以及大气、水体、固体废弃物、噪声等污染防治技术,使可再生资源在奥运会设施中得到了最大限度的开发利用。同时,北京通过筹办奥运会,建立了经济与环境相互促进、协调统一的新机制,确保了经济、社会、人口、资源、环境的协调发展。中国还在全国范围内开展各种形式的环境保护教育和宣传活动,不断提高公众的环保意识。如北京采纳了世界最严格的尾气排放标准,从 2008 年 7 月 20 日开始,北京还本着公交优先的原则,对机动车按照单双号实行限行;勒令一些高污染企业,或者搬迁,或者停产转型;引入可再生能源以及扩大公共交通系统等一系列长期措施。

(二) 科技奥运

"科技奥运"是指把现代科学技术多角度、多渠道地运用干奥运会,通过广泛应用当代最先进的科技成果,让科学精神、科学思维和科技成果渗透到奥运会的每一个细节,使 2008 年北京奥运会成为被先进科技成果武装起来的体育盛会。从赛事的组织管理到信息传递,从运动员的食宿条件到交通保障,从赛场建筑的设计到声、光、电技术的应用,从比赛装备的革新到裁判器材的改进,从运动员的安全保障到违禁药物的检测、分析,都涉及诸多领域的科学与技术,奥运竞技场已成为现代科学技术的展示台。并且,科学技术的发展不断提高奥运会的竞争激烈程度,提高了奥林匹克运动的观赏水平。

同时,科技还被用来服务于广大群体。奥运安全,主办城市的交通、通信,场馆和辅助设施的建设,奥运会管理等各个方面都受到现代奥运科技的重要影响。自从柏林奥运会第一次实现电视实况转播,东京奥运会第一次通过卫星向全世界进行实况转播,此后全球观众都能够通过越来越先进的传播媒介看到最新的竞赛情况。互联网的普及更使世界各地的人们都可以随时看到奥运。科技被不断地应用到训练、比赛及组织管理的方方面面，让奥运会更加丰富精彩。

融新知

北京提出"科技奥运"理念后，通过制订和实施《奥运科技（2008）行动计划》，使北京奥运会从运动会硬件设施到运动会的组织管理，以及运动员的训练都借助了现代科学技术领域的新发明和新成果。国家体育场"鸟巢"的建设，采用大规模的计算机和辅助系统进行设计，采用先进的工艺进行加工，采用大量的高技术进行建设。国家游泳中心"水立方"，在系统设计、成形工艺、新材料的应用、环保的建设、空调节能和舒适度，以及使用半导体照明（LED）等方面，都表现了科技和艺术的完美结合。2008 年 5 月 8 日，中国国家登山队成功地登上珠穆朗玛峰，并在低压、缺氧等不利于燃烧的条件下，点燃奥运圣火火炬，这是中国对奥林匹克运动的独特贡献。

（三）人文奥运

体育是人类文明的产物，本身就具有人文价值及意义。作为体育的最好表现形式的奥林匹克运动更体现了人文精神和人文价值。不管是古代奥运会，还是现代的奥林匹克运动，都具有鲜明的人文主义的色彩。

北京奥运会"人文奥运"的理念，是三大口号中的核心和灵魂。《人文奥运行动计划实施意见》指出：人文奥运是北京奥运的灵魂。人文奥运是文化的奥运，是以人为本的奥运，是实现和谐的奥运，是"更高、更快、更强"与"和谐、和睦、和平"的有机统一。人文奥运不仅基于奥林匹克运动的人文精神，更是基于中国深厚的文化底蕴、优秀的传统文化而提出的，因为中国有五千年的文明史，是世界七大文明古国中唯一没有中断其文明的国家，北京有三千多年的建城史，有着丰富的人文资源，这就决定了北京"人文奥运"独一无二的历史文化优势。

看文化

北京奥运会"人文奥运"把"以人为本"的理念体现在 2008 年奥运会的场馆、奥运村、新闻中心通信、住宿等基础设施，赛事安排，体育场馆的赛后使用，等等，都从有利于运动员、裁判员、新闻记者、游客和北京市民去考虑，为运动员、裁判员提供理想的比赛环境，为新闻记者提供良好的工作条件，为游客提供满意的服务，为北京市民留下奥运财富，共享奥运成果。同时，人文奥运强调展示和传播中华民族优秀文化，不仅使 2008 年奥运会成为展示中华文化的窗口和盛会，也成为东西方文化交流与融合的重要平台。人文奥运对中华五千年文明的展示，加强了世界对东方文化尤其是对中国传统文化的了解，加强东西方文化的交流与融合，同时推进奥运文化的多元化进程，促进奥林匹克运动真正成为跨文化、跨民族、跨国度的世界性文化体系。

五、北京奥运会主题口号

北京奥运会主题口号"同一个世界,同一个梦想"于2005年6月26日隆重发布。"同一个世界,同一个梦想",集中体现了奥林匹克精神的实质和普遍价值观——团结、友谊、进步、和谐、参与和梦想,表达了全世界在奥林匹克精神的感召下,追求人类美好未来的共同愿望。世界各地的人们同属于一个世界,拥有同样的希望和梦想,共同追求着人类和平的理想。"同一个世界,同一个梦想"表达了北京人民和中国人民与世界各国人民共享文明成果,携手共创未来的崇高理想,表达了中国人民为美好而和平的世界做出贡献的心声。

北京奥运会主题口号的英文是"One World One Dream",简洁响亮,朗朗上口,便于传播。

图15-5 2008北京奥运会主题口号

六、北京奥运会场馆建设

北京奥运场馆呈"一个主中心加四个区域"的分布格局。奥林匹克公园是举办奥运会的"主中心",包括森林绿地、中华民族博物馆、展览馆、体育场馆及奥运村,总面积约1215公顷。四个区域分别是"东部社区"、"西部社区"、"大学区"和"北部风景旅游区"。奥运村是2008年北京奥运会的重要组成部分,是世界各国运动员和官员的住地。北京奥运会比赛计划使用场馆36个,其中北京地区31个,其他地区5个。北京地区新建场馆12个,改建11个,临时建场馆8个,并有奥运村、媒体村、国际广播中心及45个独立训练场馆等7类相关设施。场馆分布为集中与分散相结合。

在众多的北京奥运会场馆中,奥运游泳中心"水立方"和作为北京奥运会主会场的国家体育场——"鸟巢"是最引人注目的。

查资料

"水立方"是2008年北京奥运会标志性建筑物之一,也是北京市政府指定的唯一一个由港澳台侨胞捐资建设的标志性奥运场馆。水立方的标准座席有17 000个,其中临时座席约13 000个,永久座席4 000个。奥运会期间,承担游泳、跳水、花样游泳、水球等比赛。其主体结构设计使用年限100年。

图 15-6　2008 北京奥运会游泳中心——"水立方"

查资料

　　"鸟巢"是目前世界上最大的钢结构体育场。"鸟巢"用高科技编织了一副坚实的灰色钢网,编制成一个可以容纳 10 万人的体育场。国家体育馆设计安装了 100 千瓦太阳能光伏发电工程,太阳能电池板分别安装在屋顶天窗、玻璃幕墙上,不仅具有为建筑物遮阳、采光、挡雨的维护结构功能,而且日均发电量超过 200 千瓦时,可为 15 000 平方米的地下车库提供充足的照明电力。其光伏电池板与雄伟的建筑外观融为一体,直观地向公众展示了太阳能光电利用技术。

图 15-7　2008 北京奥运会主体育场——"鸟巢"

七、北京奥运会交通

北京奥运会筹办期间,北京实施了奥运会综合交通计划,为奥运会提供安全、可靠、便利的交通服务。2008 年,北京市通过视频监控系统,智能化道路交通信号控制系统和动态路线诱导系统对城市交通进行智能化控制。同时,在比赛场馆和交通中心间增派直达的公共车辆,开通了一些与地铁站、大型交通换乘枢纽、市区广场、主要饭店区相接的公共线路。

八、发布北京奥运会文化标志

(一)北京奥运会会徽"中国印——舞动的北京"

2003 年 8 月 3 日,北京奥运会会徽"中国印——舞动的北京"在北京天坛祈年殿隆重发布。第 29 届奥运会会徽"中国印——舞动的北京"将中国特色、北京特点和奥林匹克运动元素巧妙地结合。它以印章作为主体表现形式,以中国传统喜庆颜色红色作为主体图案基准颜色,将中国传统的印章和书法等艺术形式与运动元素相结合,经过艺术手法夸张变形,巧妙地幻化成一个向前边跑边舞动的迎接胜利的运动人形。这个标志寓意北京将实现"举办历史上最出色的一届奥运会"的庄严承诺。

图 15-8　2008 北京奥运会会徽

(二)北京残奥会会徽

2008 年北京残奥会会徽名为"天、地、人",是一个充满动感的人形,暗示着残疾人在运动和生活中所付出的巨大努力,体现了"精神寓于运动"的残疾人奥林匹克运动精神。会徽由红、蓝、绿三色构成"之"字形,有生生不息之意,也有到达之意。字形曲折,寓意经历坎坷最终达到目标获得成功。

图 15-9　2008 北京残奥会会徽

看文化

2008 年北京残奥会会徽和北京奥运会会徽都充满了中国文化特色,突出了"人文奥运"理念,寓意深刻,在思想和艺术风格上相得益彰,相映生辉。

(三)北京奥运会吉祥物

2005 年 11 月 11 日,第 29 届奥运会吉祥物福娃在北京发布。福娃是五个可爱的亲密小伙伴,他们的造型融入了鱼、大熊猫、藏羚羊、燕子以及奥林匹克圣火的形象。其色彩与灵感来源于奥林匹克五环,来源于中国辽阔的山川大地、江河湖海和人们喜爱的动物形象。福娃向世界各地的孩子们传递友谊、

图 15-10　2008 北京奥运会吉祥物——福娃

和平、积极进取的精神和人与自然和谐相处的美好愿望。每个娃娃都有一个朗朗上口的名字:"贝贝""晶晶""欢欢""迎迎"和"妮妮"。把五个娃娃的名字连在一起,就会读出北京对世界的邀请——"北京欢迎你"。

🏛 看文化

> 每个福娃又都有着各自的寓意。福娃"贝贝"传递的祝福是繁荣,寓意着梦想的实现;福娃"晶晶"象征着人与自然的和谐共存;福娃"欢欢"象征着奥林匹克圣火,将激情撒播世界,传递"更快、更高、更强"的奥林匹克精神;福娃"迎迎"象征着健康,将健康的美好祝福传递给世界;福娃"妮妮"象征着好运,撒播"祝你好运"的美好祝福。

(四)北京残奥会吉祥物

北京残奥会吉祥物是一个可爱的小牛形象,名为"福牛乐乐",具有浓郁的中国民族风格和文化特色,蕴含着残疾人运动员自强不息和顽强拼搏的精神,以及北京残奥会"超越、融合、共享"的理念。

图 15-11　2008 北京残奥会吉祥物——福牛乐乐

(五)北京奥运会宣传画

北京奥组委通过征集评选活动陆续推出了一系列有创意有特色的宣传画作品,通过宣传画向世界展示北京展示中国。

图 15-12　2008 北京奥运会宣传画

(六)北京奥运会奖牌

2007 年 3 月 27 日,北京奥组委发布第 29 届奥运会奖牌式样,奖牌直径为 70 毫米,厚 6 毫米。奖牌正面为国际奥委会统一规定的图案——插上翅膀站立的希腊胜利女神和希腊潘纳辛纳科竞技场,奖牌背面镶嵌着取自中国古代龙纹玉璧造型的玉璧,背面正中的金属图形上镌刻着北京奥运会会徽。奖牌挂钩由中国传统玉双龙蒲纹璜演变而成。整个奖牌尊贵典雅，中国特色浓郁，既体现了对获胜者的礼赞，也形象地诠释了中华民族自古以来以"玉"比"德"的价值观，是中华文明与奥林匹克精神在北京奥运会形象景观工程中的又一次"中西合璧"。

九、北京奥运会协办城市

2008 年奥运会的主办城市是北京，同时还有其他城市承担着奥运会比赛的任务。青岛是北京奥运会帆船比赛地；香港是北京奥运会马术比赛地；天津、上海、沈阳、秦皇岛是北京奥运会足球比赛分场地。

图 15 - 13　2008 北京奥运会奖牌

（一）青岛

作为 2008 年第 29 届奥运会帆船比赛举办城市，青岛进行了全面规划，进一步改善生态环境，突出了"新青岛，新奥运"的主题，充分利用青岛"山、海、城"浑然一体、人与自然和谐共处的城市特点，建设亚洲一流国际先进的海上运动基地，展示青岛"海上奥运"特色，将青岛建成"帆船之都"。青岛 2008 年奥运会帆船比赛基地位于浮山海湾，建设的项目包括国家帆船运动培训基地、奥运村、运动员中心、赛船停泊区、新闻中心、国际豪华游轮码头、国际会议中心、五星级国际旅游度假酒店、国际游艇俱乐部和公园、广场等公共设施，成为集旅游、健身、休闲于一体的综合性海上运动中心，形成独具特色的海上运动及娱乐活动产业。

（二）中国香港

国际奥委会在新加坡举行的全会上决定采纳北京奥组委的建议，由中国香港协办 2008 年北京奥运会马术比赛，比赛运营费用由北京奥组委负责，场地费用由香港赛马会承担。马会将位于香港体育学院附近的沙田马厩设施扩建成一个可以举办障碍赛及盛装比赛的主赛场，将越野赛部分安排在马会双鱼河乡村俱乐部会所和香港高尔夫球会会场。

（三）天津

天津紧抓群众体育工作，开发了社区体育、三八健康杯妇女健身活动、群众体育节等群众体育活动，在全国产生了重要的影响。天津还推出了"体育公园"理念，一大批规模大、功能全、健身环境好的体育公园每天都在为群众的健康需求服务。自从北京申奥成功以来，每年 6 月 23 日的国际奥林匹克日活动总是在天津市民中掀起高潮。他们充满激情地为即将到来的北京奥运会欢呼喝彩。2005 年的国际奥林匹克日，来自天津各行各业的 2 008 名老人用英姿飒爽的大型太极拳表演，表达了天津人民对 2008 年北京奥运会的热切期盼。

（四）上海

随着城市的发展进步，上海的全民健身事业也取得了巨大的进步，结出了丰硕的成果。2003年，"人人运动"计划正式启动，成为上海全民健身工作的一个突出点，不断掀起全民健身的高潮。在上海，全民健身活动已形成全民健身活动周、社区健身大会和全民健身节三大传统知名品牌。并且，上海还凭借其独特的城市风貌，推出了一系列景观体育展示，如东方明珠新年登高、金茂低空跳伞、苏州河国际龙舟赛，等等。北京奥运会有9场足球比赛在上海举行。

（五）沈阳

沈阳是一个与足球密切相连的城市，足球运动在这里广泛开展。沈阳构建群众体育服务体系的过程中，经常举办群众体育活动，形式多样，丰富多彩。"万人健康跑""龙舟大赛""畅游母亲河"等全市规模的大型活动，已成为沈阳市群众体育的品牌项目。

（六）秦皇岛

借助奥运会契机，秦皇岛市积极进行城市体育基础设施建设。在完善体育设施的同时，还构建了立体、多点的运动人才培养体系，充分调动各区县、各学校、单项体协及社会各界的积极性，建立了各类体育训练基地，并建有老年体协、农民体协、残疾人体协等体育协会。筹办2008年北京奥运会部分足球比赛，使秦皇岛的体育基础设施建设加快了步伐，使城市服务水平得到提升，并且提高了体育爱好者的竞技水平。

九、北京奥运会教育计划

奥林匹克教育作为一种教育体系，包括奥林匹克知识教育、奥林匹克思想教育和奥林匹克精神教育。

🔍 查资料

北京奥组委与教育部联合制定了《"北京2008"中小学生奥林匹克教育计划》，于2005年在北京市中小学开始逐步实施，2006年在全国范围内展开。该教育计划是世界上首次以奥运会组委会与国家教育主管部门的名义联合挂牌进行管理和实施的教育计划。该计划把青少年作为主要的教育对象，从2005—2008年间，在全国中小学中普遍开设奥林匹克课程。

"北京2008"中小学生奥林匹克教育计划的主要内容包括：通过学校课程普及奥林匹克知识；在全国范围内建设和命名奥林匹克教育示范学校；在主办城市开展"同心结"国际交流项目；在全国范围内举办奥林匹克教育系列展示活动；开展奥林匹克教育研究；开发奥林匹克教育课程资源等。

北京奥运会开展奥林匹克教育的主要目标包括：普及奥林匹克知识，弘扬奥林匹克精神，宣传北京奥运会的理念和筹办工作；拓宽国际视野，树立做奥运会东道主意识，展现中国学生热爱和平,友好热情的精神风貌;促进奥林匹克运动和奥林匹克精神在校园体育教育中的发展,培养中小学生良好的体育锻炼习惯;形成北京奥运会具有生命力的教育遗产。

北京奥运会奥林匹克教育遗产主要包括:培养一代了解奥林匹克知识,理解奥林匹克精神,具有国际视野和文明礼仪风尚的青少年学生;建立一批以奥林匹克教育为特色的示范学校;形成一套弘扬奥林匹克精神的教育机制;组建一个奥林匹克教育的研究机构;留下一批纪念北京奥运会的优秀学生作品。

"北京2008"中小学生奥林匹克教育计划的实施途径包括:开设奥林匹克教育课程;开发特色校本课程;在多学科教学中渗透奥林匹克教育;开展以奥运为主题的校园文化活动;营造浓郁的校园奥林匹克文化氛围;开展富有创新特色的奥林匹克教育。

第四节　北京奥运会的成功举办

2008年北京奥运会是奥林匹克大家庭有史以来最大规模的一次聚会,共有204个国家和地区的1万多名运动员参加了28个大项、302个小项的角逐;同时,这届奥运会还是一次挑战人类极限,完美实现"更快、更高、更强"奥林匹克格言的奥运会。在16天比赛中,来自世界各地的运动员在决赛中共打破38项世界纪录,85项奥运会纪录被刷新。

一、北京奥运会火炬接力

2008年3月24日,以"和谐之旅"为主题,以"点燃激情,传递梦想"为口号的北京奥运会火炬接力正式开始。古希腊赫拉神庙前采集的太阳之光,跨过五大洲四大洋的千山万水,960万平方公里神州大地,历海拔8 844米地球之巅的攀登,经全世界2万多人万里传递,于130天后抵达北京国家体育场"鸟巢"。此时,80多个国家的元首和首脑,204个奥运大家庭成员,16 000名运动员和教练员,10万名现场观众,数十亿电视观众一起见证着:2008年8月8日晚上8时,北京国家体育场,一页新的历史正在诞生——第29届北京夏季奥林匹克运动会开幕了。

二、一届"有特色,高水平"的体育盛会

2008年8月8日晚上8时,一个个巨大的、燃烧的脚印状焰火在北京城的天空腾空而起,从永定门沿北京城中轴线一路向北,穿过天安门广场,一步步走向主会场"鸟巢"。当第29个亮丽的脚印绽放在"鸟巢"的正上方时,立即化为漫天繁星洒向地面,在"鸟巢"中央聚拢成星

图15-14　中国代表团入场

光闪烁的奥运五环。随着长 147 米，宽 27 米的巨大 LED 卷轴慢慢拉开，名为《美丽的奥林匹克》的开幕式文艺表演正式开始。表演分为上篇和下篇。上篇《灿烂文明》将太古遗音、四大发明、汉字和戏曲、丝绸之路等中国灿烂的文化神奇地展现在画卷中；下篇《辉煌时代》由星光、自然、蓝色星球、梦想四个场景所组成，表达了世界各族人民和平相处、与自然协调发展的美好愿景。英国女歌手莎拉·布莱曼和中国歌手刘欢深情地唱起北京第 29 届奥林匹克运动会主题歌《我和你》，体育场上方的投影屏上呈现出了 2008 张世界各地儿童的笑脸。这一切形象生动地诠释了北京奥运会"同一个世界、同一个梦想"的主题。

名人谈

该届奥运会上，23 岁的美国游泳运动员菲尔普斯狂揽 8 枚金牌，打破 7 项世界纪录，成为本届奥运会上获得金牌数最多的运动员，并以累计获得 14 枚奥运金牌的成绩，成为前无古人的奥林匹克第一人。因此，国际泳联在北京奥运会上专门为他颁发了荣誉勋章。

图 15-15 挂满金牌的菲尔普斯

名人谈

牙买加飞人博尔特，先是以 9 秒 69 的成绩在"鸟巢"里创造了新的百米世界纪录，这一成绩不仅将原有的世界纪录一下子提高了 0.03 秒，更使人类历史上首次出现了 9 秒 70 以内的百米成绩，从而实现了人类史上人体极限的新超越。接着在男子 200 米决赛中，博尔特又以 19 秒 30 的成绩，再一次刷新世界纪录，使 12 年前美国名将迈克尔·约翰逊在亚特兰大奥运会上创造的 19 秒 32 的成绩成为田径运动的过去式。

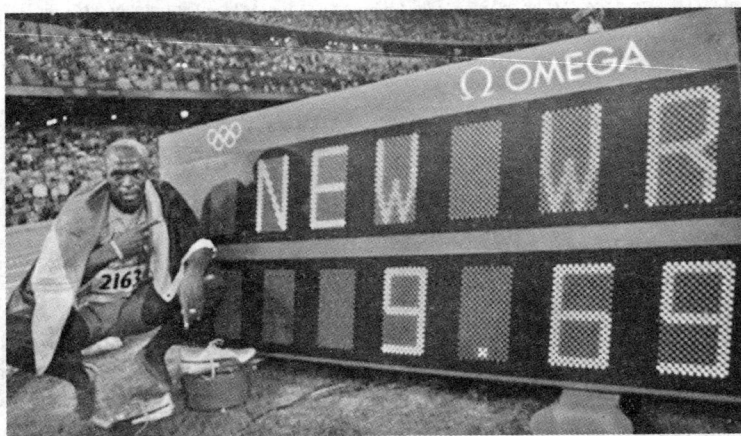

图 15-16 北京奥运会百米赛后的博尔特

📅 微历史

俄罗斯撑竿跳选手伊辛巴耶娃以 5 米 05 的成绩蝉联奥运冠军,同时这也是她第 24 次刷新世界纪录,在北京"鸟巢"创造了又一个田径场上的奇迹;日本游泳名将北岛康介成为奥运会历史上第一位获得 4 枚蛙泳金牌的选手,成就了他"四金蛙王"的美誉;韩国游泳运动员朴泰桓在 400 米自由泳决赛中,以 3 分 41 秒 86 的成绩赢得金牌,成为 72 年来亚洲的首名男子自由泳奥运冠军。

另外,许多优秀运动员纷纷改写了他们各自国家的奥运参赛历史。如,印度射击运动员阿比纳夫·宾德拉,在男子 10 米气步枪比赛中以 700.5 环的成绩获得冠军,从而改写了印度奥运史上 108 年来从未获得过单项金牌的历史;蒙古柔道运动员奈丹·图布辛巴亚尔在男子 100 公斤级比赛中夺取冠军,赢得蒙古国自 1964 年参加奥运会以来的首枚金牌,因此被蒙古国总统授予"功勋运动员"和"劳动英雄"称号,以及象征最高荣誉的"苏赫巴托"勋章;突尼斯游泳运动员乌萨马·迈卢利在1 500 米自由泳决赛中以 14 分 40 秒 84 的成绩获得金牌,这是突尼斯从 1960 年第一次参加奥运会以来获得的第一枚奥运会游泳金牌,是突尼斯代表团时隔 40 年之后再次问鼎奥运会冠军,也是阿拉伯选手在北京奥运会上获得的第一块金牌;巴林田径运动员拉姆齐,在 1 500 米跑比赛中以 3 分 32 秒 94 的成绩冲过终点,成为巴林历史上夺得奥运金牌的第一人,改写了巴林奥运参赛史;巴拿马田径运动员伊尔彬·萨拉迪诺,在男子跳远比赛中以 8.34 米的成绩为巴拿马夺得历史上的第一枚奥运金牌,使巴拿马人自新中国成立以来的奥运金牌梦终于在北京奥运会上得以实现。

在北京的奥运赛场上,不仅有着超越极限的奇迹,更让人看到了人性的美好和生命的热情。67 岁的日本马术选手法华津宽是此届奥运会年龄最大的参赛选手;41 岁的美国泳坛名将托雷斯在北京奥运会夺得了两枚银牌,这位唯一参加过 5 届奥运会的游泳选手只想证明"女人上了年纪仍可以做她想做的事";德国女子体操选手丘索维金娜为孩子治疗白血病,26 岁复出,33 岁出征北京奥运会并收获了体操女子跳马金牌,她那份超越日常生活磨难的热爱与执着感动了观众;荷兰选手范德韦登夺取第一次列入奥运会比赛项目的

10公里游泳马拉松的冠军,他战胜癌症的传奇经历与这枚独具意义的"奥运首金"一道被载入了奥运史册……

图 15 - 17 北京奥运会"最重金牌":体操男子团体赛金牌

中国体育健儿肩负祖国和人民的殷切期望,怀着为国争光的强烈信念,顽强拼搏、奋勇争先,取得了51枚金牌、21枚银牌、28枚铜牌的优异成绩,位居金牌榜第1位。其中,中国体操队男女双双获得团体冠军,并斩获7枚单项金牌,成为中国奥运史上夺金最多的"梦之队",其中女队获得的是中国历史上的第一块女子体操团体奥运金牌;中国乒乓队同样是男女双双获得团体冠军,而男队获得的更是奥运会的首枚团体金牌。此外还有中国跳水、中国女子举重、中国射击,在传统优势项目方面,中国队无不是捷报频传。更让人们惊喜的是,中国队在北京奥运会上有许多其他项目的新突破。如中国赛艇队在女子四人双桨项目决赛中,以6分1秒95的成绩获得冠军,成功打破了欧美选手在该项目上的垄断,实现了中国在赛艇项目上奥运金牌零的突破;中国击剑运动员仲满横空出世,一路过关斩将,最终获得男子佩剑冠军,完成了24年来中国击剑的又一奥运金牌梦想;中国帆板运动员殷剑在北京奥运会帆船女子 RS - X 级奖牌轮赛中,以净积分39分的成绩夺得冠军,改写了中国海上军团无奥运金牌的历史;还有中国射箭、中国蹦床……中国奥运军团创造了自1984年参加奥运会以来的最好成绩,实现了重大历史性突破,书写了中国体育事业发展的新篇章。

此后,2008年北京残奥会于9月6日至17日举行,147个国家和地区的4 000多名残疾人运动员刷新了279项残疾人世界纪录和339项残奥会纪录。

百年期待,七年艰苦筹办,北京为全世界奉献了一届"有特色、高水平"的体育盛会。北京奥运会和残奥会周到细密的组织工作、国际水准的场馆建设以及志愿者充满微笑的热情服务,受到与会者和国际舆论的高度评价:高水平的场馆、体育设施;高水平、独具特色的开幕式和丰富多彩的文化活动;高水平的媒体服务;高水平的安全保卫工作;高水平的志愿者队伍和服务;高水平的交通组织和生活服务;高水平的城市文明形象;高水平的竞赛成绩……

名人谈

国际奥委会执行主任吉尔伯特·费利对开幕式、奥运村、场馆、交通、志愿者的表现连续用了5个"满意"予以评价。国际奥委会主席罗格在北京奥运会闭幕式上向全世界郑重宣告："这是一届真正的无与伦比的奥运会。"

三、北京举办奥运会的意义

(一)让世界了解中国,扩大中国在全世界的影响力

奥运会是当今世界上影响最大的体育盛会。举办奥运会不仅是对一个国家综合实力的全面检验,也是扩大一个国家在全世界的影响力的良好契机。通过举办奥运会,展示了我国5 000年灿烂文明和社会主义现代化建设伟大成就,体现了中华民族自尊、自强的精神,加强了中国与全世界人民的团结和友谊。

看文化

北京是历史名城、文化古都。底蕴深厚的故宫、长城和独具特色的民俗风情、文化艺术等成为中国人文的一大热点,展示在世界面前,增进了各国人民对中国的了解和喜爱。北京又是中国的首都,在"和谐、交流和发展"的北京奥运会文化主题中,展现了独特的魅力,提升了北京的城市形象和知名度,增进了中国人民和世界人民的交往,促进了奥林匹克运动的发展。

中国成功举办奥运会,得到了世界对中国改革开放后社会稳定、经济繁荣、综合国力大大增强的认可和肯定,是中国在提高国际地位方面所矗立的又一座里程碑。北京奥运会可以更充分地向世界展示我国的形象,为中国致力世界和平事业,营造更有利于国家统一的国际环境提供了更多的可能;为我国增加了商机,增进了国际经贸合作,促进经济与国际接轨,推动了我国经济建设的高速发展;使东西方文化得到进一步交流与融合,为中国融入世界提供了新的动力。

(二)增强民族凝聚力,促进精神文明建设

一个国家要有自己的民族凝聚力,这是一个民族繁荣富强的根本,是一个国家发展的基石。体育运动对于培养爱国主义和民族凝聚力有着特殊的重要作用。申办和举办奥运会的过程是激发人们的爱国主义热情、增强全民族的凝聚力,使全体中国人民进一步团结在一起的过程。这个过程有助于激发人民奋发进取的精神,自觉遵守社会公德的意识,形成和谐互助的人际关系,促进精神文明建设。

(三)有助于促进中国的奥林匹克运动和中国体育事业的发展

北京举办奥运会有力地推动了中国的奥林匹克运动和体育事业。北京奥运会后,奥林匹克运动在中国更加普及,奥林匹克精神更加广泛地弘扬,从而推动了奥林匹克运动在

中国的发展。同时,北京奥运会有力地促进了中国体育对外开放的程度,极大地增强了中国广大体育工作者和运动员为国争光的责任感和荣誉感,有利于提高中国体育事业的发展水平。

从参加奥运到实现金牌零的突破,再到获得奥运金牌数第二的好成绩,再到位居金牌榜第1位;从1993年申奥失利到2001年申奥成功,再到举办2008年奥运会,反映了中国体育事业的巨大进步。参加奥运、申办奥运和举办奥运,意味着坚持奥林匹克主义、精神和宗旨,按奥林匹克运动的规程、标准办事,也就是要与国际体育规程接轨,按国际惯例办事。因此,举办奥运的成功不仅会加快中国实现奥运战略的步伐,而且会有力地推动中国体育的对外开放和体育体制的进一步改革。

(四)有助于促进中国尤其是首都北京的建设与发展

北京举办奥运会有力推动了我国的经济建设与发展。现代奥运会既是一次体育的盛会,又是一次难得的巨大商机和经济发展的机遇。

🔼 看文化

奥运会的申办与举办,全面促进了北京城市的发展,树立其文明开放、团结发展的现代化国际大都市的形象。"新北京,新奥运"的口号与"绿色奥运、科技奥运、人文奥运"的理念,极大地促进了北京的"两个文明"建设。具体表现在:首先,为举办奥运会进行的大规模设施建设和环境整治有力地提高了北京市现代化水平与环境质量;其次,由奥运建设带动的相关产业将推动北京产业结构的调整,增强城市经济可持续发展的能力;第三,奥运建设项目的相关产业的发展,使北京地区形成了庞大而活跃的投资和需求市场,促进了首都经济的发展;最后,申办和举办奥运会,也是大规模的民众参与过程,可有效地提高北京市民的文明素质和意识,促进北京软环境的改善。

(五)发展和弘扬奥林匹克精神

奥林匹克运动作为一种现代文明,奥运会作为一项全球盛会,来到人口众多的东方文明发源地,具有了更加完整的定义。经过中国人民、国际奥委会和全世界的共同努力,奥运圣火终于在古老而现代的中国熊熊燃烧,使奥林匹克运动更加具有广泛性和全球性,也使这项源于西方的文明由于融合了东方中华文明的精髓而具有更加博大精深的内涵,具有更大的感召力、影响力。北京奥运会促进了奥林匹克运动得到更广泛的参与与普及,发展和弘扬了奥林匹克精神,这是中国为奥林匹克运动做出的巨大贡献。

第十六章
奥林匹克文化精神在中国

奥林匹克运动的宗旨是通过体育竞技与文化教育的结合来实现人的全面、和谐的发展，促进不同国家、不同民族、不同文化背景的人们之间的相互理解、团结与友谊，努力建设一个和平、美好的世界。中国体育文化是中国文化的有机组成部分，是世界体育文化宝库中的珍贵财富。中国体育文化与奥林匹克文化"和而不同"，相互尊重，相互学习，这对于丰富现代奥林匹克运动多元文化有着积极的意义。奥林匹克运动与中国文化结合的必然性表现在两个方面：一方面，只有实现两者的结合，奥林匹克运动一贯追求的世界性、开放性和平等性才能得以更加充分地实现；另一方面，只有实现两者的结合，奥林匹克运动才能体现出文化的多样性，才能使奥运的文化内涵更加丰富。对于中国来说，只有实现两者的结合，才能在促进我国内部发展的同时与国际接轨，让中国走向世界。

第一节　中国传统体育

中国传统体育是相对起源于希腊，发展、成熟于西方文化氛围中的现代体育而言的，是中国近代以前包括汉民族在内的中国各民族在各自居住地区内共同创造、形成、继承和延续的带有浓郁的民族文化色彩和特征的传统体育活动的总称。

中国传统体育中的每一项运动，都有悠久的历史和丰富多彩的内容，其文化内涵极为丰富。这些丰富多彩的中国体育文化是中国文化的有机组成部分，是世界体育文化宝库中的珍贵财富，体现出中国文化的独特意义。

中国是世界上最早的几个体育发源地之一，早在战国晚期，中国古代体育的主要框架就已初步形成，包括了三个基本部分，即军事体育、娱乐体育和养生体育，并且形成了一些重要的体育理论。主要的体育活动项目有竞技性质的击剑、射箭、骑射、拳击、角力、赛车、游泳、划船及带有各种健身性质的舞蹈、围棋、投壶、牵钩、秋千、飞鸢、击壤、行气等。从秦汉时期到五代十国，是中国古代体育继续丰富、完善、提高的时期。其中，唐朝时期体育项目最多，竞技特征最强，对外体育交往最多，女子体育也空前活跃，是中国古代体育史上最辉煌灿烂的阶段。

一、射箭

射箭在我国有着久远的历史，可谓是中国古代体育项目的鼻祖，据考古发现，它在距今两万八千多年前就已经出现了。考古工作者在山西峙峪人文化遗址，曾经发现了一件距今两万八千年前的石箭头,这表明当时人类已经在开始使用弓箭了。孔子曰:"君子无所争,必也射乎,揖让而升,下而饮,其争也君子。"(《论语·八佾》)

看文化

"射"不但是一种体育活动,更是一种修身养性培养君子风度的方法。西周统治者将体育活动与文化礼仪相结合的目的,就是要培养文武兼备的栋梁之材,保卫社稷和管理国家,这与古希腊奴隶制时代所实行的全方位的素质教育在形式和目标上有相似之处。

由于射箭所具有的军事性、竞技性、娱乐性、礼仪性等特征,使它的重要性在以后的历史中越来越突出。唐朝时射箭风气很盛,唐太宗还常在重阳节组织五品以上文武百官参加射箭比赛。"诗仙"李白也是射箭爱好者,自夸"一射两虎穿,转背落双鸢"。

图 16-1 骑射

我国蒙古族、满族、锡伯族、彝族、藏族、珞巴族等少数民族还将射箭同骑马结合,从而有了骑马与射箭的复合形式——骑射。

二、棋类

棋类也是中国体育文化中富有特色的活动形式,种类繁多,充满妙趣,并且能够增进智力。中国古代棋类活动分为两大类,一类是包括围棋、象棋、弹棋在内的怡情益智的游戏;另一类是以六博、双陆为代表的博戏类活动。

围棋,棋类之鼻祖,我国古时有"弈""碁""手谈"等多种称谓,是一种策略性两人棋类游戏(也有联棋或团队对战模式,有两人对两人、一人对多人、多人对多人等形式),使用格状棋盘及黑白两色棋子进行对弈,是中国古代知识阶层修身养性的一项必修课目,属于琴棋书画四艺之一。

查资料

春秋时期,已有了对围棋活动的确切记载。如在《论语·阳货》中,孔子对他的弟子说:"饱食终日,无所用心,难矣哉!不有博弈者乎,为之,犹贤乎已。"意思是与其整天游手好闲,还不如去玩玩博戏,下下围棋。在《左传·襄公二十五年》曾经记载,魏国的大夫大叔文子曾经用"举棋不定"这个术语来比喻政治上的优柔寡断,说明围棋在当时已经很流行了。

象棋,又叫中国象棋,是我国最为普及的一种益智类游戏,有时连目不识丁的老农也是沙场老手。象棋的起源已无确切考证,众说纷纭,莫衷一是。而象棋源于兵家却为大多数人所接受,有人说象棋的形成与秦朝末年的"楚汉相争"有着密切的关系。

微历史

　　棋盘上的"楚河汉界",是根据楚汉相争而命名的。而象棋棋子分红、黑两种颜色,帅方红色,将方为黑色,俗称"红帅黑将"。据说红方代表刘邦的军队,红帅代表刘邦;黑色代表项羽的军队,黑将代表项羽。传闻自"高祖斩蛇"后,刘邦便自称是赤帝的儿子,特别喜欢红色,连军中的大旗都改为红色。而项羽则喜欢黑色,他穿的衣服、披挂皆为黑色,就连骑的乌骓战马也都是黑色的。此外,凡是会下象棋的都懂得,双方将帅不能直接见面,据有关史书记载,在楚汉大战中,汉王刘邦曾在广武山上对着西楚霸王项羽破口大骂,结果被楚兵用箭射中,差点丢了性命。从象棋的形成和发展来看,这是古代战争在棋盘上的再现。对弈中,将帅如果同在一条直线上,中间又不隔着任何棋子的情况下,规则规定走子的一方获胜,这就好比先动手的一方把对方的将(帅)射中了,这就是将帅不能照面的依据。虽然对象棋的起源有种种不同的说法,但认为我国最晚在汉代已有象棋,则是人们的一种共识。

图 16 - 2　棋类

三、球类

　　中国古代的球类运动曾十分盛行,但几乎都已消失。历史上主要的项目有蹴鞠、击球,以及类似现代高尔夫球的捶丸等。

🏠 **看文化**

　　蹴鞠是中国古代的足球活动,蹴就是"踢",鞠是"球",蹴鞠就是用脚踢球,也称"蹴球""踏鞠"等。历史记载,相传蹴鞠最早是中国的黄帝为了训练士兵而发明。中国古代蹴鞠运动在宋以后逐渐衰微,虽然这项运动直到清代仍在开展,但其规模已大不如前。

图 16 - 3　(宋)胡廷晖:宋太祖蹴鞠图

"击鞠"为中国古代马球，又称"击球"、"打述"，是一种骑在马上持棍击球的运动。关于马球在中国的起源，尚有争议。一说由曹植《名都赋》中"连翩击鞠壤，巧捷惟万端"可知最早在东汉末年便已出现，也有人认为击鞠自唐代由波斯或吐蕃传入中国。

马球在唐代最为盛行。其比赛是在一广阔平坦、三面围以短垣、一面筑有观看殿台的球场进行，场上设有一或两个球门。两队队员乘马执杖争逐击球，以击球入门多少定胜负。唐代马球场地很多，规格也很高，有些球场还洒上了油，以免打球时尘土飞扬。马球在明代宫中尚有延续，清代则泯没无闻，终至绝迹。

四、武术

武术是我国传统的体育项目，它源远流长，有广泛的群众基础，是中华民族在长期的体育运动过程中逐步发展成型的宝贵文化遗产，它以徒手和器械的技击运动作为练习内容，以套路和格斗为运动形式，注重内外兼修，形神兼备。中国武术内容丰富，形式多样，风格独特，具有强身健体、防身自卫、娱乐观赏等多种功能，有着广泛的社会适应性。

（一）拳搏

拳搏是中国古代武艺活动中的重要内容，包括拳术、角力和其他较力形式。《史记》中描写殷纣王"材力过人，手格猛兽"。西周时人们称徒手搏斗为"角力"，是当时军事训练的一项内容。1955年在陕西长安县客省庄出土的一件秦汉时期的透雕角力铜牌，给我们展示了当时民间摔跤的生动场景——两人赤裸上身，各自一手扳对方的腰，纠缠在一起，相持不下，难解难分；二人的身后各有一匹马，似乎在静静地等待各自主人的比赛结果。一动一静，马的静观更烘托了主人摔跤竞技的动感与激烈。

📅 微历史

魏晋时期，又出现了以摔跤为主的"相扑"。宋代相扑极为广泛，在汴梁、临安等都市的演艺场所"瓦子"里，就经常有相扑表演，其中还有女相扑手，并已出现"露台争交"——中国古老的武术竞技形式（清代称之为"打擂台"）。宋代宫内有由相扑高手组成的"内等子"，专门在宫廷宴会时表演相扑及剑棒。清代摔跤（又名布库、撩脚等）有"官跤""私跤"之分。官跤指善扑营或官方举行的比赛。清宫"善扑营"由"八旗精练勇士"中选出200人组成。竞赛时跤场铺大绒毡，跤手穿褡裢，着短靴，窄袖白布上装，互相扭结，可以绊足，以使对方倒地定胜负，胜者赏。私跤指民间的摔跤。北方农民平时以摔跤为乐，农暇时则至城镇表演。近代的摔跤方法，大抵与北方流行的摔跤近似。南方则以相扑较为常见。

除拳搏、角力、相扑等徒手格斗外，斗剑、剑戟相斗、空手入白刃等器械格斗也同样有明确记载。

查资料

太极拳是中国武术发展历程中诞生的一个拳种，产生于明末清初，是以太极阴阳学说为拳理之根本，结合导引、吐纳等养生方法，道家养生修炼理论和传统兵法等，并由传统美学赋予其神韵，以健身、养生为特色的武术流派。其特点是轻松柔和、连贯匀称、圆活自然、完整协调，有健身、护身、防身、健脑、改善性格、优化气质等作用，具有极高的健身价值，是中国传统体育文化的瑰宝。

图 16 - 4　太极拳

（二）剑术

在中国古代冷兵器发展史上，剑是一种较早出现的兵器，是我国古代的四大名器之一，被誉为"百兵之君"。在古时，剑是作战的武器，有剑锋和两刃，使用起来逢坚避刃，不硬撞、强击。练起来"剑如游龙"，带有几分文气、优美。其用法有刺、劈、挂、点、崩、云、抹、穿、压等，在剑法的基础上配以剑指，加以各种步法、步型、跳跃、平衡、旋转等动作构成了剑术的套路。从考古发掘资料可知，最早的剑是商后期北方草原地区游牧民族所使用的各种青铜短剑。西周早期，在中原地区，剑的形式已相当成熟，表现在剑身普遍加长，形制规整。春秋战国时期，剑成为军队中普遍使用的武器，佩剑、练剑、击剑成为当时社会的风尚。据《周礼·考工记》记载，当时人们配剑还有表示等级身份之意。

图 16 - 5　剑术

看文化

剑术表演在唐代极为盛行，这在当时的诸多咏剑诗文中可以得到反映，如李白有《古风》、韦应物有《古剑行》、贾岛有《剑客》。中国古代社会浓烈的好剑之风，导致了大量有关"剑"的神话传说和剑侠小说等文学作品的产生，体现了浓重的中国传统文化色彩。

除此之外，中国传统体育还包括了形式多样、群众性强、具有鲜明地方特色的民俗体育，如舞龙、拔河、荡秋千、放风筝、踢毽子等；还包括养生体育，如投壶、冰嬉、行气等。

第二节　中华传统体育与奥林匹克文化的精神差异

中国传统体育历史悠久、内涵丰富，存在明显的伦理型特征和浓郁的民族传统文化色彩，而源于欧洲的奥林匹克运动是西方文化的表征，反映了西方人的意志和思想，其特点是重竞技，重规则，重个体。中国传统体育与奥林匹克文化既有共同点，又存在着巨大差异。

一、社会背景不同

（一）中国传统体育社会背景

中国传统体育的发祥地——黄河流域，平原辽阔、人口众多。内陆性的地理环境，形成了华夏民族以农耕经济为主体，农牧渔业并存的经济格局。交通的阻断，与外部世界交流的匮乏，造成了华夏民族以自我为中心的统一性意识；在日出而作、日落而息、自给自足的自然经济中，形成了农本主义——"天地者，生之本也"的农耕型文化特点。农耕型文化把人际关系以及人与自然关系的和谐作为理想目标。因而，中国的体育偏重于保健养生，顺应自然，力求沉稳、平和。在运动追求方面，中国传统体育文化追求的是人体精神与外形的和谐统一。

看文化

> 儒家、道家都有关于"天人合一"思想的阐释。如儒家的典籍记载："天时不如地利，地利不如人和。""和也者，天下之达道也。"道家的文献记载："人法地，地法天，天法道，道法自然。""天地与我并生，而万物与我为一。"农业社会靠天吃饭，在天人关系上，不强调其对立的一面，而强调其同一的一面。所谓"天人合一"，就是要协调人与自然的关系。小农生产所追求的是满足自身需要的使用价值，因此，自然而然地产生了"平均"思想。另外，小农生产规模小、范围窄，因而人们常常处于自我满足的状态，缺乏开拓精神与竞争意识。

封建专制政体建立在传统的农业经济基础之上。中国在秦汉时期曾经是世界上最强大的封建帝国。随着封建宗法制帝国的建立，形成了中庸、内向、含蓄的文化特质，儒家思想成为核心，封建统治秩序得以维系。中国的文化系统独立发展，具有一定的封闭性，这在世界文化的潮流中是自成体系的。与西方思维方式相比，中国人传统的思维方式和社会价值体系有较明显的整体性特征。

中国的农业型社会使人们习惯于和谐、宁静及相对稳定的生活方式，人们不热衷于带有冒险、冲突和对抗性质的竞争活动。中西社会文化背景的差异导致中西体育表现形式不同，竞技运动在中国传统体育中并不居于主要地位，带有农业社会烙印的中国传统体育以个人的修身养性为主，这便使得保健术以及采用有意识的以意领气的呼吸运动，在整个体育中占有较大的比重。其典型项目是气功、武术、太极拳等,这些项目在强化与优化人体的生命功能方面具有独特的价值。

（二）奥林匹克运动社会背景

🔍 **查资料**

　　希腊是西方文明的发源地,它处于欧、亚、非三洲交界处,比邻平静的地中海,拥有众多优良的港湾,地理环境促成了古希腊以航海贸易为主的经济生存方式;岛屿间海峡的阻隔,生产生活中人与大海的搏斗,构建了古希腊民族人与自然分离的哲学观;海上漂泊的冒险生涯和航海贸易中的商品交换活动,滋养了他们平等独立的意识。在这一系列条件下,西方体育强调竞争、取胜,追求高、快、强,提倡冒险和开拓精神,创造了赛跑、跳远、标枪、拳击、角斗等极具竞技性的体育项目,具有强烈的征服自然的意识。

　　西方近代体育是在资本主义产生和发展的新条件下兴起的。14世纪以来,文艺复兴、宗教改革和思想启蒙运动,用理性、人文主义和科学颠覆教会的精神独裁,掀起了伟大变革,这是在思想文化领域里新兴的资产阶级革命,是新兴的资产阶级对封建思想和封建统治的猛烈冲击,目的是以资产阶级新文化取代封建主义旧文化。17世纪后,西方各国相继完成了工业革命,欧洲很快进入到了工业社会。发展到19世纪,达到昌盛时期,不仅引起了生产技术的根本变革,也促使社会思想和生活方式发生了变化。19世纪中期以后,在大工业生产导致市场竞争的大背景下,人们广泛形成了民主观念、自由观念和法制观念。其思维方式的特征是推理、思辨、重视分析和重视个体,形成了强调个人本位的价值取向。

　　同时,自然科学的进步,尤其是医学、生理学等有关人体科学的发展,使人们对身体活动有了新的认识。这些都促使人们努力寻求理想的体育活动方式,于是,既能够体现竞争精神,又富于娱乐和调节生活功能的竞技运动迅速发展,使西方近代体育的产生成为必然。在这种社会文化背景下产生的西方近代体育是人类文明进一步发展,人对自身有了科学认识后的产物,它与资本主义的市场竞争机制和发达的科学技术紧密结合,其以竞争性的运动项目为主导的体育形式,适应社会发展的需要和个人身心发展的需要,具有明显的世界性、竞争性、科学性等特色。

　　中国农业型体育文化和西方工业型体育文化,在价值观念、理论认识、运动方法、运动设施等方面都存在着巨大的差异,当这两种异质文化相遇时,必然要发生激烈的冲突与对抗。

二、基础思想文化不同

（一）中国传统体育的基础思想文化

　　中国传统体育以古代朴素形态的哲学作指导,气—元说、阴阳五行说等基本观念深深地渗透到了整个传统体育之中。在运动的基本术语方面,采用哲理概念,如阴阳、动静、刚柔、统一、相济等。这些带有朴素唯物主义色彩的哲学观念作为中国传统体育的理论支柱,对传统体育的形成和发展起着至关重要的作用。

看文化

　　我国古代的哲学家认为人的基本物质是"气"，"人之生，气之聚也，聚则为生，散则为死"。因此，生命体的盛衰取决于气的盈虚。而这一条件又取决于人体自身组织中"阴""阳"结构的运动状态。阴阳平衡则健康长寿，阴阳不平衡则体弱多病。因此，能否保持一个阴阳和谐的内部生态环境，就成为衡定机体健康状况的重要依据。按照这一原则，人既需要保持一定量的运动，又必须防止过度剧烈的运动，即要通过"小劳"保持相对稳定的阴阳运动，又要减少"元气"的亏损，从而达到长寿的目的。

　　中国传统体育表现出典型的整体观特征，始终将人的整体性作为健身练习的出发点和归宿。由于对自然和自我的认识均来自内省、内观、内悟过程，因而导致中国传统体育的理论与实践均建立于整体认识的思维模式之上。它反映在两个方面：把人与自然看作是一个整体，强调"天人合一"；把神（精神）与形（躯体）视作一个整体，强调"形神合一"。这种整体的自然观与生命观在保健性、康复性体育活动中表现得尤为明显，在传统的气功、武术和养生活动中，随处可见整体生命观的影响。它强调的是人与自然的统一、人的心理与生理的统一，从而建立了性命双修、身心并育的整体优化生命的养生体育体系。

　　中国传统体育追求和谐，泛和谐价值取向是华夏文化最重要的特征。儒家文化主张"君子之争，和为贵"。中国传统体育追求的也是一种个体和谐、人际和谐、天人和谐的境界。在追求人际和谐的同时，中国形成了"君子之争，以和为贵"的伦理型竞技，从而在一定程度上排斥了竞争、对抗和有剧烈身体运动的项目在中国的发展。在天人和谐观点指导下的传统体育追求人体与自然的统一，强调人是宇宙的一部分，反对人与自然的对抗与独立，强调二者的融洽与顺遂。在运动结果方面，实现自我满足和完善即为评价的终点。从而产生了相对封闭于其他体育体系的独特的中国传统体育。

看文化

　　中国传统体育重视伦理。中国文化是伦理型文化，伦理思想是一种社会调节体系，它指导和规范着人们的各种活动。"礼"是中国传统教育文化价值体系的核心范畴。作为中国传统教育文化主体的儒家文化，历来主张修身养性，并以追求圣贤理想人格为重心，以"修身齐家治国平天下"为修行方法，因此，中国传统体育也深受其影响，重人伦、重道德是中国传统体育的一大特色。中国古代体育作为传统教育文化的一个组成部分，必然要受制于礼文化的约束，将体育视作一种培养人遵从礼仪、修持情操的手段和体现"仁""礼"的方式。因此，中国传统体育中竞赛的首要任务是在竞赛中遵从礼的规范，实现道德的升华，提倡"君子之争"。中国最古老的竞技运动如射箭、角力等项目就被纳入了"礼"的范畴。中国传统体育的规则不是针对该项活动本身而定的公平竞争原则，而更多的是从道德修养角度，对参加者提出的道德要求，其重点不是鼓励取胜，而是比较谁更符合伦理规范，主张竞技中的胜负无足轻重，提倡"君子之争"。在这种价值取向的影响下，传统体育中竞争意识淡化，这主要表现在非竞技性体育项目较为普及,如秋千、武术、踢毽子等,没有或很少有竞技比赛。而有些本来属于竞技性很强的体育项目,如蹴鞠等球类发展到后期,娱乐性、表演性、礼仪性日渐代替了竞技性。

(二)奥林匹克运动的基础思想文化

奥林匹克体育是建立在近代自然科学基础之上的。文艺复兴时代,西方以分解、分析手段为主体的实验科学开始出现,使体育的发展有了良好的科学基础。19世纪时,达尔文的生物进化论又使西方对体育的认识登上了一个新的台阶。与此同时,西方古代整体、直观的思维方式被形而上学、微观分解的机械分解观所取代。新的思维方式的产生,使人们对人体生命活动的本质和规律、人体机能的变化和运动能力的强弱有了更精确、更深刻的认识,近代体育的发展有了牢固的科学依据,从而使中西方体育在思维框架上有了根本的不同,在理论基础上也开始出现了质的差异。

看文化

与中国文化结构以整体综合见长所不同的是,西方文化结构以细节分析居优。在西方发达的数学、物理、化学、医学、生物学、解剖学、人体组织结构学的基础上,人们企图以"分析""实验"的认知方式去揭示体育的奥秘,沿着"器官→组织→细胞→分子"的途径不断深入观察和分析,并以此衡量体育的功能和规范其手段、内容和方法,使体育活动向着严格的"针对性""专门性"的方向发展。如健身是采取分而治之的原则,将健身练习或按其与人体解剖结构的关系,分为上下肢、躯干、腹背;或按身体素质分为耐力、速度、力量、灵敏、协调;或按能量供应特点分为有氧、无氧。但这种体育重视人体的外部运动,对人体内部运动与外部运动的协调统一和生命功能的整体优化不够注重。

奥林匹克体育重视抗争。西方教育学界认为人是宇宙的中心,是宇宙的主宰,人与天处于对立和斗争的状态。因此,他们将自然界作为人的认识对象和改造对象,重视人对自然的支配和抗争,主张发挥人的主体能动作用。在人与人的关系上,西方首先关注的不是伦理而是竞争,表现在体育运动中则是强调勇敢、顽强、拼搏和向上的精神。奥林匹克体育项目田径、游泳、球类等无不体现出人与自身能力、与对手和与大自然的抗争,展示了人类在新的历史条件下开拓、进取、超越现实和创造未来的搏击精神,充分体现了西方人在奋斗中求发展、求进步、求幸福,从而实现生命价值的战斗哲学。

近代西方社会生活中,随着商品经济的发展,竞争成了普遍现象。在竞争中求生存,在竞争中提高,在竞争中求完善成了人们的普遍心理,竞争机制也必然进入体育领域,成了西方体育文化的灵魂与核心,竞争性强的运动项目成了体育活动的主要形式。竞技运动项目是西方近代体育的一个主要特征,它强调以人为中心,从人的内部去寻求动力。一场激烈的运动竞赛就是灵与肉的较量,人们在不断超越自己,创造新成绩的过程中形成了自己奋进的精神面貌。这也正是现代奥林匹克运动得到迅速传播的重要原因。

三、体系不同

中国传统体育与奥林匹克运动属于本质上有巨大差异的两个体育体系。中国传统体育体系是针对中国封建社会对人的特定需要构建的,用古代哲学和医学理论所支撑的传统体育理论以及实践都存在着明显的局限性。农业社会的经济状况和道德规范,使中国传统体育不可能形成现代社会所需要的体育组织、制度、规则和体育物质文化建设。从人类发展的社会形态来看,中国传统体育深深地烙有农业社会的印记。

而奥林匹克运动伴随着资本主义的发展,进入了兴旺发达的新阶段。它从生产军事和宗教等社会活动中分离出来,成为一个独立而完整的社会文化现象。奥林匹克运动有着成熟的体育思想理论、方法、组织、制度和规则,并有完备的物质设施作保证,在工业文明的背景和近代自然科学的支撑下,在全球范围内以前所未有的规模发展。

造成中国传统体育与奥林匹克运动体系不同的直接原因,是社会文化背景的不同。奥林匹克运动在中国早期发展的过程中,因当时不利的文化交融条件和中国人民对殖民主义文化的逆反心理,以及奥林匹克运动本身的不成熟性等因素,走过了一条曲折的发展之路。

第三节　中华传统体育与奥林匹克文化的精神共性

一、出发点相同

追求和谐与统一是中国传统文化的重要特征之一,无论是儒家还是道家皆注重和谐与统一,只是侧重点略有不同:传统儒家是从道德的"礼"的角度展开追求,而道家着重于精神修炼的领域。

名人谈

儒学的开创者孔子在教授射艺等课程时,就大力推崇人不但要有勇力,更应内外兼修,文武兼备,须在修身养性、怡情铸志上下功夫。道家认为,形神关系是阴阳对立统一的法则在生命观上的体现,在阴阳互动中求得和谐与平衡,使精神与形体协调发展,最终达到"形神合一"。

中国传统文化中"形神合一"的观念,深深影响了传统体育,武术中注重武德,神形同具历来是习武者的要义。在此基础上,中国传统教育提出了更高的要求,那就是"齐家、治国、平天下",有着较为浓厚的理想主义色彩,希望人和人能够和睦相处、人和自然能够相互顺应,最终达到和谐统一的最高境界——"天人合一",实现"大道之行,天下为公"和"大同世界"的人文理想主义的社会构想。

而奥林匹克精神的核心内涵也是追求世界的美好与光明。现代奥林匹克精神的重要内容是"和平、公正",它是以友谊、团结和相互理解的精神为基础的,有着非常丰富的内涵,要求我们将这一精神贯穿于奥运会申办、筹备和举办的全过程及其每一个方面。奥林匹克运动以外在的形体锻炼为载体,以奥林匹克主义为指导思想,随着奥林匹克运动的日渐成熟,奥林匹克运动追求身心和谐发展的思想日渐突出。奥林匹克运动追求的和谐并不仅仅局限于个人,而是以个人为起点,进而延伸到社会,最后扩展到整个国际社会,促进不同国家、不同民族、不同文化之间的相互了解,消除各种政治经济利益的矛盾、意识形态的差异、宗教信仰的冲突,从而实现建立一个友好互助、和平美好的世界的宗旨。这是符合全人类理想的更高层次的和谐,是奥林匹克运动的终极意义。

"和平、公正"是中华传统体育伦理思想的出发点,也是奥林匹克运动的精神理想,是两者共同谋求的崇高的价值追求。

二、宗旨一致

奥林匹克的宗旨与我国的宪法和体育法具有一致性。我国的宪法和体育法确定的根本任务是"增强人民体质"和"提高全民族身体素质",体现"体育为人民大众服务"的根本性质。而《奥林匹克宪章》的第2条指出:"奥林匹克主义是增强体质、意志和精神,并使之均衡发展的一种生活哲学"。第3条指出:"奥林匹克的宗旨是使体育运动为人的和谐发展服务,以促进建立一个维护人的尊严的和平社会。"我国的宪法和体育法强调体育的人民性,与奥林匹克宗旨所追求的由"人的和谐发展"促进"建立一个维护人的尊严的和平社会"在本质上是相通的。

🔍 查资料

我国宪法与体育法规定了公民从事体育运动的权利。这与《奥林匹克宪章》第8条"从事体育运动是人的权利,每一个人都应有按照自己的需要从事体育活动的可能性"是一致的。根据我国宪法和体育法的精神,人民群众有参加健身活动、享受政府体育事业经费、体育资金、公共体育设施以及体育比赛中公平竞争等权利。同时,国家对青年、少年和儿童的体育权利给予特别保障,任何个人或政府和组织不能剥夺人民的体育权利。这些都可视为《奥林匹克宪章》所强调的"从事体育运动是人的权利"的具体体现。

我国宪法与体育法规定了体育的文化教育功能和性质,这与《奥林匹克宪章》所强调的"体育与文化教育相结合"的精神是一致的。我国体育法指出"教育行政部门和学校应将体育作为学校教育的组成部分,培养德、智、体等方面全方面发展的人才。"《奥林匹克宪章》第2条指出"奥林匹克主义谋求体育运动与文化和教育相融合。"通过开展体育运动来促进青少年的全面发展和身心健康,既是奥林匹克主义追求的目标,也是我国体育工作的基本任务和方向。

三、理念相同

中国传统文化历来推崇积极奋进和自强不息的精神,"自强不息"是中华文化的主导精神,在两千多年的历史中,一直是中华民族奋发向上,蓬勃发展的动力。不管是对国君、人臣、封建士大夫阶层,还是一般民众,它都产生了极为强烈的激励作用,并已融入中国人的思想意识、行为规范中。中华民族的进取心和自强不息的奋斗精神与奥林匹克运动所倡导的竞争与奋斗的精神是一致的。

查资料

《奥林匹克宪章》中确定了奥林匹克主义所追求的目标:"奥林匹克主义所要建立的生活方式,是以奋斗中所体验到的乐趣、优秀榜样的教育价值和对一般伦理基本原则的推崇为基础的。"奥林匹克运动的真谛就是让杰出人物通过公平竞争脱颖而出,成为人类精英的代表,并影响和鼓励其他人乃至整个社会的进步。奥林匹克格言"更快、更高、更强"充分表达了奥林匹克运动不断进取、自强不息、挑战极限、永不满足的精神。它表现在竞技运动中就是不畏强手、敢于斗争的精神,并且鼓励人们在生活、工作中要不甘平庸、朝气蓬勃、永远进取、超越自我。

第四节　中华传统体育文化与奥林匹克文化的精神融合

五四运动对封建文化的批判,使一些勇于创新的中国人开始用近代科学的观点研究和倡导体育,并主动借鉴西方体育的长处。20世纪20年代后,中国和国际奥委会建立了直接联系,奥林匹克运动与中国体育社会文化背景的冲突逐渐减少,双方从相互排斥走向相互交流。1949年新中国的成立,为奥林匹克运动在中国的进一步发展提供了前所未有的机遇。1979年中国重返奥林匹克大家庭之后,不断完善着奥林匹克发展的条件,全方位地与奥林匹克进行了交流和融合,并取得了举世瞩目的巨大成就。经过了一个漫长又艰难的过程,中国传统体育文化精神与奥林匹克文化精神终于走向融合。

一、中华传统体育文化精神对奥林匹克文化精神的补充

中国传统体育中的"和谐"价值取向极大地充实着奥林匹克运动的精神内涵。中国传统体育认为要保持个人、环境和社会之间的协调。中国提出"人文奥运"理念,"和谐"是其核心,这对于主张"更快、更高、更强"的奥林匹克精神是一个重要的补充。"更快、更高、更强"不是无限度的,必须尊重人的身体所能突破的生理限度,不能无视这个"度"而一味追求"更快、更高、更强",更不能为此而不择手段,如服用兴奋剂等,不仅对身体造成伤害,更是道德的沦丧和秩序的混乱,也从根本上违背了奥林匹克主义"以人为本"的原则和中国文化精神中"天人合一"的精神。中国传统体育的精神,有助于避免人们对"更快、更高、更强"的片面理解,极大地充实了奥林匹克运动的精神内涵。

融新知

中国传统体育的重"礼"传统有助于奥林匹克思想体系的完善和发展。中国传统体育在儒家思想影响下,形成了独特的以崇尚礼让、宽厚、平和为价值取向的体育形态。在传统体育中,竞争与胜负占据次要地位,修身养性和追求精神境界的完美

被放在首要地位。同时,中国传统体育中守信与宽容的思想,在当今社会提倡的"诚信"之中得到体现。奥林匹克运动在发展中,面临着兴奋剂、过度商业化等带来的对运动员身心的危害、体育道德的沦丧等种种困扰。中国传统体育体现出的鲜明的"重礼"观念,相对于奥林匹克运动的"竞争"观,无疑是一种崭新的思维和理念,有利于奥林匹克思想体系的完善和发展。

中国传统体育有独特的养生体系,强调人体的保健、康寿,对于奥林匹克运动中片面追求肌肉强化、骨骼强健,只注重高水平竞技运动能力,而忽视个体身心协调发展的状况是一种补充和完善。

二、奥林匹克文化精神对中华传统体育文化精神的补充

奥林匹克运动有助于树立人的现代价值观、公平竞争意识和参与意识,对培养开放、民主和创新精神有极大的促进作用,对中国传统体育起到了良好的补充作用。

看文化

中国传统体育的生命观和健康观是建立在宏观和直觉经验基础之上的理论学说,很大程度上依赖于比喻和联想的方式,并未根据事物本身的内在结构来说明问题。而奥林匹克运动是建立在近代自然科学的基础之上的,深入到事物局部和细节,以具有精确性为特点。奥林匹克运动的这种思维方式对于中国传统体育起到了补充作用。

中国传统体育提倡"君子之争,"竞争意识淡薄。而奥林匹克运动的竞争性较强,在体育竞技中,没有身份地位的差别,只有公平竞争、优胜劣汰的原则。人们利用公平合理的竞争,体验征服对手所带来的良好心理感受。奥林匹克运动的这种意识增强了中国传统体育的竞争意识,使中国传统体育在重"礼"和"公平竞争"中得到更好的平衡。

中国传统体育由于社会背景的原因,观念相对闭锁,缺乏参与意识,与世界缺乏交流。而奥林匹克运动的世界性使中国传统体育逐渐走向世界,并在这个过程中树立了参与意识,最终让全世界对中国有了更深刻的了解,在世界创造了辉煌的体育成就。在与奥林匹克运动的融合中,中国传统体育也吸收了奥林匹克运动的开放、民主以及创新的精神。

三、两者互补,走向融合

中国传统体育与现代奥林匹克运动虽然建立在不同的哲学基础之上,是两种不同性质的体育文化,但是在追求和平、公正,促进人和社会的完善和全面发展等诸多方面却存在着许多契合点。中国传统体育已不断地继承创新,走向世界,与奥林匹克运动进行有效的整合。中国文化具有主张"和"的重要传统,而且提倡和而不同,强调统一之中的差异与公正,多样之中的和谐与平等,在寻求一致的同时包容个别。对于奥林匹克运动曾经因过度精英化和商业化所造成的后果,中国传统文化对此进行了很好的回应。同时,西方文明强调公平竞争与自我超越的文化也对中国传统文化进行了补充。当代奥林匹克文化更强

调不同文化的和谐交流与对话,尊重文明与文化的个性、多元化。

融新知

> 　　中国传统体育与奥林匹克运动的融合,不仅引进了奥林匹克运动的活动内容、方法和手段,而且与其组织和制度相配合,并接受了奥林匹克运动的思想体系。中国传统体育与奥林匹克运动,这两种异质文化的交流不是简单的模仿过程,不是一种文化吞没另一种文化,而是经过选择其精华消化吸收后再创造的过程,吸取了东西方两种文化中的精华,形成了一种新的文化。奥林匹克运动对中国传统体育产生了深远的影响,而中国传统体育也对奥林匹克运动发生了缓慢但深刻的影响。

第五节　中国的奥林匹克文化精神愿景

　　当代奥林匹克运动的内涵已远远超出体育竞技的范畴,成为世界文明交流最大的舞台和文化盛会。习近平主席积极弘扬体育文化精神,倡导体育运动普及发展。他多次在各种场合发表讲话,解读和解析奥林匹克文化,促进中国和世界各国对奥林匹克文化的理解、传播、弘扬与发展。通过弘扬奥林匹克精神把中国人的远大理想、坚定信念、奋斗精神与竞技体育、学校体育、健身运动高度结合起来,把人们的世界观、人生观、价值观高度统一起来,着力铸就中华民族伟大复兴的精神支柱。

一、解读奥林匹克文化精神

(一)奥林匹克文化精神是一种自我挑战精神

　　奥林匹克运动表现了公平、公正、平等的体育竞技精神,也表现了"更快、更高、更强"的自我挑战精神。重要的不是挑战和征服他人,而是挑战自我、超越自我,激励自我,在这个过程中进行自我完善。

(二)奥林匹克文化精神是一种生活态度

　　奥林匹克精神强调自强不息、努力拼搏,这种精神同样适用于生活。在生活中,每个人都可能经历困难和挫折,面临失败和痛苦,就如中国在奥林匹克道路上曾经的崎岖和坎坷,就如曾经在奥运赛场上失利的中国运动员;在生活中,每个人都可能经历他人的不理解甚至嘲讽和打击,就如中国人曾经被称为"东亚病夫",就如中国运动员曾经被轻视。但中国没有放弃没有懈怠,而是反思自己、总结经验和教训、努力拼搏、坚持不懈,终于在奥林匹克史上有了卓越的成就。

(三)奥林匹克文化精神是一种文化价值

　　多元文化的交流和融合主要是在相互竞争中实现的,交流融合中的优胜劣汰取决于文化竞争力的强弱。而奥林匹克运动是平等竞争的多文化交融的运动。奥林匹克运动的平等竞争和多文化交融,使文化的全球化与民族化向辩证统一的正确方向发展。

当今,奥林匹克文化从形式到内容都已经成为全人类共同的愿望和期待。它随着传播与发展而不断丰富,成为激励青年成长、人类不断创新、不断发展的宝贵精神文化遗产。现任国际奥委会主席巴赫在《文明》杂志中写道:"顾拜旦从决定提出复兴奥林匹克的那一刻起,就梦想着通过体育来改变世界。他想通过奥林匹克运动向年轻人传递人类基本的价值观和世界观,让他们过上更好的生活,建设更好的社会,也让奥运会成为全人类的盛会⋯⋯通过奥运会将全世界的年轻人凝聚在一起,让友谊、卓越和尊重的奥林匹克价值观在青年一代中不断传递。体育运动让世界变得更美好!"

(四)奥林匹克文化精神是一种教育机制

习近平十分关心青少年参与奥林匹克运动的情况,鼓励青少年通过参与和感受奥林匹克文化的丰富多彩,进而认识中华文化的博大,并从中受到激励,健康成长。习近平指出:现代奥林匹克运动给全世界青少年搭建了重要舞台。青奥会面向青少年,服务青少年,鼓励和引导青少年积极参与体育运动,传播和弘扬卓越、友谊、尊重的奥林匹克价值观,全方位开展文化交流,加强彼此沟通理解。

习近平面对多层次开放、快速发展的中国和复杂巨变的世界,以奥林匹克文化传播"实践、交流、参与、融入、共识"的理念与手段,以中国历史的必然性、中国发展道路的可行性与世界文明的共融性为导引,对中国民众特别是青年一代产生积极的吸引力和感染力,开创出把奥林匹克文化精神融入国民教育和生活的有效途径。

奥林匹克运动是当代世界体育运动的主流和核心。在高校进行奥林匹克教育是大学完成各种教育使命的需要。而奥林匹克精神的教育和弘扬,必将使个人得到完善,使国家走向繁荣富强。

二、展望 2022 北京冬奥会

2022 年的冬奥会即将在北京举办。习近平主席 2016 年 3 月听取北京冬奥会筹办工作情况汇报时讲话:"在北京举办一场全球瞩目的冬奥盛会,必将极大振奋民族精神,有利于凝聚海内外中华儿女为实现中华民族伟大复兴而团结奋斗,也有利于向世界进一步展示我国改革开放成就、和平发展主张。"

🔍 查资料

北京冬奥会会徽"冬梦"将中国传统文化与奥林匹克元素巧妙结合,以汉字"冬"为灵感来源,图形上半部分展现滑冰运动员的造型,下半部分表现滑雪运动员的造型,中间舞动的线条代表山峦、赛场、冰雪滑道和飘舞的丝带,连接着为奥林匹克相聚的八方宾客。会徽运用中国书法的艺术形态,将厚重的东方文化底蕴与国际化的现代风格融为一体,呈现出新时代中国的新形象、新梦想和奥林匹克文化多元发展的新方向。

图 16 - 6　2022 北京冬奥会会徽

微历史

2008年,习近平以中央政治局常委和国家副主席的身份担任北京奥运会筹备领导小组组长,成功地领导举办了北京奥运会。习近平指出:"体育是社会发展和人类进步的重要标志,是综合国力和社会文明程度的重要体现,能为经济社会发展增添动力,凝聚力量。现代奥林匹克运动发展至今已有百余年历史,奥林匹克精神跨越国界,在全世界深入人心。"习近平一直提倡"重在参与,自强不息,顽强拼搏"的奥林匹克精神。现代奥林匹克创始人顾拜旦说过:"奥运会最重要的不是胜利,而是参与;正如在生活中最重要的事情不是成功,而是奋斗;最本质的事情并不是征服,而是奋力拼搏。"而习近平对奥林匹克精神的诠释与其不谋而合。

习近平指出,北京冬奥会所有建设工程都要坚持百年大计,精心设计,精心施工,按规划和计划推进,做到从从容容、保质保量,确保成为优质、生态、人文、廉洁的精品工程。习近平认为,比赛设施建设一定要专业化,配套建设要有自己的特色,严格落实节能环保标准,保护生态环境和文物古迹,让现代建筑与自然山水、历史文化交相辉映,成为值得传承、造福人民的优质资产,成为城市新名片。

三、奥林匹克文化精神的愿景

奥林匹克运动在奥林匹亚兴起,已有2 000多年历史,作为一种健康快乐、积极向上的体育竞技,是古希腊文明奉献给人类的一种宝贵的精神文化财富和文明遗产。兴起于19世纪晚期的现代奥林匹克运动继承了这一文明遗产,今天成了世界文明体系中激励青年成长与推动和平发展的主流文化之一。当代奥林匹克运动的内涵已远远超出体育竞技的范畴,它的丰富内涵与实践规则在人类生活中的重要性正与日俱增。

(一)体育强国,实现伟大复兴梦

从2008年北京奥运会到即将到来的2022年北京冬奥会,中国已经踏上从参与推动奥林匹克发展到让中国文化融入和丰富奥林匹克文化的过程中,引导中国踏上向体育强国迈进的新征程。

体育在激励全国人民努力拼搏、突破自我、创新发展这些方面有着不可替代的重要作用。这种精神不断发扬的过程就是体育强国的发展进阶,也是实现中华民族伟大复兴的基础。

(二)展示中国,融入世界文明

奥运会是世界融合发展传播的大平台,也是世界感知中国的窗口,是中国走向世界过程中融汇了体育、文化、外交等诸多元素的大舞台。

融新知

我国要办好北京冬奥会、冬残奥会,意义重大,责任重大。我国把创新、协调、绿色、开放、共享发展理念作为奥林匹克文化在中国传播的一种实践外延;我国提出的坚持绿色办奥、共享办奥、开放办奥、廉洁办奥的理念贯穿了筹办全过程。我国要把北京冬奥会、冬残奥会办成精彩、非凡、卓越的奥运盛会。中国将借助这次机会,再次从北京向全世界展示独特多彩的中国文化与独特魅力。

（三）促进文明交流和文化交融

我国将坚持开放办奥,借鉴北京奥运会和其他国家办赛经验,弘扬奥林匹克精神,加强中外体育交流,推动东西方文明交流,展示中国良好形象,让冬奥会成为文明交流和文化交融的大平台。

文明是人类发展的方向和价值尺度,交流是文明发展的基本方法和显著特征,互鉴是交流的纬度和连续性过程。以人类发展的文明价值为尺度,以人类文明发展史为基础,通过多层次、跨地区的积极有效的交流和互鉴,推动全球经济、政治和文化关系优化和整体发展,形成人类命运共同体,这是文明交流互鉴思想的总体内容。

（四）贡献教育

教育是奥林匹克主义的核心内容。顾拜旦创立奥林匹克运动的宗旨就是为了传播奥林匹克思想,以一种新的角度新的方法来教育青少年,促进青少年身心和谐发展。《奥林匹克2020议程》中指出:"奥林匹克文化传播的重点放在突出奥林匹克运动的思想传承与文化交流上,会激励更多的青少年通过奥林匹克电视频道得到娱乐、知识和教育。"

看文化

百余年来,奥林匹克教育的基本构架大多集中在对青少年的教育上,但又不仅仅局限于某一固定群体,而是对所有人群开放。例如:世界上许多地区的妇女地位低下,通过对女性的奥林匹克教育,使她们自尊、自信、自立、自强,推动男女平等是奥林匹克运动为世界留下的宝贵遗产。在伤残人中开展奥林匹克教育,是奥林匹克运动建立的公平的,维护人的尊严的社会组成部分。对于任何人群来说,奥林匹克教育都能使人的生活更加美好,生命更加丰富。

（五）推动全民健身

2014年10月,国务院发布《关于加快发展体育产业促进体育消费的若干意见》,将全民健身上升为国家战略。2015年10月,《中共中央关于制定国民经济和社会发展第十三个五年规划的建议》,提出"健康中国"战略,尤其提出了"发展体育事业,推广全民健身,增强人民体质"的18字方针。2016年6月,国务院发布了《全民健身计划（2016

年—2020年)》,就"十三五"时期发展群众体育,倡导全民健身新时尚,推进健康中国建设做出了全面部署。2016年10月,中共中央、国务院发布了《"健康中国2030"规划纲要》,把全民健身纳入其中,明确实施国家体育锻炼标准,发展群众健身活动,丰富和完善全民健身体系。

在奥林匹克思想和文明愿景的引导下,让我们以新时代、新思想踏上向世界展示中国文化和推动奥林匹克文化发展的新征程。

附录 奥林匹克宪章(部分)

Table of Contents

Chapter 5

The Olympic Games

IV. PROTOCOL

Chapter 6

Measures and Sanctions, Disciplinary Procedures and Dispute Resolution

* Indicates that there is a Bye-law to the Rules.

🏆 *Abbreviations used within the Olympic Movement*

IOC International Olympic Committee

OC Olympic Charter

R ... Olympic Charter Rule ...

BLR ... Olympic Charter Bye-law to Rule ...

OCOG Organising Committee for the Olympic Games

IF International Federation

ASOIF Association of Summer Olympic International Federations

AIOWF Association of the International Olympic Winter Sports Federations

NOC National Olympic Committee

IPC International Paralympic Committee

ANOC Association of National Olympic Committees

ANOCA Association of National Olympic Committees of Africa

OCA Olympic Council of Asia

PASO Pan-American Sports Organisation

ONOC Oceania National Olympic Committees

EOC The European Olympic Committees

CAS Court of Arbitration for Sport

OGKM Olympic Games Knowledge Management Programme
WADA World Anti-Doping Agency
IOA International Olympic Academy

Introduction to the Olympic Charter

The Olympic Charter (OC) is the codification of the Fundamental Principles of Olympism, Rules and Bye-laws adopted by the International Olympic Committee (IOC). It governs the organisation, action and operation of the Olympic Movement and sets forth the conditions for the celebration of the Olympic Games. In essence, the Olympic Charter serves three main purposes:

a) The Olympic Charter, as a basic instrument of a constitutional nature, sets forth and recalls the Fundamental Principles and essential values of Olympism.

b) The Olympic Charter also serves as statutes for the International Olympic Committee.

c) In addition, the Olympic Charter defines the main reciprocal rights and obligations of the three main constituents of the Olympic Movement, namely the International Olympic Committee, the International Federations and the National Olympic Committees, as well as the Organising Committees for the Olympic Games, all of which are required to comply with the Olympic Charter.

Note

In the Olympic Charter, the masculine gender used in relation to any physical person (for example, names such as president, vice-president, chairman, member, leader, official, chef de mission, participant, competitor, athlete, judge, referee, member of a jury, attaché, candidate or personnel, or pronouns such as he, they or them) shall, unless there is a specific provision to the contrary, be understood as including the feminine gender.

Unless expressly provided otherwise in writing, for the purpose of the Olympic Charter, a year means a calendar year, beginning on 1 January and ending on 31 December.

Preamble

Modern Olympism was conceived by Pierre de Coubertin, on whose initiative the International Athletic Congress of Paris was held in June 1894. The International Olympic Committee (IOC) constituted itself on 23 June 1894. The first Olympic Games (Games of the Olympiad) of modern times were celebrated in Athens, Greece, in 1896. In 1914, the Olympic flag presented by Pierre de Coubertin at the Paris Congress was adopted. It includes the five interlaced rings, which represent the union of the five continents and the meeting of athletes from throughout the world at the Olympic Games. The first Olympic Winter Games were celebrated in Chamonix, France, in 1924.

Fundamental Principles of Olympism

1. Olympism is a philosophy of life, exalting and combining in a balanced whole the qualities of body, will and mind. Blending sport with culture and education, Olympism seeks to create a way of life based on the joy of effort, the educational value of good example, social responsibility and respect for universal fundamental ethical principles.

2. The goal of Olympism is to place sport at the service of the harmonious development of humankind, with a view to promoting a peaceful society concerned with the preservation of human dignity.

3. The Olympic Movement is the concerted, organised, universal and permanent action, carried out under the supreme authority of the IOC, of all individuals and entities who are inspired by the values of Olympism. It covers the five continents. It reaches its peak with the bringing together of the world's athletes at the great sports festival, the Olympic Games. Its symbol is five interlaced rings.

4. The practice of sport is a human right. Every individual must have the possibility of practising sport, without discrimination of any kind and in the Olympic spirit, which requires mutual understanding with a spirit of friendship, solidarity and fair play.

5. Recognising that sport occurs within the framework of society, sports organisations within the Olympic Movement shall have the rights and obligations of autonomy, which include freely establishing and controlling the rules of sport, determining the structure and governance of their organisations, enjoying the right of elections free from any outside influence and the responsibility for ensuring that principles of good governance be applied.

6. The enjoyment of the rights and freedoms set forth in this Olympic Charter shall be secured without discrimination of any kind, such as race, colour, sex, sexual orientation, language, religion, political or other opinion, national or social origin, property, birth or other status.

7. Belonging to the Olympic Movement requires compliance with the Olympic Charter and recognition by the IOC.

参考文献

［1］张越,郭怡等.奥林匹克文化教程[M].浙江:浙江大学出版社,2013.

［2］罗时铭,谭华.奥林匹克学[M].北京:高等教育出版社,2007.

［3］茹秀英.国际奥委会组织变革与发展的研究[D].北京体育大学,2004.

［4］任海.奥林匹克运动百科全书[M].北京:中国大百科全书出版社,2000.

［5］王祖爵.奥林匹克文化[M].北京:水利水电出版社,2005.

［6］金元浦.大学奥林匹克文化教程[M].北京:高等教育出版社,2006.

［7］孔繁敏.奥林匹克文化研究[M].北京:人民体育出版社,2005.

［8］韩勇,杨铁黎.奥林匹克文化概览[M].北京:北京体育大学出版社,2008.

［9］周兰芝.奥运精美的文化盛宴[M].北京:中国人民公安大学出版社,2008.

［10］王岗.体育的文化真实[M].北京:北京体育大学出版社,2007.

［11］谢亚龙.奥林匹克研究[M].北京:北京体育大学出版社,1994.

［12］关文明.体育史[M].北京:高等教育出版社,1996.

［13］赵长杰.奥林匹克进展[M].北京:北京体育大学出版社,2004.

［14］刘涛.奥林匹克运动[M].桂林:广西师范大学出版社,2005.

［15］王在武,等编著.奥林匹克运动会史略[M].北京:人民体育出版社,1981.

［16］樊渝杰.夏季奥运史话[M].北京:清华大学出版社,2004.

［17］刘晓非.从雅典到北京:奥运风云录[M].北京:清华大学出版社,2004.

［18］常乃军,王岗.20世纪的奥林匹克运动[M].北京:中华书局,2001.

［19］刘修武主编.奥林匹克大全[M].北京:人民体育出版社,1988.

［20］John E. Findling and Kimberly D. Pelle(2004). Encyclopedia of the modern Olympic movement. Greenwood Press,Westport,Conn.

［21］易剑东编.百年奥运史[M].南昌:百花洲文艺出版社,2008.

［22］崔乐泉.奥林匹克运动通史[M].青岛:青岛出版社,2008.

［23］尤明,张军.奥林匹克运动要论[M].兰州:兰州大学出版社,2009.

［24］杜婕编著.阅读奥林匹克:现代卷[M].南昌:江西美术出版社,2007.

［25］[英]格吉诺大 瓦西尔.奥运会的起源与发展[M].北京:北京体育大学出版社,2008.

［26］[美]阿尔弗雷德 赛恩.权利、政治和奥运会[M].北京:北京体育大学出版社,2008.

［27］Mitt Romney with Timothy Robinson(2007). Turnaround:crisis, leadership, and the Olympic games. Regnery Publishing,Washington,DC.

［28］汪世林.奥林匹克运动的背后[M].北京:世界知识出版社,2008.

［29］魏纪中.我谈奥运经济[M].北京:人民体育出版社,2007.

［30］邱招义.奥林匹克营销[M].北京:人民体育出版社,2005.

［31］朱文光,姜丽,朱丽.奥运社会学概论[M].济南:山东人民出版社,2010.

[32] 李宏斌.现代奥运困境的伦理透视[M].郑州:郑州大学出版社,2012.

[33] 任海.五环旗下的科技奥秘[M].北京:人民出版社,2005.

[34] 郭怡.奥林匹克演绎的教育文化[M].杭州:浙江大学出版社,2006.

[35] 基拉宁.我的奥林匹克岁月[M].北京:人民体育出版社,1986.

[36] 萨马兰奇.奥林匹克回忆[M].北京:世界知识出版社,2003.

[37] 顾拜旦."奥运之父"顾拜旦的一生[M].广州:广东南方日报出版社,2008.

[38] 何振梁.何振梁申奥日记[M].北京:人民出版社,2008.

[39] 吴经国.奥林匹克中华情[M].苏州:苏州大学出版社,2005.

[40] 崔乐泉.中国奥林匹克运动通史[M].青岛:青岛出版社,2008.

[41] 单中惠.西方教育思想史[M].太原:山西人民出版社,1996.

[42] 爱德华·麦克诺尔·伯恩斯.世界文明史[M].罗经国译.北京:商务印书馆,1990.

[43] 卢元镇.中国文化史[M].北京:中国广播出版社,1991.

[44] [法]弗朗索瓦兹·伊妮藏.奥林匹克运动史[M].冯贡己译.杭州:浙江教育出版社,1999.

[45] 拉斯洛·孔.体育运动史[M].颜绍沪译.北京:人民体育出版社,1990.

[46] 李季芳,周西宽,徐永昌.中国古代体育史简编[M].北京:人民体育出版社,1984.

[47] 毕世明,等.中国古代体育史[M].北京:北京体育学院出版社,1990.

[48] 范益思.古代奥林匹克运动会[M].济南:山东教育出版社,1982.

[49] 崔乐泉.古代奥运会[M].北京:大众文艺出版社,2000.

[50] 王培,刘延兵,李瑜.百年中国奥运之路[M].北京:华文出版社,2008.

[51] 刘秉果.中国体育史[M].上海:上海古籍出版社,2003.

[52] 孙葆丽.奥林匹克运动与中国[M].北京:大众文艺出版社,2000.

[53] 马同斌,等.北京2008年申奥的台前幕后[M].北京:北京体育大学出版社,2001.

[54] 罗时铭.奥运来到中国[M].北京:清华大学出版社,2005.

[55] 童乐.梦想与辉煌:北京2008年奥运会申办纪实与畅想[M].北京:民主与建设出版社,2001.

[56] 蒋纯焦编著.奥运传奇[M].上海:上海社会科学院出版社,2008.

[57] 吴重远,等.两票之差[M].北京:奥林匹克出版社,1994.

[58] 吴季松,等.亲历申奥[M].北京:京华出版社,2001.

[59] 郭明强.人文奥运:2008年北京奥运会盛事全方位解读[M].北京:体育科学出版社,2007.

[60] 伍绍祖主编.通向奥运冠军之路[M].上海:华东师范大学出版社,1993.

[61] 熊斗寅.熊斗寅体育文选[M].贵阳:贵州人民出版社,1996.

[62] 徐宝轩.直面奥运[M].北京:新世界出版社,2002.

[63] 马仲良,王鸿春,黄亚玲.人文奥运研究[M].北京:北京体育大学出版社,2005.

[64] 顾圣益.关于我国古代传统体育与西方现代体育的比较研究[J].体育科学,1989(6).

[65] 陈村富.古希腊奥林匹克赛会考[J].浙江大学学报(人文社会科学版),2008,32(2).

[66] 喻坚.制约奥林匹克运动和谐发展的因素探析[J].三峡大学学报(人文社会科学版),2011(6).

[67] 王莹.现代奥林匹克运动生存与发展的危机问题探讨[J].首都体育学院学报,2007(5).

[68] 李培庆.理想与冲突:论现代奥林匹克运动发展之现实困境[J].广州体育学院学报,2010(4).

[69] 李林.现实与无奈———国际奥委会现状解读[J].武汉体育学院学报,2002,36(2).

[70] 茹秀英.萨马兰奇与国际奥委会组织变革分析[J].体育文化导刊,2009(3).

[71] 任海.论盐湖城丑闻发生后的国际奥委会组织改革[J].北京体育大学学报,2001,24(1).

[72] 茹秀英.国际奥委会组织变革与发展的研究[J].体育科学,2005,25(9).

[73] 何振梁.国际奥委会的危机与改革[J].体育文史,1999(3).

[74] 赵德勋,何振梁.基—萨改革国际奥委会管理模式的实质[J].体育与科学,2008,29(2).

[75] 茹秀英.一战前国际奥委会的变革及原因分析[J].体育与科学,2006,27(3).

[76] 孙葆丽.不同类型国际单项体育联合会之间的比较[J].体育文史,1994(3).

[77] 马斌,等.奥林匹克运动项目阶段发展的文化解读[J].体育与科学,2010,31(6).

[78] 熊斗寅.论奥林匹克主义[J].体育文化导刊,2006(3).

[79] 任海.奥林匹克主义与业余主义[J].体育文史,1992(3).

[80] 孙葆丽.北京2009奥运会"人文奥运"理念初探[J].北京体育大学学报,2001(6).

[81] 孙葆丽.奥林匹克运动人文价值的历史流变[D].北京:北京体育大学博士学位论文,2005.

[82] 白雪峰.当代中国大学生人文精神的培养[D].北京:北京体育大学博士学位论文,2010.

[83] 郝勤.论"人文奥运"与奥林匹克精神的回归[J].体育科学,2007(2).

[84] 刘媛媛,牛文英.人文精神的回归———论奥林匹克人文精神教育[J].体育与科学,2007(5).

[85] 吴晓阳.奥林匹克运动的人文内涵[J].体育文化导刊,2002(6).

[86] 鲁志文,张玉霞.奥运"人文精神"内涵的理性思考[J].河南工业大学学报(社科),2006(3).

[87] 孙波.奥林匹克人文精神的消解与复归[J].成都体育学院学报,2009(5).

[88] 冯霞.古希腊人文体育思想溯源[J].体育文化导刊,2007(1).

[89] 王涛,阎玉峰.奥林匹克运动与政治[J].体育文化导刊,2009(9).

[90] 张鲁宁.论政治因素与奥林匹克运动的相互制约与影响[J].沈阳体育学院学报,2006(3).

[91] 张燕红.浅谈奥林匹克运动与政治[J].湖北广播电视大学学报,2007(11).

[92] 孙葆丽.奥林匹克体育与中国传统体育之差异[J].北京体育大学学报,2002,25(5).

[93] 崔乐泉.从冲突走向融合———近代中国传统体育与奥林匹克运动发展的历史审视[M].体育文化导刊,2007(7).

[94] 国家体委编.体育工作情况,1993(1—9).

[95] 国家体育总局.中国体育年鉴,(1990—1994).

[96] 国际奥委会评估报告对北京的评估.新华网,2001-05-15.

[97] 新北京,新奥运.国际先驱论坛报,2001-02-19.

[98] 北京申奥四对手优劣对比.东方新闻,2000-08-30.

[99] 王蕾.众神之乡[M].重庆:重庆出版社,2001.

[100] 张广智.世界文化史(古代卷)[M].杭州:浙江人民出版社,1999.

[101] 李卜婴.奥林匹克体育与希腊文明[J].上海体育学院学报,2003,2(3):23-24.

[102] 陈斌,饶远.古奥运会兴衰嬗变的历史文化思辨[J].云南师范大学学报,2005,2:72-76.

[103] (英)博伊德·金.西方教育史[M].人民教育出版社,1985:74

[104] (古希腊)色诺芬.回忆苏格拉底[M].北京:商务印书馆,1985:201.

[105] (古希腊)柏拉图.理想国[M].北京:外语教学与研究出版社,1998:448.

[106] Plato's Lesser Hippies:A Neglected Document in Sport History,Journal of Sport History,Vol. 8,No. 1(Spring,1981)

[107] (古希腊)亚里士多德.政治学[M].北京:人民大学出版社,1994,8:273-275.

[108] (古希腊)亚里士多德.尼各马克伦理学[M].北京:人民大学出版社,1994:301-303.

[109] 李力研.体育:"培养人的勇敢"亚里士多德体育思想解析[J].中国体育科技,2003,5:2-6.

[110] 张勇.古希腊雅典体育对我们的启示[J].曲阜师范学院学报(自然科学版),1990,3:64-65.

[111] (德)策勒尔.古希腊哲学史纲[M].上海:上海人民出版社.2009.

[112] 丁英俊,高彩琴.古代奥运会盛衰之辨析[J].河南大学学报(社会科学版),2005,3:128-130.

[113] 谭华.体育史[M].北京:高等教育出版社,2005,7:118.

[114] 刘桂海.古奥运会衰亡的历史考察[J].史学期刊,2007:131-133.

[115] (美)佩罗蒂提.天体奥运[M].北京:北京燕山出版社,2008,8:11.

[116] 周波.古希腊体育特点之解析[J].云南大学学报(自然科学版),2006,s1:409-411.

[117] Roberto Branco Martins,Social Dialogue in the European profassinal football sector-A European legal football match heading for extra time,International Sports Law Journal,2004.1-2:26

[118] 黄世席.希腊体育法初探[J].法治论丛,2007,22(1):140.

[119] 陈立基.论奥林匹克运动发展观[M].北京:北京体育大学出版社,2007:32.

[120] 谭沃杰.人的主体性与体育运动[J].体育与科学,2005(3):49-53

[121] 郭平,李梅.浅论体育精神与人文精神[J].河海大学学报,2004,6(1):82-83.

[122] 王君,陈正富.对现代体育精神的诠释[J].体育文化导刊,2005,(6):25-26.

[123] 王世洲.关于体育法的若干基本理论问题[J].北京大学学报(哲学社会科学版),2006,43(3):108-114.

[124] 杨琦.古希腊体育对世界当代体育发展的贡献[J].山西高等学校社会科学学报,2003,6.

[125] 刘德会.古希腊体育活动的一些特点及其对现代体育运动的影响[J].体育世界:学术版,2010,6.

[126] 裔昭印.世界文化史[M].上海:华东师范大学出版社,2000.

[127] 伊迪丝汉密尔顿.希腊精神[M].葛海滨译,沈阳:辽宁教育出版社,2003.

[128] (苏)麦丁斯基.世界教育史[M].叶文雄译,五十年代出版社,1950.

[129] 孙道天.古希腊历史遗产[M].上海辞书出版社,2004.

[130] 张广智,张广勇.史学:文化中的文化[M].杭州:浙江人民出版社,1990.

[131] 张广智.西方史学史[M].上海:复旦大学出版社,2000.

[132] 郭小凌.西方史学史[M].北京:北京师范大学出版社,1995.

[133] 卢元镇.体育的社会文化审视[M].北京:北京体育大学出版社,1998.

[134] 李力研.野蛮的文明—体育的哲学宣言[M].北京:中国社会出版社,1998

[135] 胡小明.体育人类学[M].广州:广东人民出版社,1999

[136] 谢选骏.神话与民族精神[M].济南:山东文艺出版社,1986.

[137] 陈恒.失落的文明——古希腊[M].上海:华东师范大学出版社,2001.

[138] (英)埃德蒙·利奇.文化与交流[M].上海人民出版社,2000.

[139] 于克勤,章惠青.古代奥运会史话[M].上海:上海人民出版社,1986.

[140] 刘憧福、郑乐平.古希腊的智慧[M].浙江:浙江人民出版社,1994.

[141] 范益思、丁忠元.古代奥林匹克运动会[M].山东:山东教育出版社,1982.

[142] (德)利奇德.古希腊风化史[M].辽宁:辽宁教育出版社,2000.

[143] (美)E. M.伯恩斯.世界文明史[M].北京:商务印书馆,1987.

[144] (美)马文·佩里.西方文明史[M].北京:商务印书馆,1993.

[145] http://www.olympic.org/.

[146] http://www.paralympic.org/.

[147] http://www.specialolympics.org/.

[148] http://www.ocasia.org/.

[149] http://www.sportingpulse.com/assoc_page.cgi? c=2-2642-0-0-0&sID=24021.

[150] http://www.en.acnolympic.org/art.php? id=20008#.

[151] 任海.奥林匹克运动百科全书[M].北京:中国大百科全书出版社.2000,7

[152] 李玲蔚.夏季奥运会项目设置演变过程与发展趋势[J].北京体育大学学报,2008(01):34-39+43.

[153] 李圣鑫.奥林匹克运动会组织全景分析[J].运动,2012(09):1-3.

[154] 任海.论国际奥委会的改革[J].体育科学,2008(07):3-25.

[155] 曲家伟,王征宇,王显成,张军生.浅议"奥林匹克"运动的思想体系[J].课程教育研究,2013(03):214-215.

[156] 胡勇刚,杨恒心.奥林匹克思想探析[J].安徽体育科技,2003(04):12-13.

[157] 胡小善.浅析奥林匹克主义和人的全面发展[J].广州体育学院学报,2006(03):33-36.

[158]《奥林匹克宪章》[J].南方文物,2008(02):73.

[159] 赵琳.漫谈大众传媒的内涵与功能[J].聊城大学学报(社会科学版),2011(05):126-129.

[160] 黄富峰.大众传媒的功能和媒体社会的特征[J].山东工商学院学报,2007(05).

[161] 费爱华.大众传媒的角色定位及其社会管理功能研究——基于国家与社会的视角[J].南京社会科学,2011(05):99-105.

[162] 赵月香.奥林匹克运动与现代传播媒介[J].体育文史,2000(03):52-54.

[163] 韩永红.大众传媒对奥林匹克运动文化传播的影响[J].衡水学院学报,2014,16(01):31-33.

[164] 白敬锋.奥林匹克运动与商业化传播[J].现代传播(中国传媒大学学报),2013,35(04):144-145.

[165] 周传志.家庭在学生终身体育观念形成过程中作用的研究[J].体育科学研究,2002(4).

[166] 卢元镇.体育人文社会科学概论高级教程[M].北京:高等教育出版社,2003.208-209.

[167] 宋明恢.奥林匹克文化节力争形成品牌[N].中国消费者报,2003-9-23(T00)

[168] 熊晓正."人文奥运"与现代奥林匹克运动[J].北京:北京体育大学学报,2005.149-160

[169] 林瑞华.第六届奥林匹克文化节为奥运助兴[N].中国文化报,2008-6-27(002)

[170] 吴晓阳.奥林匹克运动的人文内涵——兼谈2008年北京奥运会的"人文奥运"理念[J].北京:体育文化导刊,2002.28

[171] 张璐 刘远.首届南京青年奥林匹克文化节开幕[N].南京日报,2011-11-21(A01)

[172] 胡容娇,中国奥林匹克文化发展战略研究[J].陕西:体育世界,2010(6)102-103

[173] IOC. IOC Marketing Media Guide London 2012[R]. Lausanne: IOC. 2012:16.

[174] 拉里·A·萨默瓦,理查德·E·波特.跨文化传播巨[M].北京:人民大学出版社,2004年

[175] 郝勤.奥林匹克传播:历程、要素、特征——兼论奥林匹克传播对北京奥运会的启迪[J].体育科学,2007(12):3-9.

[176] 韩永红.大众传媒对奥林匹克运动文化传播的影响[J].衡水学院学报,2014,16(01):31-33.

[177] 班秀萍,史可扬.大众传媒与奥林匹克运动的精神联结[J].现代传播,2004(06):118-120.

[178] 茹秀英.大众传媒与奥运关系的历史分析[J].体育文化导刊,2008(02):60-63.

[179] 杜婕.大众传媒在奥运周期中的挑战与机遇[J].西安体育学院学报,2007(01):35-37+52.

[180] 赵晓玲,秦昊.论大众传媒在现代奥林匹克运动中的地位与作用[J].成都体育学院学报,2002(03):14-15+28.

[181] 孟林盛.论大众传媒在现代奥林匹克运动中的作用[J].山西广播电视大学学报,2005(05):43-44.

[182] 孙葆丽,罗乐,康晓磊.青奥会和奥运会对大众传媒影响之比较[J].成都体育学院学报,2013,39(03):50-53.

[183] 中国互联网络信息中心 2019 年 02 月 28 日统计报告

[184] 张一兵:《代译序:德波和他的<景观社会>》,(法)居伊·德波:《景观社会》,王昭凤译,南京:南京大学出版社,2006年,10页。

[185] 秦椿林,孟文娣,苗治文,等.论中国群众体育的非均衡发展[J].北京体育大学学报,2004,27(7):865-869

[186] 骆正林.伦敦奥运"景观"呈现的英国文化内涵[J].体育与科学,2013,34(04):90-95+85.

后　记

　　南京体育学院奥林匹克学院是经国际奥林匹克委员会及国家有关部门同意,使用"奥林匹克"作为学院名称。这在国内是首次,目前也是国内唯一使用奥林匹克作为校名的高等学校。

　　让所有的学生了解奥林匹克运动,学习奥林匹克文化,继承和发扬奥林匹克精神,是奥林匹克学院应该承担的、义不容辞的责任。这也是奥林匹克学院实现办学宗旨、培育良好校风、形成办学特色的重要组成部分。

　　自北京开始申奥以来,出现了大量研究奥林匹克运动的文章和著作,正是在这些研究的基础上,结合我院教学工作的实际需要,我们编写了《奥林匹克文化》一书,作为我院通识必修课的教材。在这里向在该领域中做出了大量研究的专家学者表示感谢,同时对南京奥林匹克博物馆给予的支持表示感谢。通过本书的撰写,也达到了锻炼青年教师,提高师资队伍奥林匹克文化修养的目的。本书由于再清倡议,确立了全书的框架结构,组织、指导编写小组进行撰写,并对初稿和定稿进行修改、审定;叶华、刘五驹协助于再清进行统稿和修改。全书分工为:叶华、刘五驹,绪论;张楚,第一章、第二章、第三章、第四章、第五章;江天,第六章、第七章、第八章、第十二章;王鹏远,第九章、第十章、第十一章;高晓霞,第十四章、第十五章、第十六章;秦驰伟,第十三章和附录。

　　在本书的撰写中陈靓、谢彤、滕贝格、兰为臣等师生做了大量资料收集和服务工作。

　　本书是初版,编写组中又以年轻人为主,撰写中难免会有粗疏、遗漏之处,个别错误也在所难免,敬请各位专家、读者不吝赐教,在此表示感谢。

编写组全体成员

2019.7